# RETABLOS DE AGITACIÓN POLÍTICA

## Nuevas aproximaciones al teatro de la Guerra Civil española

EMILIO PERAL VEGA

# La Casa de la Riqueza
# Estudios de la Cultura de España

25

El historiador y filósofo griego Posidonio (135-51 a.C.) bautizó la Península Ibérica como «La casa de los dioses de la riqueza», intentando expresar plásticamente la diversidad hispánica, su fecunda y matizada geografía, lo amplio de sus productos, las curiosidades de su historia, la variada conducta de sus sociedades, las peculiaridades de su constitución. Sólo desde esta atención al matiz y al rico catálogo de lo español puede, todavía hoy, entenderse una vida cuya creatividad y cuyas prácticas apenas puede abordar la tradicional clasificación de saberes y disciplinas. Si el postestructuralismo y la deconstrucción cuestionaron la parcialidad de sus enfoques, son los estudios culturales los que quisieron subsanarla, generando espacios de mediación y contribuyendo a consolidar un campo interdisciplinario dentro del cual superar las dicotomías clásicas, mientras se difunden discursos críticos con distintas y más oportunas oposiciones: hegemonía frente a subalternidad; lo global frente a lo local; lo autóctono frente a lo migrante. Desde esta perspectiva podrán someterse a mejor análisis los complejos procesos culturales que derivan de los desafíos impuestos por la globalización y los movimientos de migración que se han dado en todos los órdenes a finales del siglo xx y principios del xxi. La colección «La Casa de la Riqueza. Estudios de la Cultura de España» se inscribe en el debate actual en curso para contribuir a la apertura de nuevos espacios críticos en España a través de la publicación de trabajos que den cuenta de los diversos lugares teóricos y geopolíticos desde los cuales se piensa el pasado y el presente español.

# RETABLOS DE AGITACIÓN POLÍTICA

## Nuevas aproximaciones al teatro de la Guerra Civil española

EMILIO PERAL VEGA

IBEROAMERICANA • VERVUERT • 2013

GOBIERNO DE ESPAÑA
MINISTERIO DE EDUCACIÓN, CULTURA Y DEPORTE

"Esta obra ha sido publicada con una subvención del Ministerio de Educación, Cultura y Deporte, para su préstamo público en Bibliotecas Públicas, de acuerdo con lo previsto en el artículo 37.2 de la Ley de Propiedad Intelectual".


Amor de Dios, 1 — E-28014 Madrid
Tel.: +34 91 429 35 22
Fax: +34 91 429 53 97
info@ibero-americana.net
www.ibero-americana.net


Elisabethenstr. 3-9 – D-60594 Frankfurt am Main
Tel.: +49 69 597 46 17
Fax: +49 69 597 87 43
info@ibero-americana.net
www.ibero-americana.net

ISBN 978-84-8489-720-0 (Iberoamericana)
ISBN 978-3-86527-722-0 (Vervuert)

Depósito legal: M-11919-2013

Diseño de cubierta: Carlos Zamora
Diseño de interiores: Carlos del Castillo

The paper on which this book is printed meets the requirements of ISO 9706

Este libro está impreso íntegramente en papel ecológico sin cloro

Impreso en España

# Índice

AGRADECIMIENTOS . . . . . . . . . . 11

LISTA DE ILUSTRACIONES . . . . . . . . . . 15

INTRODUCCIÓN . . . . . . . . . . 19

PARTE PRIMERA: LA ESPAÑA REPUBLICANA . . . . . . . . . . 31

**Altavoz del Frente: una experiencia multidisciplinar** . . . 33

Arte al servicio de la República . . . . . . . . . . 33

Un «altavoz» teatral . . . . . . . . . . 56

En Alicante (y en Valencia) . . . . . . . . . . 60

En el frente sur... . . . . . . . . . . 75

Siguiente parada: Extremadura . . . . . . . . . . 80

Otros altavoces . . . . . . . . . . 82

Y en Barcelona . . . . . . . . . . 84

**La Barraca: tocata y fuga de un teatro para el pueblo** . . . 111

Entre la espada y la pared . . . . . . . . . . 111

Un rebaño sin guía . . . . . . . . . . 115

Y llegó la guerra... . . . . . . . . . . 118

Una *Mariana Pineda* en homenaje . . . . . . . . . . 126

El canto del cisne . . . . . . . . . . 128

**El Teatro-Guiñol de las Milicias de la Cultura** . . . . . . . . 165

PARTE SEGUNDA: LA ESPAÑA «NACIONAL» . . . . . . . . . . 177

**La Falange y el teatro: proyectos para una ideología común** . . . . . . . . . . 179

La Tarumba . . . . . . . . . . 179

Teatro nacional de la Falange Española Tradicionalista y de las JONS . . . . . . . . . . 185

La sección de Arte del S.E.U. de Sevilla . . . . . . . . . . . 208
El Retablo: teatro de la Falange de Cáceres . . . . . . . . . 213
Algunas reflexiones sobre el repertorio . . . . . . . . . . . . . 217

**Teatro Ambulante de Campaña (T.A.C.): Implicación con voz femenina** . . . . . . . . . . . . . . . . . . . . 235

**Teatro infantil y adoctrinamiento: dos experiencias pioneras** . . . . . . . . . . . . . . . . . . . . . . . . . 245

Coda . . . . . . . . . . . . . . . . . . . . . . . . . . . . . . . . . . . 263

Relación de bibliotecas y archivos consultados . . . . . . . 265

Relación de periódicos y revistas consultados . . . . . . . . . 267

Índice onomástico . . . . . . . . . . . . . . . . . . . . . . . . . . . 271

*Al ángel blanco de mis mañanas gloriosas*

# Agradecimientos

*Retablos de agitación política. Nuevas aproximaciones al teatro de la Guerra Civil española* es, para qué negarlo, un libro muy perseguido y muy pensado. Por ello es necesario hacer recuento, en este necesariamente sucinto apartado, de todas aquellas personas e instituciones que, de una forma u otra, lo han alentado en distintos momentos de su redacción. Mis primeras palabras van dirigidas a un maestro en lo académico y en lo vital, Nigel Dennis, que nos ha dejado cuando corregía las últimas pruebas de este libro. Con él escribí dos ensayos anteriores sobre la Guerra y de él me llevo su elegancia británica, su sabiduría ilimitada y su generosidad infinita. Gracias desde esta orilla, amigo mío.

Vaya desde aquí también un recuerdo emocionado a José Paulino Ayuso, compañero y director de mi (nuestro) departamento, discreto y caballero incluso en el momento del adiós.

Quisiera agradecer a María Delgado su generosidad al acogerme en la Queen Mary University of London y su amistad, madrileña y londinense; un agradecimiento que quisiera hacer extensible a Jordi Larios, Omar García y Gabriel Quirós por su calurosa hospitalidad en Londres, así como al personal de la British Library de la capital británica, donde tanto avancé con el trabajo. Y así también a David George, a María Antonia Babí i Vila y a Jim McCarthy, por haber hecho inolvidable mi breve estancia en Swansea (Gales).

A Enrique García-Santo Tomás y a Cristina Moreiras por su acogida en la Ann Arbor-University of Michigan (Estados Unidos), donde encontré un preciado material en el fondo sobre la Guerra Civil española. Gracias también a Severiano Hernández Vicente, subdirector de los Archivos Estatales de la Dirección General del Libro, Archivos y Bibliotecas (Ministerio de Cultura), y a Teresa Engenios, jefa del Servicio de Coordinación Archivística, por la ayuda prestada desde dicha institución; un agradecimiento que hago llegar también a María José Turrión García, directora del Centro Documental de la Memoria Histórica, por atenderme siempre y por ofrecerme la solución adecuada en todo momento a mis cuitas bibliográficas; a José Luis Hernández Luis y a Lourdes Vico, que tan buen trabajo realizan desde dicho Centro en su continuo apoyo a los investigadores. Palabras similares debo dedicar a Julio Huélamo Kosma y a Berta Muñoz, director y documentalista del Centro de Documentación Teatral, respectivamente, por prestarme tantísimo material y por encontrar siempre un hueco para ayudarme. Y no menos dadivosas son las palabras que brindo a Rosa Gómez, de la Biblioteca de Investigadores de la Provincia de Guadalajara, donde se custodia el Archivo José Herrera Petere. Y al personal de la Bibliothèque Nationale de France, del Archivo Histórico Provincial de Cáceres, de la Filmoteca de Extremadura, del Archivo Provincial de Málaga, del Archivo Municipal de Alicante, del Archivo Histórico Nacional (muy especialmente a Evelia Vega González), de la Hemeroteca Municipal de Madrid, de la Biblioteca Nacional de España, de la Biblioteca de la Residencia de Estudiantes, de la Fundación Federico García Lorca, del Archivo General de la Administración y de la Biblioteca Histórica de la Universidad Complutense de Madrid, donde se conserva el Archivo Histórico del Partido Comunista de España.

A Antonio López Fonseca y a Concepción Martín Mencía, por su amistad, por saberme escuchar y por sus llamadas a la templanza (y a Iván, por confiar aún, y pese a todo, en la palabra; y a Alberto, por mirar con ojos de ilusión a un *futuro teatral*). A Rafael Bonilla, por ser partícipe de un (varios) sueño(s), y a Remedios Mataix, que siempre pone la guinda al pastel. Gracias a Gregorio Torres Nebrera y Jesús Rubio Jiménez, por enseñarme que el rigor es nuestra baza. A Antonio

Fernández Insuela, por su ayuda bibliográfica de siempre. A Jesús Gálvez Yagüe, por sus diligentes respuestas a mis preguntas sobre José Herrera Petere y por poner a mi disposición algún que otro material. Y a Aitor Larrabide, por resolverme algunas dudas sobre Miguel Hernández y su participación en la guerra. A Paola Ambrosi, por seguir emocionándose y emocionándome, y a José Luis García Barrientos, por su apoyo constante en todos estos meses de trabajo. A Ángel Martínez Roger, por hacerme llegar, generosa y rápidamente, documentación gráfica tan interesante. A Blanca López Baltés, por su ayuda en el AGA y por su paciente *amitié*. A Ana Cabello, por su colaboración desde el Archivo Provincial de Málaga y, sobre todo, por su energía cómplice y vital, que tanto bien me hace. A Marta Olivas, por su apoyo en la Fundación Federico García Lorca y por tantas otras cosas buenas. A Pilar Torres, por su ayuda inestimable en el tratamiento de fotos y material gráfico. A Javi, a Ramón, a Roberto, a Ana, a Oihan, a Alejandro y a Fran, por brindarme una gran lección: la ilusión de saber y la curiosidad de vivir no se extinguen nunca. A Marijose, David y Encarna, siempre cerca; y a Maritere, Maricarmen y Bravo, por la intensidad recobrada. A Isabel y Juanjo, por sus brazos abiertos. A mi hermano, José Antonio Peral Vega, por conservar, a pequeña escala, la *memoria histórica* de mi familia. A mi padre y mi tío Fabián, que calladamente atesoran recuerdos de una guerra que marcó sus vidas.

Y a Damien Rice, Ferran Savall, Ludovico Einaudi e Yann Tiersen, por inspirar, con su música calmada, estas páginas guerreras.

# Lista de ilustraciones*

## Altavoz del frente: una experiencia multidisciplinar

1. Reportaje sobre Altavoz del Frente publicado en *Mundo Gráfico,* 1303 (21 de octubre de 1936). Hemeroteca Digital de la Biblioteca Nacional de España.

2. Exposición de carteles bélicos celebrada en la Plaza Mayor de Madrid. Mundo Gráfico, 1300 (30 de septiembre de 1936). Hemeroteca Digital de la Biblioteca Nacional de España.

3. Documento oficial que prueba la existencia de una sección de Altavoz del Frente en Albacete. Centro Documental de la Memoria Histórica. Signatura: PS-Madrid 455/6.

4. Camión utilizado por Altavoz del Frente para emitir propaganda sobre el bando enemigo, <http://www.upv.es/intermedia/pages/laboratori/publicacions_produccions/2001_altaveu_del_front/produccions_republica_e.htm>.

5. Artículo de Luisa Carnés para la revista Estampa, 455 (3 de octubre de 1936). Hemeroteca Digital de la Biblioteca Nacional de España.

* A pesar de extensas investigaciones, no ha sido posible averiguar los propietarios o herederos de todas las ilustraciones reproducidas. A los interesados que puedan hacer valer sus derechos se les ruega ponerse en contacto con Iberoamericana Editorial Vervuert.

6. Invitación oficial a la exposición desarrollada en el Círculo de Altavoz del Frente. Centro Documental de la Memoria Histórica. Signatura: PS-Madrid 455/6, n.º 2.

7. Exposición de objetos de guerra organizada por Altavoz del Frente. *Mundo Gráfico,* 1316 (20 de enero de 1937). Hemeroteca Digital de la Biblioteca Nacional de España.

8. Coro de Altavoz del Frente. Revista *Crónica* (1 de noviembre de 1936). Hemeroteca Digital de la Biblioteca Nacional de España.

9. Cartel propagandístico de Altavoz del Frente Sur. Centro Documental de la Memoria Histórica. Signatura PS-Carteles, 6.

10 y 11. Actuación de *Retablo Rojo* en Valencia. Revista *Estampa,* 479 (27 de marzo de 1937). Hemeroteca Digital de la Biblioteca Nacional de España.

12. Fachada del Teatro Lara de Madrid, reconvertido en la sede central de Altavoz del Frente. Hemeroteca Digital de la Biblioteca Nacional de España.

13. Miguel Hernández y José Herrera Petere en la terraza de la sede de Altavoz del Frente en Jaén. Archivo personal de Emilio Herrera.

14. Actuación de *Retablo Rojo* en las calles de Valencia. Centro de Documentación Teatral.

## La Barraca: tocata y fuga de un teatro para el pueblo

15. Actuaciones de La Barraca en el frente. Extraída del articulo "Conversación con Carmen Resines, Efren Arias y Luis Giménez-Cacho. La Barraca durante la guerra", en *FGL. Boletín de la Fundación Federico García Lorca,* 25 (1999), pp. 15-38.

16. Escudo de La Barraca. *La Hora. Diario de la juventud,* 13 de agosto de 1937, p. 9. Hemeroteca Municipal de Madrid.

17. Actuaciones de La Barraca en el frente. *Estampa,* 482 (17 de abril de 1937). Hemeroteca Digital de la Biblioteca Nacional de España.

18. Figurín de Don Pedro, interpretado por Luis Cernuda, para el montaje de *Mariana Pineda.*

19. Cartel de la función de *Mariana Pineda,* obra de Ramón Gaya.

20. Foto del pabellón español en la Exposición Internacional de París, 1937.

## El Teatro-Guiñol de las Milicias de la Cultura

21. Guiñol de las Milicias de la Cultura. *Armas y letras. Portavoz de las Milicias de la Cultura,* números 4-5 (noviembre de 1937). Biblioteca Nacional de España.

22. Guiñol de las Milicias de la Cultura. *Armas y letras. Portavoz de las Milicias de la Cultura,* 3 (1 de octubre de 1937). Biblioteca Nacional de España.

## La Falange y el teatro: proyectos para una ideología común

23. Actuación del Teatro Nacional de Falange en el Palacio de Carlos V (Granada). *ABC,* Madrid, 26 de junio de 1939.

## Teatro ambulante de campaña (T.A.C.): implicación con voz femenina

24. Cartel de la formación, <http://arteinfo.es/subasta/?pagina=46&id=21>.

25. Máxima del "Breviario del T.A.C.". *Heraldo de Aragón,* 25 de julio de 1937, p. 2.

26. Actuación del T.A.C. *ABC,* Sevilla, 16 de noviembre de 1937.

## Teatro infantil y adoctrinamiento: dos experiencias pioneras

27. Actrices de la compañía de Carmen Díaz. *Patria: diario de Falange Española Tradicionalista y de las JONS,* 10 de julio de 1938. Biblioteca Virtual de Andalucía, <www.bibliotecavirtualandalucia.es>.

28. Actrices de la compañía de Carmen Díaz. *Patria: diario de Falange Española Tradicionalista y de las JONS,* 19 de junio de 1938. Biblioteca Virtual de Andalucía, <www.bibliotecavirtualandalucia.es>.

29. Actrices de la compañía de Carmen Díaz. *Patria: diario de Falange Española Tradicionalista y de las JONS*, 26 de junio de 1938. Biblioteca Virtual de Andalucía, <www.bibliotecavirtualandalucia.es>.

# Introducción

Mucho ha llovido desde que en 1978 Robert Marrast escribiera la que sigue siendo una joya bibliográfica del hispanismo, *El teatre durant la Guerra Civil espanyola. Assaig d'història i documents*, publicada por una institución que también continúa ostentando lugar de referencia en nuestros estudios dramatúrgicos: el Institut del Teatre de Barcelona. Todos cuantos nos hemos asomado a las iniciativas teatrales, de uno y otro bando, desarrolladas durante la Guerra Civil hemos tenido que pasar, de manera ineludible, por las páginas, plagadas de referencias certeras, escritas por el profesor francés. Algunos le habían precedido en el intento: Miguel Bilbatúa, por ejemplo, con una antología pionera cuyo título ha servido de inspiración, incluso, a estas páginas, *Teatro de agitación política: 1933-1939* [1976]. Y otros muchos continuaron su apuesta en los años inmediatamente posteriores, aquellos en los que España se lanzaba a la democracia. Merece mención especial, en este sentido, el estudio de José Monleón, *«El Mono Azul». Teatro de urgencia y Romancero de la Guerra Civil* [1979]. Más recientemente, y a sabiendas de dejarme en el tintero textos que serán citados a lo largo de estas páginas, rescato aquí dos monografías que constituyen, *per se*, una aportación de primera línea, por cuanto basadas en una documentación exhaustiva, para los estudios sobre el teatro de la contienda civil: *Political Theater during the Spanish Civil War* [1999], del profesor británico Jim McCarthy, y *Teatro para una guerra [1936-*

*1939]. Textos y documentos* [2006], de Luis Miguel Gómez Díaz [2006]. A ellas se han sumado las dos antologías prologadas por Nigel Dennis y Emilio Peral Vega, *Teatro de la Guerra Civil: el bando republicano* [2009] y *Teatro de la Guerra Civil: el bando nacional* [2010]. Por supuesto, no puedo obviar la continua, y siempre aguda, aportación de Manuel Aznar Soler, ahora sintetizada en el volumen *República literaria y revolución (1920-1939)*, tomo II [2010].

Mucho se ha avanzado también en los estudios sobre el teatro bélico desde una perspectiva localista. Se trata de aportaciones que, si bien más reducidas en el campo de análisis, han permitido un conocimiento mucho más preciso a partir de fondos hemerográficos de difícil acceso; baste citar aquí, a modo de ejemplo, los ensayos de Ricardo Blasco, *El teatre al País Valencià durant la Guerra Civil (1936-1939)* [1986], el excelente trabajo de Francesc Foguet i Boreu, *El teatre català en temps de guerra i revoluciò (1936-1939)* [1999], y el más reciente de Ricardo de la Fuente, *El teatro en Valladolid durante la Guerra Civil (1936-1939)* [2008].

Y aunque, como puede verse en esta somera enumeración de títulos, el teatro, como forma privilegiada de propaganda, sigue despertando el interés de la crítica académica, no es menos cierto que la mayor parte de los citados se centran, casi en exclusiva, en la España leal. Huelga insistir aquí en la superioridad, tanto cuantitativa como cualitativa, de la cultura republicana frente a la nacional. También, porque otros antes que nosotros lo han hecho, en la existencia de un corpus dramático de agitación y propaganda, a la cabeza del cual se encontraban figuras tan relevantes como Rafael Alberti, María Teresa León, José Bergamín, Manuel Altolaguirre, Max Aub, César Muñoz Arconada y Rafael Dieste, entre muchos otros. Ello no obstante, la España sublevada advirtió, aun cuando fuera de forma un tanto tardía y errática, y siempre desde el convencimiento de una superioridad militar manifiesta, la conveniencia de desarrollar una propaganda que reivindicara el pasado imperial de la nación y la unión indefectible de su destino con los postulados del catolicismo, en una especie de ejercicio revisionista con el punto de mira puesto en las imposiciones futuras. Unas líneas maestras estas que también acabarían por imponerse en la práctica teatral, pues que, más allá de algunos nombres espigados

–Agustín de Foxá, Juan Ignacio Luca de Tena, José María Pemán, Jesús María de Arozamena, Jacinto Miquelarena y Rafael Duyos, entre otros–, no podemos hablar de un teatro nacional nacido de las entrañas de la guerra y sí, por el contrario, de interesantes experiencias –a la cabeza de las cuales está el Teatro Nacional de la Falange Española Tradicionalista y de las JONS– que buscaron en la reivindicación del teatro barroco en general, y del auto sacramental en particular, su seña de identidad más evidente. La nómina de ensayos y ediciones resulta, en este lado, mucho más exigua. Es de justicia traer aquí los nombres de José María Martínez Cachero, autor del espléndido *Liras entre lanzas. Historia de la literatura «nacional» en la Guerra Civil* [2009], y, aunque ajenos al campo teatral, los de José-Carlos Mainer –*Falange y Literatura* [1971]– y Mechthild Albert –*Vanguardistas de camisa azul: la trayectoria de los escritores Tomás Borrás, Felipe Ximénez de Sandoval, Samuel Ros y Antonio de Obregón* [2005]–.

La digitalización, muy incompleta aún, de una parte de nuestro fondo hemerográfico ha dado nuevo impulso a ensayos cuyo propósito principal es dar cuenta certera de cuáles fueron las empresas emprendidas durante la guerra y quiénes intervinieron en ellas, en ese otro empeño común, tan necesario como urgente, de reconstruir nuestra *memoria histórica*. No hay pueblo sin memoria. Pero tampoco lo hay si la memoria se conserva sólo parcialmente, cercenada. La memoria, y más la colectiva, ha de revisarse sin descanso, de manera constante.

*Retablos de agitación política. Nuevas aproximaciones al teatro de la Guerra Civil española* pretende, en esa misma línea, ofrecer seis instantáneas –tres por cada uno de los bandos– que configuran un eslabón más en la todavía incompleta fotografía de las iniciativas culturales nacidas bajo la amenaza de las bombas. Me he decantado por aquellas empresas teatrales que, pese a su importancia, han ocupado un lugar menor y, a veces, irrelevante en los estudios críticos publicados hasta la fecha. Algunas de ellas, meras referencias insertas en enumeraciones descriptivas para ensalzar otras mucho más conocidas; otras, como La Barraca, bien historiadas en lo que toca a su andadura bajo la dirección de Federico García Lorca, pero con unos años, los posteriores a su marcha, rodeados de brumas que aquí pretendo clarificar; e incluso otras, tal el caso del Retablo de la Falange, cuyos orígenes saco a la luz a la espera de que otros continúen lo que apenas esbozo.

Obvio, por tanto, en mi relato aquellas experiencias teatrales que, bien por su innegable importancia, bien por estar comandadas por las cabezas visibles de la intelectualidad republicana, gozan de un estado crítico óptimo. No cabrán aquí, en consecuencia, el «Teatro de Arte y Propaganda», comandado, al cabo, por María Teresa León, y sus continuadoras «Guerrillas del Teatro», ni «Cultura Popular», liderada por Ramón J. Sender, Antonio Aparicio y Agapito García. Tampoco hemos dejado espacio a otras iniciativas faltas aún de una revisión exhaustiva, tales los casos de «Teatro Popular» –capitaneado por Luis Mussot desde agosto de 1936–, el guiñol republicano «La Tarumba» –al frente del cual se encontraba Miguel Prieto–, «La Tribuna» –con Francisco Martínez Allende como cabeza visible–, y otras muchas. Para una visión de conjunto de todas estas iniciativas remito al número monográfico que *ADE Teatro* dedicó a la cuestión con el título genérico de *María Teresa León y el teatro de la Guerra Civil* [97 (2003)]. Como queda dicho, me centro en seis empresas que, en su conjunto, manifiestan la preeminencia del Partido Comunista, con el apoyo inestimable de su correligionario José Hernández, ministro de Instrucción Pública, y de la Falange Española Tradicionalista y de las JONS, con Luis Escobar como figura señera, en la labor propagandística de uno y otro bando.

Aunque la propaganda, en ambos casos, presenta rasgos y mecanismos comunes, la diferencia esencial entre una y otra radica, fundamentalmente, en los valores que afirma, tal y como ha demostrado Andrés Trapiello en su magnífico ensayo *Las armas y las letras. Literatura y Guerra Civil (1936-1939)* [1994 (edición revisada de 2010)]. Para los republicanos la guerra no es sólo una lucha por la democracia, aplastada, de forma rastrera, por el levantamiento militar del 18 de julio, sino también una batalla cruenta por preservar la cultura. Hasta podríamos llegar a afirmar, malversando los signos ideológicos, que era asumida como una *cruzada cultural*, entendiendo el término CULTURA como un vasto recipiente en el que cabían las manifestaciones populares y folklóricas, las de carácter proletario y hasta las depositarias de la más elevada condición. Una afirmación, en consecuencia, frente a un enemigo que, elevando la bandera del fascismo, representaba la sumisión en la barbarie. Los términos que empleo no son en absoluto arbitrarios. Prueba de ello el anónimo artículo publicado en *Frente Sur*, "La barbarie frente a la cultura" [62 (28 de octubre de 1937: 2], cuyo título expresa mucho más gráficamente que nuestro discurso los valores en litigio:

> El fascismo representa la barbarie, la incultura y la miseria, porque en un pueblo instruido sus planes maléficos no tienen cabida. Desea un ejército inculto, para que sus hombres se dejen guiar como autómatas por las riendas sangrientas de la ambición capitalista.

Porque, en efecto, la cultura como *formadora* de un espíritu libre y democrático era concebida, entre los republicanos, como el arma bélica más poderosa, de ahí la urgencia de su siembra, y no sólo en retaguardia, como cosecha *ad futuro*, sino prioritariamente en la vanguardia como lenitivo a las miserias de la lucha. Entre los muchos testimonios que podrían aducirse rescato el desconocido artículo de Jorge Hans, "Solamente un ejército popular es el portavoz de la cultura humana", publicado en *Alicante Rojo. Órgano político-militar de la 71 Brigada Mixta* [17 (10 de noviembre de 1937): 2], una muestra más de la fortísima actividad periodística y de propaganda que se llevó a cabo en casi la totalidad de las divisiones y brigadas del ejército rojo, y evidencia, también, de que el deseo de formación humanística no sabía de límites:

> Pero el Ejército Popular no sólo guarda la cultura tradicional del país. Al mismo tiempo los mandos y los comisarios trabajan para la consecución de una nueva cultura. No hay ninguna unidad de este Ejército Popular que no tenga sus cursos para analfabetos, que no tenga su sección de cultura, cuya tarea es el hacer conocer a los soldados las obras grandes del arte cinematográfico moderno ruso, del teatro y de la poesía de la nueva España. Por esta labor, el Ejército Popular demuestra ante todo el mundo que no sólo sabe vencer ante los fascistas, sino que sabe también colaborar en la formación de una nueva y amplia cultura popular.

Y del deseo por *formar* a un ejército que no sólo sirviera para la defensa militar, sino también para la custodia de unos valores que se veían amenazados, la mejor evidencia está constituida por las Milicias de la Cultura, estudiadas por Christopher Cobb [*Los milicianos de la cultura*, 1995] y que, como se verá en el capítulo correspondiente a su teatro de guiñol, emprendieron copiosas iniciativas de alfabetización y formación en el frente. Desde esta perspectiva ha de entenderse la sentida reivindicación de Martínez Montoro –él mismo «miliciano»–, en su artículo "Enseñanzas. El libro en la guerra", también publicado en *Alicante Rojo* [13 (21 de agosto de 1937): 6]: «El libro es un arma potentísima contra el fascio. Por eso ellos mantienen al hombre sumido en la ignorancia, para hacerlo su esclavo. Nosotros los hacemos cultos para que sean libres». Se trataba de concebir un arte instructor en los valores de la libertad, pero un «arte nuevo», porque la coyuntura histórica requería nuevos medios de expresión y porque, como quería Elías Muñoz, combatiente de 4º Batallón de la 66 Brigada, «el fusil, el pico, la pala y el libro [son] las armas de nuestra victoria» [*Cultura en el frente. Boletín de información semanal*, 37 (20 de diciembre de 1937): 3-4].

Así lo afirmaba Álvaro Real desde las páginas de *Mundo Gráfico*: «El arte, en una guerra que entraña una revolución, no puede tener por expresión las formas de un arte ya caduco, gastado, que iba andando premiosamente, como un inválido apoyado en las muletas de la rutina» [1356 (27 de octubre de 1937)]. Subrayaba el crítico los tres pilares en los que se debía sostener ese «arte» de las nuevas circunstancias: el cinematógrafo, la novela y el teatro. Curioso, cuando menos, que no insista en la preeminencia de la poesía, toda vez que el *romancero* de la Guerra Civil tuvo un extraordinario desarrollo. Del séptimo arte destaca su «riqueza expresiva y plástica», pero que siempre ha de estar subordinada a asuntos de «enjundia humana» y espoleada por un acusado «matiz didáctico». Habrá que apartarse, en consecuencia, del «cine tímido, zarzuelero y de *españolada*, manjar fácil que nuestras productoras de antes de la guerra servían con viejas recetas». La novela cumple papel prioritario, también, por ser el más libérrimo y versátil escenario para representar la lucha por la libertad. Pero sobre uno y otra, el teatro, «cuyo sintetismo dinámico ejerce tan poderosa influencia en las multitudes» y que, en «estas horas dramáticas de España, ha de poseer un aura pasional, una enjundia ideológica que nada tenga de semejante con la pacatería localista, doméstica y seudosentimental que los autores hasta ahora en uso servían como postre a las cenas de una pequeña burguesía desdeñosa». Sobre el lugar central del teatro en el proceso de educación *urgente* para el pueblo oprimido reflexionó A. Villena en la crónica titulada "El teatro, base cultural", publicada en *Actualidad. Órgano del sexto batallón de etapas* [Valencia, 8 (15 de enero de 1938): 3]:

> Dentro del exquisito campo de las Bellas Artes sería difícil, cuando no imposible, inclinarse por una de sus ramas, otorgándole supremacía sobre sus hermanas.
>
> Sin embargo, existe una de fácil asimilación, debido a la variedad evolutiva dentro de su género, que permite captar al desconocedor de sus encantos para llevarle después por los maravillosos caminos conducentes al grado superior, donde se aspiran las puras esencias expositivas y literarias.
>
> Esta rama es el teatro. Es evidente la eficacia del teatro en el orden cultural. El teatro, bien orientado, educa al tiempo que deleita.
>
> El espectador, carente de preparación eficiente en las Letras, necesita, como el niño, una mano sabia y cariños que, dulcemente, sepa conducirle por la senda educativa, administrando cautamente la golosina compensadora de la aridez inherente a todo aprendizaje.
>
> Por ser la escena una de las fuentes culturales más directas, debieran estar rigurosamente tamizadas las nuevas producciones.
>
> Creo que por tratarse de una obra nacional, nadie más llamado que el Ministerio de Instrucción Pública para dictar normas sobre este matiz de vital interés para la instrucción de las futuras generaciones...

Y también Antonio Aparicio ["El teatro en nuestro Ejército", *Comisario. Revista para los comisarios*, 4 (diciembre de 1938)], para quien el «teatro es una magnífica escuela de enseñanzas» susceptibles de ser aprehendidas por gentes de toda condición, desde sencillos campesinos hasta empleados urbanos, todos ellos unidos bajo la bandera leal de la República. Antes que ellos, y como botón de muestra de los múltiples juicios que podrían aducirse, Pous i Pagès, en "Rumb per al nou teatre" [*Nova Iberia*, 3-4 (1937): 45], y el anónimo testimonio que con el título "Caravanas artísticas" fue publicado en *El Combate. C.N.T. Cartelera de guerra. Segunda columna F.A.I.* [Caspe, 6 (25 de septiembre de 1936: 1)], una verdadera reivindicación de la impronta popular y revolucionaria de nuestro teatro clásico, de *Fuenteovejuna* a *El caballero de Olmedo*, espejos de comportamiento que animan al cronista a una proclama lírica en defensa de la fiesta teatral: «Tejed con ovillos de entusiasmo la danza y la canción sencilla. Debéis ayudarnos a hacer revivir el alma de las plazas y de los viejos senderos. ¡Pronto, que la joven revolución española en camino, avanza!».

No era el antes citado Álvaro Real el primero en señalar el apartamiento del teatro respecto de la realidad política que asolaba España. Una precariedad que ya había sido advertida por Erwin Piscator en su famosa visita a Barcelona, en diciembre de 1936 [Foguet i Boreu, 1998; Dennis/Peral, 2009: 40 y ss.], y que fue materia de discusión para críticos, autores e intelectuales españoles durante todo el conflicto bélico. Fueron muchos los llamamientos a la acción de la pluma. Así sucede con "Talía no se entera. Un teatro digno de estas horas", firmado por Juan Ferragut para *Mundo Gráfico* [1318 (3 de febrero de 1937)]. Se duele de una escena que, tras varios meses de contienda, vive de espaldas a ella, y de unos autores cuya inspiración corre paralela a la tragedia real, de ahí que proyecte un rotundo pesimismo sobre los *balbuceos* dramáticos que estaban por llegar. La postura de Ferragut no habría de variar sustancialmente en los meses sucesivos. Así lo prueba el artículo que, en idéntica revista, publica el 6 de octubre de 1937 con el título "Ante la nueva temporada teatral. Un arte que peca por incapacidad o por cobardía". La prometida «nueva temporada» tan sólo presenta como novedad el tránsito hacia un tiempo inclemente, porque «en lo espiritual y en lo artístico nada hace presentir la más mínima variación ventajosa». Ni siquiera los quince meses de lucha que el pueblo español padecía habían hecho salir al teatro de su marasmo, ese que se alimentaba de «sentimentalismos fofos [...] o en los pobres temas eróticos, escorias de vodevil, adulterios ridículos, chistes escatológicos, perpetuados por una tradición de penuria mental». El diagnóstico, en consecuencia, no puede ser más desolador. La cartelera madrileña se abría, sin propósito de enmienda y ajena a la realidad circundante, con «farsas de falso flamenquismo, piezas de viejo astracán, triste pornografía exhibicionista en seudorrevistas musicales, cursilería burguesa de comedias insulsas y, para conteras, cancionistas veteranas que empezaron su ocaso con el siglo, humoristas con chistes ahumados de café. Y para que no falte de nada, hasta esos fofos seres equívocos, imitadores de estrellas, y charlistas con ingenio de burdel». Sin embargo, el problema, como también advierte Ferragut, no era tanto la insistencia extenuante en formas dramáticas añejas sino, sobre todo, la ausencia de autores que, tomando el toro por los cuernos, respondieran a los momentos por los que vivía su patria, pues «no se escribe ninguna obra teatral que en su intención, en su concepción, en su enjundia, sea digna de la pasión, de la grandeza, de la intensidad gloriosa y la verdad dramática de [estas] horas». Las posibles respuestas a esta realidad eran dos: incapacidad o cobardía de los intelectuales españoles.

Siendo la radiografía de Ferragut veraz en sus trazos mayores, no es menos cierto que fueron bastantes los dramaturgos y poetas que se enfangaron en la tarea de componer un corpus dramático que hablara de la realidad de España en guerra. Uno de ellos, Luis Mussot, juez y parte en los diagnósticos que emitía, había advertido desde muy pronto sobre los peligros de convertir el teatro en un recipiente hueco y ajeno a las preocupaciones del presente ["El teatro. Plataforma de arribistas y desaprensivos", *Alianza. Semanario de barriada del Radio Chamberí del Partido Comunista*, 3 (18 de octubre de 1936): 6]. Y contra ello lucharon, además de los nombres aducidos con anterioridad, otros tantos: José Antonio Balbontín, Germán Bleiberg, Pedro Garfías, José Herrera Petere, Santiago Ontañón, Enrique Ortega Arredondo [Gómez Díaz, 2006], y otros muchos cuya labor anónima es urgente sea rescatada de las páginas de diarios y revistas.

Las reflexiones en torno a la propaganda como elemento de instrucción política fueron mucho menores entre los nacionales, y casi todas nacidas de una postura *ex contrario*, encaminada a rebatir el mucho más desarrollado aparato republicano. Ejemplos de lo dicho son los artículos de Antonio de Obregón –"Nuestros verdugos", *Vértice*, 6 (noviembre de 1937)– y el anónimo "Pulso del mundo. Propagandas de allá" –*Extremadura. Diario católico* (27 de diciembre de 1938)–. Extractamos aquí, por su rotundidad, las declaraciones de Eduardo Marquina, llamado a convertirse en uno de los faros de la escena de posguerra, para *Labor* [387 (29 de agosto de 1938): 2]. A la pregunta: «¿Hacen los rojos mucha propaganda?», responde sin ambages:

> Mucha, pero torpe y desmañada. En realidad no han hecho otra cosa que utilizar los tentáculos que no de ahora, sino de siempre, tiene tendidos sobre el mundo la propaganda internacional roja: las grandes agencias de información, casi todas judías, cine norteamericano, en gran parte también en manos de semitas, el Socorro Rojo, la masonería... En cambio, a nuestro lado está todo el que siente la tradición española y se enorgullece de pertenecer a la estirpe de los que realizaron la epopeya del Descubrimiento y la Conquista. Los que sienten la grandeza de América anhelan ver la Madre España renacida y cumpliendo la misión histórica que les señala su obra de sembradora y misionera.

Obviando las delirantes conexiones, nótese que Marquina apela a la tradición imperial y a la misión evangelizadora de España, extremos ambos que inundarán la práctica teatral de los sublevados en toda la Guerra Civil. Desde la perspectiva de los moldes ideológicos y culturales que sirven de referencia a estos últimos resulta clarividente la aportación del poeta Luis Rosales, "Imperio y poesía", para *Águilas. Diario de la Falange Española Tradicionalista y de las JONS* [Cádiz, 268 (12 de octubre de 1937): 4], puesto que de ella se hace depender toda creación humana, y por encima de cualquiera la poesía, de la fe verdadera, hálito misterioso que queda impregnado así de «verdad», «belleza» y «Gracia».

Para la práctica teatral la reflexión más acabada es, sin duda, la firmada por Gonzalo Torrente Ballester para las páginas de la revista falangista *Jerarquía*: "Razón y ser de la dramática futura" [2 (1937)]. En correspondencia con el binomio apuntado, se decanta Torrente por el teatro heroico nacional y, de forma más específica, por el auto sacramental –véase el capítulo «La Falange y el teatro: proyectos para una ideología común»–. Al ensayo de Torrente hay que unir los que Manuel Machado escribió para el *ABC* Sevilla en entregas sucesivas: "Intenciones. Por el teatro de mañana" [28 de enero de 1938: 3] y "Por el teatro de mañana (II y último)" [19 de marzo de 1938: 3]. En ambas aportaciones el mayor de los Machado intenta, sin mucho éxito, elogiar aquellas agrupaciones que auspician el «nuevo renacimiento español». Y digo sin éxito no por la indudable capacidad argumentativa del autor de *El mal poema* sino por verse forzado a describir, sin escoger, una exigua cosecha: el «Teatro Escolar Juan de la Cueva» y «La Tarumba» –experiencias ambas que se analizarán con detalle–. La grandilocuente retórica triunfalista utilizada por Machado no oculta la ausencia de iniciativas dramáticas entre los suyos, razón por la cual se explica su llamamiento a una intervención pública que sustente el levantamiento y que auspicie una propaganda directa y efectiva.

En efecto, y salvando los ejemplos que hemos señalado al principio, la intelectualidad nacional se preocupó poco por generar un corpus teatral que reivindicara los estandartes ideológicos de su *cruzada*. Su apuesta pasaba por hacer *renacer*, siquiera de manera simbólica, un pasado imperial extinto hacía muchos siglos y, con él, el sentido de España como salvaguarda del catolicismo en todo Occidente. No otras son las razones por las que la práctica dramática entre los golpistas se concentró, casi sin excepciones, en el montaje de autos sacramentales de los siglos XVI y XVII, a veces con un virtuosismo digno del mayor de los elogios, como intentaremos demostrar en las páginas que siguen.

Carentes, por tanto, de obras que hablaran de la guerra, cuando de homenajear alguna gesta patria se trataba, en muchas ocasiones se echaba mano de piezas convencionales, luego ornamentadas con poesías populares o relativas a episodios bélicos concretos. Valga un ejemplo: en el Teatro Argensola de Zaragoza, el 8 de septiembre de 1938, se llevó a cabo "Un festival. Homenaje teatral a los héroes de Belchite" (*Amanecer. Diario de Falange Española Tradicionalista de las JONS* [Zaragoza, 6 de septiembre de 1938: 6]), en el que el cuadro teatral de la Agrupación Artística, dirigido por el maestro Santamaría, representó la obra de los hermanos Álvarez Quintero *Rondalla*, convenientemente aderezada, eso sí, por «Jotas alusivas a la heroica gesta de Belchite».

Por encima de la comparación cualitativa y cuantitativa, y de las diferencias evidentes entre los leales a la República y aquellos que se sublevaron contra ella, *Retablos de agitación política. Nuevas aproximaciones al teatro de la Guerra Civil española* busca proyectar luz sobre un conjunto de gentes que, conscientes de la trascendencia de la lucha, decidieron *combatir* con la palabra. Con la palabra en su dimensión más viva, la que se hace carne encima de las tablas, por rudimentarias que éstas fueran y por cercanas que estuvieran a los frentes de batalla.

Queremos que nuestra aportación, fragmentaria en su disposición pero unitaria en la idea, sea concebida, tan sólo, como una loa que anticipa un drama mucho más rico en matices o, si lo prefieren, como un entremés que, esperamos, deleite y entretenga, pero a cuyo término genera las ganas de continuar con la comedia, aunque esté teñida con tintes dramáticos. Esos versos de comedia, numerosos y ricos, duermen aún en las hemerotecas. Es tiempo de memoria. Es tiempo de que algunos de ellos sean escuchados.

Emilio Peral Vega
*Madrid, octubre de 2012*

# PARTE PRIMERA: LA ESPAÑA REPUBLICANA

# Altavoz del Frente: una experiencia multidisciplinar

## Arte al servicio de la República[1]

Con el levantamiento militar del 18 de julio de 1936 comenzaba en España una etapa de tiempo detenido, de vidas cercenadas y de proyectos interrumpidos a la espera de instantes mejores y, ante todo, de necesidades perentorias que poco o nada tenían que ver con la cultura ni mucho menos con el teatro, a la postre actividad nacida para el esparcimiento y el engrandecimiento de los espíritus precisamente cuando éstos parecían haber iniciado un proceso de perversión y reducción al más grande de los absurdos. Con todo, e inmediatamente después de que el país co-

---

1. Para las referencias bibliográficas remitimos, mediante el apellido, a la relación adosada al final de cada capítulo, excepción hecha de las entradas anónimas, en cuyo caso, y dado el gran número de ellas, reproducimos las primeras palabras del título, a fin de no ocasionar confusión en el lector. Con el mismo objetivo de evitar una repetición innecesaria de datos, los relativos al lugar de impresión de las diversas publicaciones de guerra se detallan en el anexo final "Relación de periódicos y revistas consultados" y no aparecen, por tanto, en cada una de las entradas bibliográficas.

brara conciencia del momento histórico al que se enfrentaba, fueron muchos los que creyeron en el poder de la palabra dicha o escrita como instrumento ya no para el deleite sino para espolear los ánimos de quienes, a esas alturas, apenas empezaban a discernir con claridad cuál era la causa por la que luchaban y cuáles las consecuencias futuras de su toma de partido. El presente ensayo se centra, pues, en una de estas experiencias «propagandísticas» –Altavoz del Frente– que encontró en el teatro el medio más eficaz –pero no el único– para la defensa de sus intereses, teñidos con la bandera tricolor de la República[2]; un ejemplo más de la superioridad, tanto en cantidad como en calidad, de la propaganda cultural republicana sobre la nacional, tal y como ha atestiguado Jordana Mendelson [2007: 45-46] con referencia a las revistas, en una afirmación que puede hacerse extensible al teatro, la literatura, la fotografía, la pintura y cualesquiera otras ramas del saber, y sobre la que ya incidía, sin la objetividad que el paso del tiempo permite, la propia Luisa Carnés, tan implicada en la propaganda republicana[3], que comenzaba su crónica "Nueva cultura para el frente y la retaguardia" [3 de octubre de 1936] con el significativo epígrafe de "Ellos y nosotros[4]":

> Este subtítulo ha sido utilizado por más de un compañero en los diferentes diarios republicanos y obreros de Madrid para demostrar el proceder dia-

2. Aunque hasta la fecha no hay ningún trabajo exhaustivo sobre esta fascinante iniciativa cultural, es de justicia traer aquí el nombre de Juan Manuel Fernández Soria, autor de un sinfín de publicaciones sobre la educación en la España de la Guerra Civil y uno de los primeros en hacer notar, siquiera brevemente, la importancia de Altavoz en el conjunto de la propaganda republicana [1984: 83-85]. Y la también notable monografía de Miguel A. Gamonal Torres, en la que se reproduce el artículo "Actividad del Altavoz del Frente", que luego comentaremos por extenso [1987: 100-104].
3. Para el funcionamiento de la ingeniería propagandística republicana, véase el interesante artículo de José Quílez Vicente publicado en *Crónica* [30 de mayo de 1937].
4. Sintagma de exitoso cuño empleado por doquier como forma de diferenciar la lucha por el progreso enarbolada por los republicanos y la regresión a una España atávica perseguida por los nacionales. Véase, como uno de los múltiples ejemplos que podrían aducirse, la reflexión también titulada "Ellos y nosotros", publicada en *El Combatiente. Portavoz de la 42 Brigada Mixta*, 12 [García, 1937].

metralmente opuesto de los traidores y los leales al Gobierno de la República; para poner de manifiesto cómo [...] ellos exaltan su fobia de anticultura en la persona del inolvidable granadino García Lorca, en tanto nosotros, en medio de esta guerra cruel, velamos por la tradición artística del país; creamos, mientras ellos destruyen.

Dentro de las variadas iniciativas nacidas al calor de la Segunda República, fueron múltiples las que se dirigieron a la creación de un teatro proletario en el cual quedaran reflejados los intereses de los trabajadores y el ideario del nuevo régimen de gobierno que había nacido el 14 de abril de 1931. Pasando por alto la extraordinaria labor llevada a cabo por las grandes figuras de la *intelligentsia* republicana –para un panorama de conjunto remito a la "Introducción" del volumen *Teatro de la Guerra Civil: el bando republicano* [Dennis/Peral Vega 2009]–, merece una atención especial la realizada por el peruano César Falcón y su mujer Irene, al frente, ambos, de un buen abanico de empresas entre las que destaca el grupo "Teatro Proletario Nosotros" o el "Cine Teatro Club" [Cobb, 1985; Esteban, 1987; Dennis/Peral Vega 2009], ambas anteriores a la guerra y con una labor de documentación aún en buena parte por hacer. Es, sin embargo, con el Altavoz del Frente, nacido inmediatamente después del estallido de la guerra, cuando los Falcón[5] alcanzan una verdadera integración de las artes en

5. En el Archivo Histórico del Partido Comunista de España (en adelante AHPCE), conservado en la Biblioteca Histórica de la Universidad Complutense de Madrid, se halla una carpeta –la signada con el número 18– que lleva por título "Informe de la Comisión Nacional de Agitación y Propaganda del Partido Comunista". Entre otros datos de notable interés, hemos podido encontrar una sucinta biografía de César Falcón –fechada en febrero de 1937–, a cuyo cargo quedó designada la dirección de *Frente Rojo. Órgano del Partido Comunista*, una de las publicaciones más importantes a nuestros efectos. Dicha biografía certifica la llegada a España de César en torno a 1920 para ocuparse, luego de su dilatada labor periodística en Perú, de la corresponsalía de *El Liberal* en Italia, Francia, Alemania y Hungría. Proclamada la Segunda República, obtiene la nacionalidad española y funda el Partido de la Izquierda Revolucionaria y Antiimperialista, al frente del cual se presenta a las elecciones por Málaga. Muy pronto, en 1932, su partido es absorbido por el Comunista de España, y César comienza a participar en *Mundo Obrero*, otra de las publicaciones señeras para el aparato de la formación. Es autor del en-

su vertiente más comprometida, con unos objetivos que quedaban perfectamente perfilados entre las páginas de *Mundo Obrero*, publicación que auspició el lanzamiento de la iniciativa que entonces comenzaba:

> Hay que llevar a los gloriosos combatientes en los frentes de batalla, a los que en los cuarteles esperan turno para entrar en las líneas de fuego, a los heridos de los hospitales, a cuantos intervienen en la heroica gesta de la libertad y la democracia españolas, la voz encendida del pueblo, la palabra aleccionadora, la diversión honesta, el grato esparcimiento. Hay que hablarles, que ilustrarles, divertirles, esclarecer su ideología, cultivar sus espíritus y distraer sus momentos de tregua. [...] Al mismo tiempo se propone contarle al pueblo la vida, el heroísmo, la gloria de nuestros combatientes. Dar charlas, conferencias, descripciones, etc., en los pueblos y las ciudades para que los millones y millones de hombres y mujeres que siguen con ardoroso aliento la lucha por la libertad conozcan la vida íntima de sus soldados y sus actos heroicos. Se propone también satisfacer la curiosidad del mundo, informándole del heroísmo de nuestro pueblo y de las atrocidades que cometen las hordas fascistas ["El Altavoz del Frente. Para los escritores, artistas…", 12 de agosto de 1936: 2].

Altavoz del Frente rebasaba la condición de agrupación teatral. En sentido estricto habría que hablar de «un complejo de actividades artísticas ligado al Partido Comunista [...][6] y a *Mundo Obre-*

---

sayo político *Crítica de la revolución española*, amén de alguna incursión literaria. Para una caracterización generalista de Altavoz, véase "Altavoz del Frente en la lucha" [*La voz del combatiente. Diario de los comisarios de Guerra del ejército del pueblo*, 32 (1 de febrero de 1937): 3].

6. En el "Informe de la Comisión Nacional de Agitación y Propaganda del Partido Comunista de España" (AHPCE) se da cuenta detallada de las diferentes empresas que se encomendaron a la propaganda leal. La más extensa es la dedicada a Altavoz del Frente, cuya descripción nos informa de su magnitud e implicación:

> Altavoz del Frente, organismo amplio, fue creado por el Partido en los primeros tiempos de la guerra, habiendo dado magníficos resultados y conseguido una enorme popularidad entre los combatientes y la población civil.
>
> Los momentos de mayor peligro durante la guerra, especialmente los días de noviembre de 1936 en Madrid, pusieron a prueba al Altavoz del

*ro*[7]» [Martínez Riaza, 2004: 108], nacido para realizar –como queda dicho– «la propaganda del pueblo en armas, llevando a los campos de combate la solidaridad moral y material de la retaguardia, y trayendo aquí el reflejo justo de la guerra» [*RMG*, 1936a: 10], en un camino de ida y vuelta que, en octubre de 1936, ilustraba Luisa Carnés en su ya referida crónica para la revista *Estampa*:

> *Altavoz del Frente* recoge, por medio del cine, del teatro, de la fotografía, del artículo periodístico y de la pintura y el dibujo, la lucha en los frentes, y luego muestra esta lucha a la retaguardia laboriosa («Mirad: así se aplasta en la vanguardia al fascismo»). Y viceversa: capta la labor entusiasta de la retaguardia y la ofrece, valiéndose de sus medios de difusión, a los luchadores de los diversos frentes de combate («Ved cómo se echan en la retaguardia los cimientos de una España nueva, cómo se prepara a vuestros hijos de un porvenir feliz») [Carnés, 1936].

---

Frente, que estuvo a la altura de las circunstancias y supo colocarse allí donde era necesario para estimular a los soldados en el combate, a la población en la fortificación y llegando hasta el trabajo en las filas enemigas.

Grupos de agitadores, camiones blindados con altavoces de radio de acción de 15 kilómetros, carteles colocados en las fachadas de los edificios, mítines relámpago, pequeñas representaciones teatrales, todas las formas de agitación y propaganda han sido utilizadas por Altavoz del Frente en los meses transcurridos desde el comienzo de la guerra.

En varios días Altavoz del Frente realizó más de 1000 mítines cuando Madrid estaba en grave peligro, en los cuarteles, en las trincheras, en los mercados y barriales obreros. En Madrid organizó "La Semana del Parapeto" recaudando miles de pesetas, con las cuales se adquirían víveres y ropas que eran distribuidos en las trincheras. Independientemente de las emisiones de radio, Altavoz entregó a las Brigadas del Ejército en Madrid un centenar de aparatos de radio que permitían a nuestras tropas recoger las emisiones leales de las ciudades más importantes.

7. La relación de parentesco entre la publicación del Partido y Altavoz quedaba perfilada en las palabras que Wenceslao Roces, subsecretario del Ministerio de Instrucción Pública, pronunció con motivo de la inauguración en Valencia, el 3 de enero de 1937, de la Exposición de Guerra: «El Altavoz del Frente es una organización que comenzó gracias a la iniciativa de un grupo de compañeros de *Mundo Obrero*, y que poco a poco va convirtiéndose en una organización de envergadura nacional» ["La Exposición de Guerra…", *El Pueblo*, 5 de enero de 1937: 3].

Junto a las representaciones teatrales –en las que más tarde me detendré– se desarrollaba un granado conjunto de actividades, todas ellas encaminadas a mostrar la crudeza de la contienda bélica que padecía España. Muy significativas fueron las exposiciones, que, con sede en el número 62 de la calle de Alcalá, pretendían un propósito itinerante; muestras, sí, tanto de dibujos –tomados en los diferentes frentes y firmados por Ramón Puyol[8], responsable de la sección, Mateos[9], Bartolozzi, Garran, Bardasano[10] y Penagos, entre más de una «treintena de dibujantes» [Carnés,

8. En Puyol recaía, no lo olvidemos, una sección diaria en *Mundo Obrero* que Otero Seco definió, con su tino acostumbrado para las páginas de *Mundo Gráfico*, como «pizarra popular con aire fino y auténtico de la calle y trazo de arte puro, verdadera colección de carteles revolucionarios por su estruendo de grito y resumen de la actualidad» [1936a]. Casi un año después, Miguel Nistal –quien llegaría a ser subcomisario de Propaganda del Comisariado de Guerra– le dedicó, en las páginas de *Frente Rojo*, un bellísimo artículo titulado "Nuestro Puyol" [1937: 3], con motivo de la presentación de 32 láminas bélicas en las que el arte de Puyol «muestra una segunda faceta inseparable en un dibujante revolucionario: la crítica, la sátira, el humor sangriento». Acaba Nistal con palabras que, si bien penetradas de altisonante retórica, esconden una certera apreciación: «Puyol es, indudablemente, el dibujante de la revolución».
9. Francisco Mateos concede al semanario catalán *Mirador* una entrevista en la que, con motivo de la presentación de una serie de litografías guerreras, diserta sobre los motivos que llevaron a la creación de Altavoz del Frente: «L'*Altavoz del Frente* nasqué com una neccesitat de la guerra. Calia tenir en tensió el public, intensificar per tots els mitjans possibles, ràdio, premsa, cinema, cartells, exposicions, etc., l'ardor combatiu i la consciencia revolucionària de la gent» [411 (12 de marzo de 1937): 10]. Hablaba Mateos de la "inquietud" y la "emoción" como motores creativos para los artistas que participaron en el proyecto global, porque «no es pas sense profunda emoció que es pot pintar en una ciutat [Madrid] sobre la qual hi cau una mitjana de 30 obusos cada dia» [*ibidem*].
10. A Pepe Bardasano le dedicó un bello artículo la revista *Mundo Gráfico*, en su número 1318, correspondiente al 3 de febrero de 1937. A la pregunta de cuándo había surgido su pasión por el cartel como forma de expresión responde con rotundidad: «Ahora, con la guerra, con la necesidad de hablar desde los muros de las calles a la gente. Con el anhelo de buscar, en formas sencillas y fuertes, la emoción de la hora. Yo, antes, no hacía carteles. Pintaba. La pintura es mi gran ilusión» ["Bardasano..."]. En el cartel encuentra «la idea, el contenido. Su acento social. La busca apasionada de lo que mejor pueda servir a la idea. Después, claro, la belleza y la armonía como fórmula de expresión de ese contenido ideológico. El car-

1936], con el objetivo de crear «una conciencia exacta de la lucha» y «traer a la ciudad la moral del frente» [*RMG*, 1936a:10]– como de fotografías, realizadas por *Mayo* y Díaz Casariego, extraordinarias instantáneas de las que se nutrieron buena parte de los diarios y semanarios gráficos republicanos durante los tres largos años de lucha. Muchos de los dibujantes citados –a los que tenemos que sumar Gil Guerra, Peinador, Girón, Alonso, Pedraza, Sancha, Prieto, Moliné, Parrilla, Hortelano y Cheché, entre otros– participaron en la exposición de carteles[11] que, como homenaje a las Milicias Populares, fue instalada en la antigua Casa de la Panadería de la Plaza Mayor de Madrid, bajo la tutela de la Junta Directiva del Frente Popular de la Cámara del Libro de Madrid, y en la que se exhibieron un total de sesenta y dos obras. A juzgar por las crónicas, la muestra cosechó un fecundo éxito, atestiguó una temprana muestra de adhesión del pueblo madrileño a la causa republicana y, a la vez, atesoró una nada desdeñable cantidad monetaria destinada a la ayuda en el frente, pues «no sólo de pan viv[ía] el pueblo» [Otero Seco, 1936a].

De cuño propio fue la inaugurada en Valencia, el 3 de enero de 1937, en un local de la calle de Ribera, número 8. La presencia institucional nos habla de la importancia que las autoridades concedieron al acto, al que no faltaron Carlos Esplá, ministro de Propaganda, y Jesús Hernández, ministro de Instrucción Pública ["La Exposición de

---

tel tiene, necesariamente, que servir, ante todo, el anhelo de lucha y de renovación que pasa ahora sobre España» [*ibidem*].

11. La cartelería se convirtió muy pronto en una de las armas propagandísticas más eficaces. En este sentido, resulta esclarecedora la crónica de Otero Seco, "Madrid, erizado de gritos de color. El taller de Artes Plásticas de la Liga de Intelectuales Antifascistas", para *Mundo Gráfico* [1936b], en la que cita las principales fuentes de suministro para este arte tan expresivo por su carácter de inmanencia: «Unos han salido del Altavoz del Frente; otros, de los miembros de la Unión de Dibujantes Españoles; otros, de la Sección de Propaganda de las Juventudes Socialistas Unificadas; otros, del 5º Regimiento de Milicias. Pero la mayoría se han proyectado y confeccionado en la Sección de Artes Plásticas de la Alianza de Intelectuales Antifascistas. Del taller que la Alianza ha instalado en un *chalet* incautado en el Paseo de la Castellana brotan a diario carteles y pasquines, periódicos murales, cabeceras de periódicos milicianos, dibujos e ilustraciones al servicio de los luchadores por la causa de la República y de la Libertad».

Guerra...", *El Pueblo*, 5 de enero de 1938: 3]. Julio Mateu, del Partido Comunista, pronunció unas emotivas palabras de presentación que insistían en el pueblo como destinatario único de todo aquel esfuerzo y, sobre todo, en la brecha que mediaba entre los verdugos y las víctimas del conflicto bélico:

> Aquí aprenderemos a ver la diferencia que existe entre el ideal de nuestros enemigos y el nuestro, a través de los trofeos que se exhiben; los de ellos: cruces, espadones y espuelas. Símbolos de una casta de explotadores, verdugos y militares, mientras que los nuestros son un canto a la libertad y un deseo de vivir, para acabar la guerra [*ibidem*].

Tenía la muestra un carácter más proteico que la anterior, ya que a la parte artística –formada por las esculturas de Victorio Macho, y un buen abanico de dibujos y fotografías «que muestran una figura, un hecho o un momento de la vida en los frentes, o bien una visión acerada del fascismo» [Lamata, 1937]– unía la de los trofeos de guerra recogidos en el campo de batalla, cuya minuciosa descripción por parte del cronista delata el valor concedido a cada mínimo objeto cual de si la victoria final se tratara: «banderas republicanas recuperadas, banderas de Acción Popular y de Sindicatos fascistas, banderines monárquicos, restos de obuses y de bombas de aviación, cohetes luminosos, condecoraciones, insignias, boinas de requetés, prendas y armas marroquíes, cruces alemanas, *carnets* de las JONS, rosarios y restos de motores de aviones extranjeros»; aun cuando fuera más el pormenor concedido a los objetos estrellas de la muestra, tales como «un peto protector encontrado en la casa de Gil Robles, las aspas, el fuselaje y la ametralladora del primer avión faccioso derribado en Madrid, y la camisa de un fascista, con sus insignias y sus cruces» [*ibidem*]. Y hasta representaciones teatrales de arte revolucionario aderezaron la visita de los numerosos asistentes con que contó la muestra. Si bien el apartado teatral será analizado, por extenso, en las páginas que siguen, deduzco que se trataba de dramatizaciones, breves, de algunos de los hechos bélicos más relevantes entre los allí expuestos, pues es casi inexistente la información que tenemos al respecto: «El programa de actuaciones estará integrado por teatro, música y coros, alternando cada día con las representaciones de guignol de la Alianza de Intelectuales y la intervención de los poetas de nuestro Romancero de la guerra» ["Altavoz del Frente. Actuaciones artísticas en la Exposición de Guerra", *El Pueblo*, 9 de enero de 1937: 3].

No de menor interés fue la exposición de carteles rusos de propaganda organizada por Altavoz en el Salón de Artes Plásticas del grupo en diciembre de 1936, en un afán de mostrar las similitudes de la lucha emprendida en octubre de 1917 con la contienda cainita que se estaba desarrollando en tierra patria. Esa pretendida simbiosis era explícita por cuanto los carteles soviéticos pendían al lado de los españoles[12] en la búsqueda de «tantos perfiles de identidad» y de «cómo los artistas de los dos pueblos ofrecen también contactos de semejanza en el modo de interpretar los hechos de que son espectadores» [Serena, 1936]. Se trataba, a fin de cuentas, de exhibir un arte que, aunque marcado por la inmediatez de los hechos que representa, rebasa su condición propagandística para convertirse en un «símbolo» perdurable de la lucha de los hombres hacia un estado mejor. Entre los carteles exhibidos en tan reseñada ocasión figuraban *La toma del palacio de invierno*, *El desembarco de los marinos del "Aurora"*, *La toma del Kremlin*, *Lenin y Stalin en Smolmy* y *Lenin en octubre de 1917*, un grabado en madera fielmente reproducido en las páginas de *Mundo Gráfico* –junto al primero y el tercero de los citados, también grabados en madera de Staronossow y Etcheistov, respectivamente– y en el que «el cerebro de la Revolución marcha mostrando el camino a seguir a un grupo de marinos y guardias rojos obreros».

La condición referencial del arte propagandístico ruso no quedaba reducida a las representaciones gráficas sino que también se extendía al cine, un modo de proselitismo político cuya eficacia tam-

12. Algunos de estos murales se reproducen en el número 380 [21 de febrero de 1937] de *Crónica*. Destaca el bajorrelieve, de autoría desconocida, *Ante todo, ganar la guerra*, así como el cartel de Pedraza Blanco titulado *Madrid jamás. Todos a defenderlo*.

bién fue tentada en el bando nacional –véase "Introducción" a *Teatro de la Guerra Civil: el bando nacional* [Dennis/Peral Vega, 2010]–, y que en el caso que nos ocupa se centró en la exhibición pública de películas revolucionarias, tal el caso de *Los marinos de Cronstadt*[13], un filme en que, de acuerdo a las palabras de Hernández-Girbal, «se funden con unidad perfecta el valor cinematográfico y el aliento heroico de todo un pueblo» [23 de enero de 1937], con la clara intención de espolear los ánimos republicanos en la difícil defensa de Madrid. De hecho, pronto se buscó paralelismo entre los héroes rusos y el ejército republicano, como así queda reflejado en el solemne acto que el Altavoz del Frente organizó en el Teatro Lara de Madrid –cuyo escenario creo adivinar en la foto que publica la revista *Crónica* [370 (13 de diciembre de 1936)]– en homenaje a los que, de hecho, fueron bautizados como «los heroicos Cronstadt españoles», a saber, los destructores de tanques enemigos, miembros del batallón La Libertad, Grau, Cornejo, Molina y Carrasco, «así como a la memoria del precursor de todos ellos, Antonio Col, muerto en la defensa de Madrid». De la repercusión del estreno da fe el artículo que se le dedica en el semanario *Altavoz del Frente* –del que se hablará más abajo– en su número segundo (octubre de 1936), en una crónica firmada por M.P. que insiste en la lección que «nuestros combatientes» deben extraer del filme soviético:

> No se trata solamente de proyectar ante los antifascistas de Madrid una de las mejores obras del cinema ruso. Es una lección, una experiencia gloriosa lo que el ministerio ha querido exaltar ante nuestros combatien-

---

13. Con motivo de la proyección de dicha película en el Monumental Cinema de Madrid, el 20 de octubre de 1936, José Díaz Ramos pronunció un discurso titulado "La lección de *Los marinos de Cronstadt*" [1970], en el que establecía un parangón entre la crudeza de las imágenes vistas y las escenas que, a buen seguro, se habrían de suceder en Madrid en los meses venideros; una arenga, en fin, de valor y determinación en la lucha que acababa con un «¡Adelante, camaradas! ¡A la lucha, y a vencer!». Josep Renau, también para dicha ocasión, realizó un excelente cartel que puede verse en la página web del Ministerio de Cultura de España: <http://pares.mcu.es/cartelesGC/servlets/visorServlet?cartel=209&page=5&from=catalogo>.

tes. *Los marinos de Cronstadt* es la película de la defensa de nuestra ciudad, de la defensa de todo lo que hemos comenzado a conquistar con las armas en la mano. [...] El heroísmo y la gloria de los combatientes rusos de 1917 son nuestra gloria y nuestro heroísmo. Como ellos, vamos a vencer [1936: 3][14].

Si en el arte de filmar ajeno encontró Altavoz del Frente su principal fuente de incidencia social, lo cierto es que sus miembros no dejaron pasar la oportunidad de plasmar, por cuenta propia, algunas de las escenas de guerra, gracias a «una máquina muy bonita», con la que «hemos *filmado* películas en el frente y en la retaguardia» [Carnés, 3 de octubre de 1936], y en torno a las cuales, desgraciadamente, no hemos podido documentar demasiados datos, más allá de su localización «en los frentes de la Sierra» [Anónimo, *La Voz*, 4 de septiembre de 1936], pero también diversos reportajes –rodados en seis

14. Una labor que fue continuada, y con un entusiasmo creciente, en Alicante. Con sede en el Teatro Principal –como se verá a continuación– fueron muchos los filmes rusos que se proyectaron, en una adecuada alternancia con los festivales teatrales. Basten tan sólo unos ejemplos: *Las tres amigas* (26 de febrero de 1937), *Golpe por golpe* (4 de marzo de 1937), *El circo* (1 de abril de 1937), *El carnet del partido* (4 de mayo de 1937), y *Revuelta de pescadores*, filme realizado por el alemán Erwin Piscator, entre muchas otras. De *El carnet del partido*, por ejemplo, decía el comentarista de *Bandera Roja*: «[...] tiene la cualidad, preciosa en estos momentos, de despertar a la retaguardia para que se alce en vigilancia permanente y escrupulosa ante las habilidades y artimañas de que se vale el enemigo para infiltrarse en nuestras organizaciones y laborar en callada labor de zapa para la derrota y fracaso nuestros, en trabajo de espionaje a sueldo del fascismo» [6 de mayo de 1937: 2]. Con anterioridad a la llegada de Altavoz del Frente a Alicante, y siempre a partir de la exhibición de material fílmico soviético –en esta ocasión *Los marinos de Cronstadt*–, la prensa local reseñó un acontecimiento que informa bien a las claras del poder del cine como medio de propaganda. Reproducimos a continuación el relato de un anónimo cronista para las páginas del diario *El Día*: «Al aparecer en la pantalla la escena en que son arrojados al mar varios combatientes bolcheviques, un grupo de niños refugiados que habían asistido a la proyección se pusieron de pie ante sus asientos y saludando al estilo antifascistas, gritaron: "¡No pasarán!". El gesto espontáneo de los muchachos causó gran emoción entre los espectadores» [6336 (14 de diciembre de 1936): 2].

milímetros– en «los frentes de Navalperal, Somosierra, Talavera y el sector del Tajo» ["Actividad de *Altavoz del Frente*", *Altavoz del Frente. Revista para el pueblo en armas*, 14 de octubre de 1936: 6], a los que habría que sumar un reportaje de *Mundo Obrero* y «unas notas de actualidad de la manifestación de 1º de septiembre por las Juventudes madrileñas y los pioneros trabajando en la calle con sus estampas en burro» [*ibidem*]. La actividad no cesaba ni un instante, por lo que el relator de *Altavoz del Frente* no desperdicia la oportunidad de anunciar, no sin satisfacción, la preparación de una película –en 35 milímetros y en sonoro–, «de varios reportajes en los distintos frentes y actividades de la vanguardia y retaguardia» [*ibidem*]. En este laborioso proceso de reconstrucción, hemos recabado algunos otros datos marginales, tales como que la sección cinematográfica estaba comandada por Margarita Andiano y Mariano Perla, y que un camión desmontable hacía las veces ya de escenario teatral ya de soporte para la pantalla de cine, en una experiencia humilde, pero preñada de entrega, que al atento lector recordará *mutatis mutandis* las llevadas a cabo por las Misiones Pedagógicas durante el período republicano. Además, Altavoz del Frente, siempre «al servicio del Subcomisariado de Propaganda del Ministerio de la Guerra» [*La Voz*, 17 de diciembre de 1936] colaboró en la causa general cediendo instalaciones y equipamiento para la proyección de diversos documentales y películas en distintas partes de España, desde Madrid –la película soviética *Las tres amigas*– [*ABC*, 1 de enero de 1937: 10] y Salamanca –el filme ruso *El gran experimento* y el documental *¡Pasaremos!*– hasta Bilbao –el filme *La patria os llama* y el documental *Solidaridad* [*La Voz*, 17 de diciembre de 1936]–. En diversas ocasiones las veladas vespertinas de cine eran salpimentadas por intervenciones de miembros de la agrupación en orden a incrementar el mensaje revolucionario exhibido desde la gran pantalla. Así ocurrió en el Teatro Capitol de Madrid, recinto en el que el filme *Las tres amigas* fue seguido por un «homenaje a la mujer antifascista, con intervenciones oratorias de nuestras antifascistas en las funciones de las 5 de la tarde» [*ABC*, 20 de diciembre de 1936: 6] o en el Monumental Cinema de la capital, «con intervenciones oratorias por destacados camaradas del partido» [*ibidem*].

Otra de las múltiples actividades desarrolladas por nuestro grupo fue la emisión, a través de Unión Radio[15], de «unas secciones de cuarto de hora diaria, de nueve a nueve y cuarto de la noche» en las que se

15. A pesar de su longitud, reproducimos íntegramente la que quizás sea única reconstrucción íntegra de uno de esos espacios radiofónicos: una alocución de César Falcón emitida a través de las ondas de Unión Radio de Madrid el 3 de noviembre de 1936, y reproducida al día siguiente en las páginas de *Julio* –revista malagueña editada por la Federación Gráfica Española– dentro del artículo "Vibrante alocución. El camarada César Falcón se dirige a todos los proletarios del mundo" [91 (4 de noviembre de 1936): 1]:

> Camaradas españoles, antifascistas del mundo entero: Salud.
>
> En estas horas amargas para el proletariado español y para el de[l] mundo entero, yo os digo que el estruendo de la guerra invade todo nuestro territorio.
>
> Aquí en Madrid, se va a ventilar la contienda de la derrota del fascio mundial.
>
> Yo quiero hacer patente desde este micrófono que vemos cruzar por el aire de nuestra España los aviones trágicos que llevan las insignias fascistas de Alemania e Italia. Que sus motores son Junkers, Caproni y otras marcas conocidas extranjeras. Las ametralladoras que siegan las vidas de nuestros hermanos son construidas en Alemania.
>
> El estado mayor que en Sevilla se encuentra, sus jefes y oficiales son extranjeros. Ellos son los que dan órdenes y asesoran a los cabecillas rebeldes para que nos ametrallen. Portugal consiente el paso de todo el material de guerra. El barco faccioso *Canarias* está artillado por los alemanes, y toda la fuerza que alienta a los criminales que están ensangrentando el suelo español y llenando de luto los hogares proletarios dimana de Alemania, Italia y Portugal.
>
> Pero camaradas, tened en cuenta que ellos no lo hacen porque el fascismo triunfe en España, ellos no lo hacen por eso. Su interés, camaradas, es luchar, no sólo contra nosotros de una manera indirecta, sino contra todo el proletariado liberal del mundo.
>
> Son los fascistas de todo el mundo los que unidos están alentando esta guerra que se desenvuelve en España.
>
> Nosotros, los proletarios españoles, nos sentimos alentados por todos los antifascistas del mundo.
>
> Nos sentimos alentados por el magnífico pueblo soviético, que nos ha enviado víveres y ropas. De allí nos vienen palabras que nos dan mayores ímpetus para batir al enemigo.
>
> Millones de rublos contribuyen a incrementar nuestros medios de defensa.
>
> Ya estaríamos humillados y vencidos si la URSS no nos hubiera prestado su ayuda.

emitía música, charlas culturales y políticas, y recitales poéticos. El contenido fundamental de dichas charlas –a nadie se le oculta– fue la propaganda política, encarnada por personajes de primera fila dentro del ejército republicano, prueba de lo cual la protagonizada por Enri-

---

Méjico, también generoso, envía a sus hermanos de España todo cuanto está en su mano. Lo mismo Francia, Inglaterra y todas las naciones antifascistas. De todas partes recibimos algo, todos los proletarios nos envían víveres, ropas, hacen suscripciones y lo envían a los que luchamos en nuestra España para batir al fascio.

Pero yo, camaradas, yo que en estos momentos soy una voz del pueblo que está hablando a los antifascistas del mundo entero tengo que decir:

Camaradas: os agradecemos la ayuda que todos nos prestáis, pero con franqueza os decimos que el pueblo lo que necesita son armas.

¡Proletarios del mundo entero, Antifascistas todos, ¡ARMAS PARA ESPAÑA!!

Nuestros hermanos de clase, por millares, a pecho descubierto, están combatiendo, y estos camaradas os piden gritando:

CAMARADAS ANTIFASCISTAS DEL MUNDO: ¡QUEREMOS AVIONES Y CAÑONES PARA DESTRUIR A NUESTRO ENEMIGO!

Lo necesita el pueblo español. Necesita el envío de armas. Es una necesidad imperiosa.

El enemigo ataca con un estruendoso material de guerra y el proletario español NECESITA ARMAS.

La política de no intervención nos lleva costado miles de víctimas, y esta política, camaradas del mundo entero, es uno de los principales factores de la continuidad de la guerra que se está desenvolviendo en España.

Esta política no ha impedido –ni lo ha intentado siquiera– que los extranjeros por la frontera portuguesa entren en nuestro suelo aviones, cañones y todo el material bélico que les ha venido en gana.

¿Por qué sostienen Francia e Inglaterra esta postura de abstencionismo?

¿Por qué no se han atendido las acusaciones hechas por nuestro representante, el camarada Álvarez de Yayo?

¿Qué diríais vosotras, mujeres francesas, inglesas, antifascistas del mundo entero, si vierais que los aviones enemigos sembraban la muerte de vuestros hijos, de vuestros maridos, de vuestros padres?

La lucha, camaradas, no es contra España solamente. La lucha es contra todos los antifascistas del mundo.

Italia en las Islas Baleares es dueña absoluta. Allí ha establecido una base naval y aérea. Allí no manda más que Italia, y hasta el gobernador de la isla ha sido nombrado por Italia, y su nacionalidad es ésa.

En África, Alemania se enseñorea en aquellas tierras en las que tanta sangre derramaron nuestros hermanos, y amenazan el territorio francés.

que Líster, comandante del 5º Regimiento[16], el 13 de octubre de 1936, personaje muy implicado –como se verá en el capítulo concerniente a La Barraca– no sólo en el aspecto bélico sino también en el estrictamente cultural. De su charla, titulada "Pasaremos", se da exhaustiva cuenta en las páginas de *Altavoz del Frente. Revista para un pueblo en armas*, en su número primero, publicación en la que se ofrece, a la vez, un adelanto del «programa de emisión de Altavoz del Frente» desde el 14 hasta el 17 de octubre[17], muestra fidedigna, en primer lugar,

---

¿Qué pensáis, camaradas, de la táctica seguida por las naciones con la política de no intervención?

Camaradas antifascistas, luchad contra esa política.

Exigid de vuestros gobiernos que abandone[n] la postura cómoda, pero trágica, de la no intervención.

Luchad con ardor, con fe, con coraje. Luchar por esto es hacerlo por vuestra propia seguridad.

El fascio prepara la guerra.

–¡Camaradas que me escucháis, Antifascistas de todo el mundo!

Luchad contra los fascistas de nuestro país. Luchar porque el pueblo español pueda aplastar definitivamente al fascio. Os incumbe a vosotros. Estáis amenazados por ellos.

Camaradas, luchad con vuestros gobiernos para que abandonen la política no intervencionista. Camaradas antifascistas, el proletario español, el pueblo en pie, os dice:

CAMARADAS: ¡ARMAS PARA ESPAÑA!

En Madrid, en este Madrid que siempre fue la cuna de la alegría y el españolismo, miles de mujeres van por las calles en manifestación ofreciéndose voluntariamente para toda clase de trabajos y alentando a los hombres para que vayan a los frentes.

Cuando los aviones enemigos, esos aviones alemanes e italianos que cruzan nuestro hermoso cielo, vuelan sobre los tejados de Madrid, el pueblo levanta su puño y con energía dice: ¡NO VENCERÁS!

16. La relación de Altavoz del Frente con el 5º Regimiento fue fértil, a buen seguro por la intervención de Enrique Líster, muy inclinado a las actividades culturales como forma de acicate para el soldado. De esta colaboración da noticia *Milicia Popular*, en cuyo número 89 se detalla cómo la «Banda del 5º Regimiento ha actuado en la emisión de *Altavoz del Frente*, interpretando himnos proletarios» [4 de noviembre de 1936: 4].

17. Otros protagonistas destacados de la contienda pasaron por las ondas de Altavoz, tal el caso del comandante Castro, cuya intervención se reproduce parcialmente en el citado *Milicia Popular* [122 (7 de diciembre de 1936): 3].

de la implicación de Falcón en el proyecto y, en segundo término, de la no menos encomiable de figuras de la intelectualidad leal, tal el caso de Ramón J. Sender:

MIÉRCOLES

MUSTAFÁ IBEN JALÁ
"El pueblo marroquí ante la Guerra Civil española"

JUEVES

Programa de exaltación nacionalista catalana
Música catalana
Orador, Trabal

VIERNES

FALCÓN (Charla)
Música

SÁBADO

SENDER
Reportaje de la guerra

[1 (14 de octubre de 1936): 6].

En el terreno musical, que constituía, también, una parte importante de las emisiones radiofónicas, el empeño no se reducía a la mera transmisión de material ajeno –en el número 1 de *Altavoz del Frente. Revista para el pueblo en armas* se anunciaba el estreno «en su emisión radiada de esta semana [de] los himnos soviéticos *Canción de los aviadores* y *Marcha de la flota roja*» [1 (14 de octubre de 1936): 4]– sino que pretendía desarrollar creaciones propias, muestra de lo cual son las melodías creadas por Carlos Palacios, responsable de la Sección de Música, para «varias poesías de Luis Tapia, dedicadas a las Milicias», a las que se unían canciones revolucionarias de propio cuño, compuestas por el propio Palacios y Halffter, e interpretadas, en directo y desde la radio, por el tenor Granda. Con no disimulado entusiasmo, César Falcón anunciaba la pronta colaboración de Sorozábal, Bacarisse y Salazar, con el objeto de poder acercar tan deleitosa experiencia a «los frentes, a los hospitales y cuarteles», un extremo que llegó a materializarse de la mano del insigne poeta chileno Vicente Huidobro quien, llegado a España en plena contienda bélica, fue invitado por Altavoz para «radiar una charla desde un frente de Madrid para las filas enemigas» [*Coves*, 1937]. Buena muestra del ambiente que reinaba en estas emisiones radiofónicas queda reflejado en las fotos publicadas por la revista *Crónica* [1 de noviembre de 1936], que transparenta el fervor de los músicos y cantantes que formaban los coros de Altavoz del Frente; comandados por la tiple Dorini de Diso, los barítonos Luna, Echenagusia y Vedate, y los tenores Pineda y Calvo de Rojas, interpretaban todas las noches «La Internacional» al término de su programa. Lejos de buscar un protagonismo excluyente en las ondas, Altavoz del Frente colaboró, como actor principal, en empeños similares al suyo. Es el caso de la Alianza de Intelectuales Antifascistas que, al alimón con nuestro grupo [León, 1936] y bajo la dirección de Arturo Serrano Plaja y Emilio Prados, inició «una serie de emisiones por la radio oficial, de agitación y estímulo para el pueblo en armas».

Altavoz del Frente se interesó también por el mundo de la infancia, por cuanto semilla futura que alimentaría un modelo de Estado por el que se estaba luchando. La apuesta por los niños tenía varios frentes: de un lado, la apertura de guarderías infantiles, «para que nuestros combatientes puedan ver cómo el Estado y los partidos obreros cuidan de sus hijos en la retaguardia» [Carnés, 1936]; de otro, la publicación de diversos cuadernos de cuentos y canciones infantiles, cuya producción recaía en la Sección de Artes Plásticas, y que eran repartidos, de forma gratuita, entre los niños madrileños. Las portadas de algunos de ellos aparecen reproducidas en el número 379 [12 de febrero de 1937] de *Crónica*, con títulos como *Buenos y malos*, *La estrella nueva*, *Juanito y el cerdo. Cuento infantil* y *7 canciones infantiles*[18]. No importaba duplicar los esfuerzos, y

18. En el Centro Documental de la Memoria Histórica se conservan dos de estos cuentos infantiles: *Juanito y el cerdo* y *Alitas de plata*, ambos anónimos y publicados, como el resto de la colección, por la sección de «Artes Plásticas» de Altavoz del Frente. No es extraño que así sea, pues más que destacar por su valor literario –con un texto tipográficamente sucio, lleno de errores gramaticales– lo hacen por las ilustraciones, a veces a doble página. Los ejemplares se producían en la imprenta de Lito

menos si los pequeños eran sus destinatarios naturales, de ahí que los talleres antes consagrados a los carteles marciales se convirtieran, por momentos, en verdaderas jugueterías en las que se fabricaban, sin descanso, «muñecos recortables, siluetas de animales grotescos» y hasta «estampas de convencionales caseríos inverosímiles [que] se iluminan sobre los tableros de dibujar en el lápiz de los mismos artistas que dieron aquella expresión clamorosa a los carteles de la Revolución» [Romero Cuesta, 1937]. No se trataba, en cualquier caso, de una actividad aséptica, sino encaminada al adoctrinamiento pausado de los niños en los valores republicanos, evitando caer en expresiones artísticas preñadas de candidez y forjadoras, en último extremo, de un mundo bien distinto al coetáneo; así lo refería el propio Ramón Puyol, para quien «ya no hay ogros, ni casi princesas encadenadas que libertar. Pero existen otros monstruos feroces, como el explotador sin conciencia, el cacique, el tirano, que tienen esclavizados por la violencia a los seres más puros y más nobles de la sociedad. Y contra esos monstruos había que prevenir a los niños» [*ibidem*], porque «procuramos infundir los conceptos de la Revolución en los que en el futuro han de encarnar estos conceptos frente a cualquier intento de retorno a lo que la Revolución derrumbó» [*ibidem*][19]. En los

Martín, sita en la madrileña calle de Áncora, número 1. Poco puede decirse del contenido de los relatos, más allá del desarrollo de una moraleja evidente y enormemente explícita; así, en *Juanito y el cerdo*, se prioriza el comportamiento de dichos animales sobre el mucho más abyecto ejecutado por los fascistas. A un tiempo se ratifica la necesidad de colaboración de todos los sectores sociales, incluso de los niños, cuya participación en el conflicto, aun cuando simple, puede resultar fundamental. Por su lado, *Alitas de plata* acentúa el componente melodramático del conflicto, a partir de un niño cuyo padre ha muerto a manos de los sublevados. Lejos de amilanar el espíritu de este infante ejemplar –de nombre Rojillo– el hecho traumático espolea su implicación y su creencia en lo útil de la lucha, que expone, sin tapujos, a su madre: «Ellos [los defensores de la República] nos enseñarán a ser cultos, honrados, trabajadores… Rojillo grita más que habla, su madre le aprieta más contra ella. También ve en el cielo un mundo de chimeneas y escuelas; también escucha el ruido de las bielas emancipadoras. ¡Vamos a casa mi vida! ¡Vamos a prisa! Ya no lloro, hijo, ya soy feliz».

19. Aunque sin la multiplicidad de iniciativas y entusiasmo exhibidos por Altavoz del Frente, es posible detectar términos coincidentes, por mucho que revestidos de cargas ideológicas opuestas, con los expresados entre los golpistas, un bando en el

niños veía Ramón Puyol el material sobre el que edificar el futuro Estado marxista, las bases sobre las que asentar edificaciones consolidadas, y para ellos concibe, desde el aún esperanzado febrero del 37, otras tantas propuestas –entre ellas «una revista infantil de educación»– que el endurecimiento del conflicto se encargaría de impedir.

Una de las iniciativas más emblemáticas entre las desarrolladas por Altavoz del Frente, no obstante su efímera existencia –tan sólo fueron editados tres números a lo largo de octubre de 1936 [Santonja, 2003]–, fue el semanario de idéntico título dirigido por Eusebio Cimorra. En su número segundo, publicaba Ramón Puyol un hermoso artículo titulado "El arte en la guerra", evidencia del compromiso vital que alentaba a este grupo de hombres y mujeres enfangados en la defensa sin fisuras de sus ideales, y también de la necesidad de desterrar las formas artísticas burguesas, ensimismadas en una autorreferencialidad enfermiza y ajenas, por completo, a la circunstancia histórica:

> [...] El arte siempre ha estado al servicio de la clase dominante, y si en estos momentos difíciles para las libertades, para la democracia, para el pensamiento; si en estos momentos pasamos el puente podrido de una tradición de las castas, de los expoliadores, de los monopolizadores de la cultura, para buscar en las nuevas formas de vida nuevos conceptos, nuevas formas de arte; es precisamente ahora cuando los hechos, la guerra actual, nos brinda a los artistas, a los artistas antifascistas, a los obreros del arte, ocasión para que, empuñando hoy (que si bien los momentos son difíciles, pero de gran serenidad), los instrumentos de nuestro oficio, de nuestra propia vida, con todo el entusiasmo, con todo el ardor que los momentos requieren, en dibujar, esculpir o hacer estrofas, arañamos el papel, herimos el mármol, el papel de pauta o la cuartilla, con el cultivo de nuestra indignación; si elevamos la indignación al máximo pensando que el fascismo es ladrón de la vida y de la cultura, de nuestra cultura, de esta cultura que queremos ganar, no para unos cuantos, sino para el pueblo, para las masas laboriosas de España y del mundo. [...] ¡Milicianos del arte! Hoy, a empuñar el instrumento de nuestro oficio; pero todos, maña-

que proliferaron, también, las reflexiones sobre la importancia de asentar en la infancia sus pilares doctrinarios. Sucede así, por ejemplo, en el artículo de José V[icente] Puente, "Los niños en el teatro. Hacia un teatro infantil de la guerra" para la revista *Vértice* [2 (1937)] [Dennis/Peral Vega, 2010].

> na, si falta hiciera, todos a defender a punta de bayoneta nuestra propia libertad, nuestra causa. ¡A nuestras propias barricadas del arte para tener derecho, camaradas artistas, antifascistas, sin que nos llamen, voluntariamente, en un momento dado, a defender con el fusil eso que tanto queremos: el arte y nuestra propia existencia y cultura, que es eso: el pan, la tierra, la libertad, nuestros derechos y el de nuestros hijos, nuestros padres y hermanos de que es vida nuestra propia vida! Termino, camaradas artistas, en la seguridad de que como un solo hombre acudiréis a luchar en todos los aspectos contra el fascismo, que es la destrucción, que es la guerra, que es la muerte, y que con esta lucha, ¡qué duda cabe!, encontraréis en un porvenir próximo, inmediato, con la creación de nuevas formas de vida, también nuevas formas de expresión artística, nuevos conceptos del arte. ¡Artistas libres, al ataque!

En ese empeño de un arte por y para la causa republicana se congregan firmas como las de M. Navarro Ballesteros, César Falcón, Jean de Cassou[20] –autor de un artículo, "Carta abierta a Miguel de Unamuno" [2 (octubre de 1936): 5], en el que se duele de la toma de partido del escritor por la causa franquista, aun cuando tiene un emocionado recuerdo de otros tiempos y tiende la mano a la recuperación de la cordura: «Para mí, usted sabe cuánto le he querido, don Miguel, y me perdonará haberle dirigido este papel que rehúsa todavía a ser un adiós»–, R. Brunner y Eusebio Cimorra, dibujantes de la talla de Penagos, Cheché, Garran, Puyol, Alfaraz o Mateos, y las impagables fotos de *Mayo*, gracias a las cuales podemos hoy reconstruir, siquiera de modo impresionista, los diferentes frentes abiertos por la formación; nombres todos ellos implicados en una labor editorial que evidencia una propaganda cultural de alta exigencia.

Un afán idéntico era el perseguido por otra publicación, distinta a la anterior, denominada *Altavoz del Frente. Revista para el pueblo en armas*, de la que sólo hemos podido documentar dos números: el 1, correspondiente al 14 de octubre de 1936, y el también numerado como primero

20. Reputado hispanista francés a quien se debe, entre otras muchas aportaciones, una de las primeras valoraciones positivas de *El señor de Pigmalión*, la genial obra de Jacinto Grau, para las páginas de *Mercure de France* (1 de marzo de 1922: 513) [Peral Vega, 2009].

de la serie, fechado el 29 de septiembre de 1938. Es muy posible que la experiencia se extinguiera tan pronto como nació en favor del semanario anteriormente descrito, dados los recursos limitados con que contaba el servicio de propaganda republicana. No obstante lo precario de la muestra, resulta muy efectiva la comparación entre uno y otro número, pues delata un notable cambio de orientación en correspondencia con los distintos momentos bélicos a los que hacían referencia. Si el primero, con magnífica portada de Puyol –un aguerrido miliciano, puño en alto, alecciona a un auditorio invisible a través de un enorme altavoz–, era prolijo en las variadas actividades culturales emprendidas por el grupo –charla del comandante Líster para la sección radiofónica, extenso artículo, con reportaje fotográfico incluido, sobre la "Actividad de *Altavoz del Frente*", y hasta recreación pseudoficticia de unos «diálogos en los parapetos», por Eusebio Cimorra–, la segunda, bien al contrario –con portada de Javier Clavo–, y por mucho que en el editorial se insistiera que en aquella «su segunda etapa de vida», *Altavoz del Frente. Revista para el pueblo en armas* pretendía servir de «órgano de expresión a todas las iniciativas, a todos los anhelos, a todas las aspiraciones, individuales o colectivas, que redunden en un fortalecimiento de la República» [1 (29 de septiembre de 1938), s. p.], lo cierto es que había quedado convertida en una sucesión de reflexiones, más o menos objetivas, sobre la situación guerrera y sus aledaños –"15 días de guerra", "Activistas en el ejército", "Espionaje en España", "Año y medio en la zona facciosa", "Lucha y reconquista más allá del Ebro", "Por qué se cruzó el Ebro. Una interviú con el coronel Juan Modesto"–, cuestiones técnicas en torno a la tecnología empleada en la contienda –"Los submarinos", "Tanques. Monstruos de 95000 kilos"– y diversas reflexiones sobre los modelos y antimodelos políticos en litigio –"Esto es el fascismo. El paraíso que promete Franco", "A través de la URSS. El país donde los cuentos se convierten en realidad"–. Casi nada en torno a la actividad de *propaganda* cultural otrora emblema de la actividad del *Altavoz*, si exceptuamos una especie de *aleluya*, de autoría incierta e ilustraciones, a buen seguro, del propio Javier Clavo, en la que, de acuerdo al esquema consabido del subgénero literario, la representación gráfica se apoya ya no en un pareado sino en tiradas de cuatro versos con rima variable. Se recurre, en esta ocasión, al famoso episodio de "El cuartel de la montaña", primera de las acciones heroicas de las tropas leales en la capital, allá por el 20 de julio del 36. Escaso bagaje ofrecían, a esas alturas, unos versos referidos a momentos muchos más esperanzados, cuando España era otra y Madrid un bastión que se presumía inexpugnable: «Son las diez de la mañana / y ya Fanjul sale preso, / con el semblante de cera, / temblando todo él de miedo" [1 (29 de septiembre de 1938): s. p.]; y si exceptuamos, también un "Romance del río Ebro", firmado por Fernando López Martín, y una detallada información –acompañada de cuatro fotogramas– sobre la película soviética *El diputado del Báltico* (1937), dirigida por Iosif Kheifits y Aleksandr Zarkhi, ninguna de las cuales, en sentido estricto, ha de considerarse una iniciativa alentada o producida desde el Altavoz.

La empresa propagandística de Altavoz llegó, incluso, a las filas enemigas, pues, por medio de sus aparatos, potentes altavoces que «alcanza[n] aproximadamente de seis a siete kilómetros» ["El constante trabajo del 'Altavoz del Frente'", *Federación. Órgano del Partido Democrático Federal*, 8 (14 de febrero de 1937: 2)] y que iban adosados a camiones de especial blindaje, «se dan diariamente charlas a cuantos de una manera o de otra luchan en el campo rebelde. El objeto de estas charlas por el altavoz es hacer comprender, tanto a los soldados como a los oficiales, que luchan completamente engañados y no sirven a los intereses de la patria, sino que lo hacen al servicio de Italia y de Alemania» ["Propaganda en las filas enemigas...", *La voz del combatiente. Diario de los comisarios de Guerra del ejército del pueblo*, 32 (1 de febrero de 1937: 3)]. Dicha labor en filas enemigas es detallada en "Palabras sobre el campo enemigo", artículo firmado por R. Charlán –perteneciente al frente de Extremadura– para *La voz del combatiente*, en su número 52 (21 de febrero de 1937). Que la acción propagandística buscaba la adhesión de activos disidentes queda comprobada por detalles tan significativos como que, dada la presencia de soldados árabes en las filas nacionales, «un camarada se dirigió a estos elementos en su idioma propio, haciéndoles ver lo innoble de la causa que defienden y cómo su puesto está entre nosotros, que somos la verdadera España» [*ibidem*][21]. El responsable de tan efecti-

21. Lanzar mensajes sobre el bando enemigo en busca de adhesiones era tarea que no debía ser considerada, en ningún caso, menor, sino una más de las ramas de la propaganda republicana sobre la que volcar un cuidado esmerado para maximizar

va labor era Luis Allúe, quien, como bien ha destacado Gema Iglesias Rodríguez, «contaba con una serie de camiones blindados en los que se instalaban potentes altavoces a través de los cuales se emitían periódicamente los llamamientos republicanos» [2005: 128]. Si tenemos a bien el juicio de Mario Arnold, cronista de *El Heraldo de Madrid*, el efecto que se conseguía sobre el enemigo, luego de «ametrallearlo» con emisiones de treinta minutos, era inmediato [1936: 2]. Un arma, la de la propaganda sobre las filas enemigas, de la que se manifestaba orgulloso un relator anónimo para las páginas de *Milicia Popular*, en una evidencia más de la autoconciencia de la superioridad respecto de los enemigos en este ámbito:

> Por esta razón nosotros disponemos de un arma que ellos no tienen. Este arma es la propaganda entre las filas enemigas. Ellos no pueden hacerlo. Ellos no pueden decir que luchan por una España independiente, libre, cuando tienen que recibir los refuerzos en hombres de un estado extranjero [5 de diciembre de 1936].

Y en este mismo sentido es muy relevante la intervención de destacadas piezas del ejército y la intelectualidad republicanos sobre el frente de Madrid, el 28 de febrero de 1937. Participaron en ella el general Miaja, el escritor Balbontín y el presidente de la Agrupación Socialista madrileña, entre otros ["«Altavoz el Frente». Alocución del general Miaja a los soldados del campo enemigo", *La Vanguardia*, 2 de marzo de 1937: 6]. Y significativa, también, la campaña realizada por Altavoz en la decisiva batalla de Guadalajara, en marzo de 1937, colocando en uno de los sectores más próximos a la capital, y a poco menos de trescientos metros de las filas nacionales, «el magnífico micrófono de

---

recompensas. Desde este punto de vista es ilustrativo el artículo "Tareas de los comisarios. La propaganda en las filas del enemigo" [*Gómez*, 1937: 4]: «Hay que escoger de entre los soldaos y comisarios y confeccionar un plantel de oradores, a quienes se aleccionará y se preparará un guión a seguir en sus charlas para el enemigo, acabando de una vez con la improvisación que, en la mayoría de los casos, sólo es perjudicial y es utilizada por los jefes fascistas para enfrentar con insultos a los soldados del enemigo con los nuestros».

trinchera [...] con su enorme bocina amplificadora [...] de manera que pudieran oírnos todos los combatientes adversarios comprendidos en una extensión de cuatro kilómetros cuadrados» [*Estampa*, 6 de marzo de 1937: 2][22]. Y por si la intervención escapaba a los oídos de alguno, Unión Radio se encargó de retransmitirla para que el grado de difusión fuera el más amplio de los posibles. Como también destacada es la campaña propagandística llevada a cabo en el frente sur, donde, a juzgar por los juicios vertidos en prensa, a buen seguro exagerados, «se han registrado deserciones en masa. Un día se pasó a nuestro campo una compañía entera, y otro día los soldados de otra compañía se sublevaron, dando muerte a los jefes» ["Los magníficos resultados de la intensa propaganda...", *La Vanguardia*, 3 de junio de 1937: 7].

## Un «altavoz» teatral

Pero, sin duda, la vertiente que más nos interesa es la teatral. Dirigida por el actor Manuel González[23], la sección tenía como sede central el Teatro Lara de Madrid, y se encontraba dividida en tres grupos, «cada uno de los cuales const[aba] de cuatro actrices y seis actores», con el fin de extender las representaciones –siempre gratuitas– a «los principales frentes» y a «los cuarteles y hospitales de retaguardia» [*apud* J. Falcón, 1971: 149]. Entre las actrices sobresalía Juanita Cáceres, de la que Margarita Nelken hace un sentido retrato para *Estampa* que titula

---

22. En 2001 el Grup de Treball «República: 70 anys desprès» y la Universidad Politécnica de Valencia editaron un cederrón que con el título *Altavoz del Frente. Agitación cultural y propaganda de la vanguardia, guardia y retaguardia en la 2ª República y Guerra Civil Española (1931-1939)* recogía una serie de grabaciones sobre diversas iniciativas propagandísticas, entre ellas la dedicada al "Altavoz-Camión" de Altavoz del Frente, destinado, como se ha visto, a proyectar mensajes sobre las filas enemigas: <http://www.upv.es/intermedia/pages/laboratori/publicacions_produccions/2001_altaveu_del_front/produccions_republica_e.htm>.

23. El elenco de actores es detallado por Luisa Carnés en el artículo citado [1936]: «Porredón, Povedano, Llopis, Del Río, Castillo, García Lemos, Nobajas y otros», entre los hombres, «y de actrices, Juana Cáceres, Elena Cózar, María Domingo, Amalia Labadalejo, Herminia García Lemos, Mercedes Servet, etc....».

con su nombre y la expresiva aposición de «la actriz consciente», todo un alegato a favor de la implicación política de la intérprete frente a la tibieza de la profesión actoral en su conjunto. Se trata de una instantánea retrospectiva que bien nos puede servir de ejemplo metonímico de la entrega del resto de sus compañeros. Ya desde sus inicios, la Cáceres –hija de actor– había optado por la vía de un teatro complejo, alejado del éxito fácil, como así atestigua el hecho de haberse enrolado en la compañía Atenea, «noble ensayo de teatro de arte» auspiciado por Ricardo Baeza, con quien estrenó *El Diablo*, de Molnar. Antes de su ingreso definitivo en el Partido Comunista, en 1935, intentó levantar una compañía de Teatro Social que, a la postre, acabaría fracasando, para luego participar, de la mano de César Falcón y Jacinto Grau [Peral Vega, 2010], en el Cine Teatro Club, agrupación con la que intervendría en los montajes de *La chinche*, de Maiakovsky, y *Asturias*, de Falcón. Con la Guerra Civil ya en desarrollo, y amén de su participación en diversas obras, Juana Cáceres pasó a convertirse en elemento fundamental del entramado de Altavoz en tanto voz reconocible y carta de presentación pública para el grupo; ella era «la *speaker* que los del frente oyen cada tarde en las emisiones musicales [...] [y] la que [hizo] la propaganda para la Navidad del Miliciano, para la Evacuación de la capital, para la movilización general» [Nelken, 3 de abril de 1937].

Son varios los testimonios que hemos podidos documentar en la dilatada labor escénica llevada a cabo por Altavoz del Frente. En primer lugar, el de su inauguración, con el Teatro Lara como testigo, el jueves 22 de octubre de 1936, de la que se dio detallada noticia en el artículo anónimo "Actividad del 'Altavoz del Frente'" [*Altavoz del Frente*, 31 de octubre: 11]. El espectáculo estaba integrado por un conjunto de piezas proletarias y revolucionarias, a saber: *Así empezó...*, de Luisa Carnés; *El bazar de la providencia*, de Rafael Alberti; *La conquista de la prensa* y el cuarto acto de *Asturias*, de Irene y César Falcón, respectivamente, y en todo él se transmitió «un sentido profundo de emotividad desconocido hasta entonces en las salas de espectáculos de Madrid», del que eran ingredientes fundamentales las obras en sí pero también el propio edificio que las cobijaba, «reformado en la fachada, con sus vestíbulos convertidos en Exposición de Trofeos conquistados al enemigo; con magníficas fotografías y apuntes tomados en los diversos frentes por nuestros dibujantes y fotógrafos; con *paneaux* que reflejan las gestas heroicas de nuestro pueblo» [1936: 11][24]. Muy poco podemos elucubrar en torno a la palabra escuchada por el auditorio, pues tan sólo conservamos la pieza firmada por Alberti y alguna noticia indirecta sobre las demás. Respecto de la pieza de Luisa Carnés sabemos que dramatizaba los primeros acordes de la sublevación antirrepublicana «a través de un coro de vecinas que, asomadas a sus ventanas, expresan sus emociones y sentir en estos trágicos momentos» [*Altavoz del Frente*, 3 (31 de octubre de 1936): 11]. La multiplicidad de voces que se iban solapando fue conseguida mediante una sencilla escenografía, creada por Ramón Puyol, que, al modo de una casa rural, tenía en su fachada múltiples ventanas desde las que intervenían los distintos personajes [véase fotografías insertas en "Actividad del 'Altavoz del Frente'"]; por su parte, *La conquista de la prensa* era definida por *SAM* –el cronista de *ABC*– como «un poema de los hombres-máquinas, condenados a imprimir las ideas burguesas llamadas a aniquilarles, se logra plásticamente y en el tono del diálogo la sensación buscada. Sucinto, escueto, el esbozo de producción escénica corresponde al abolengo literario de la escritora» [1936: 14]. Y a fe que debió de resultar una pieza singular, pues el propio César Falcón, con motivo de su estreno en 1934, la había calificado como un «entremés mímico» [1934], lo que le otorgaría un carácter extraordinario dentro del corpus de este teatro de implicación política. No iba descaminado el juicio de César a juzgar por las fotografías con que *Altavoz del Frente* trufó el artículo dedicado a sus diversas actividades en el número 3 de dicho semanario. Observamos un escenario casi desnudo, de cuya parte trasera cuelga una cortina blanca sobre la que actúan, con gesticulación desmesurada, un grupo de hombres cuyos movimientos son proyectados, en forma de sombras y gracias a una luz que los convierte casi en blancos de un hipotético paredón, sobre el fondo de la escena, de manera que las formas se multiplican y se agrandan. Por último, la

24. De dicha exposición se da también noticia en el número 8 de *El Mono Azul* [15 de octubre de 1936].

también perdida obra de César Falcón dramatizaba el levantamiento de los mineros asturianos del 34; había sido definida meses antes en *Mundo Obrero* como síntesis de «la veracidad emocionante de los hechos» y «la interpretación marxista-leninista del movimiento» [*apud* Abella, 1975: 62]. El entreacto de este festival fue aprovechado por César para pronunciar un encendido discurso en el que «expresó la confianza que los madrileños deben sentir al saber que el fascismo no podrá nunca poner su planta en la capital si todos unidos, con un mismo ideal y un anhelo único, le cerramos el paso» [*SAM*, 1936: 14].

Aun cuando la mayor parte de la actividad de Altavoz quedó trasladada a Valencia y Alicante, primero, y a los frentes del sur –Andalucía y Extremadura–[25], después, quedaron en la capital algunos rescoldos de su prolija dedicación al teatro. Muestra de ello es la representación llevada a cabo en febrero de 1937, en el Teatro Maravillas de Madrid, bajo la dirección escénica de Emilio Portes, y la artística de José Antonio Balbontín, uno de los nombres referenciales entre los republicanos por lo que respecta a la dramaturgia, y a la sazón autor de las tres piezas que allí se representaron, a saber: *El frente de Extremadura*, *El cuartel de la montaña* y *Pionera*[26]. A juzgar por la sucinta crónica aparecida en *El Luchador*, Balbontín llevó a escena «toda la vibración de independencia que vive en nosotros» ["Artes y artistas", 8769 (15 de febrero de 1937): 4].

Son todas ellas empresas desarrolladas con más entusiasmo que medios y que, alentadas por un espíritu de ensanchamiento cultural entre los republicanos[27], no dejaron nunca a un lado las necesidades sangran-

---

25. Aún conservamos documentos que testifican la actividad del Altavoz madrileño en noviembre de 1938. Se trata, en concreto, de la exposición que en el Círculo de Altavoz del Frente –que así se llamó sustituyendo a la antigua denominación de Círculo de Bellas Artes– se realizó a partir del 19 de dicho mes, en colaboración con la Asociación de Amigos de la URSS y en conmemoración de la «heroica defensa de Madrid» [AA. VV., "Cartas remitidas..."].

26. Las dos primeras recuperadas gracias a Luis Miguel Gómez Díaz [2006], en el cederrón que acompaña su magnífica monografía.

27. No se cansaron los miembros de la agrupación de ofrecer nuevas vías, incluso cuando la situación de Madrid se antojaba complicada y la guerra tocaba a su fin. El 4 de ene-

tes del pueblo en armas. Fiel a este principio fue la iniciativa del «Día del Parapeto», mediante la cual «Altavoz del Frente pide a todo el comercio, industria, Banca, particulares, etc., envío de cantidades en metálico con las cuales atender a la compra de tabaco, prendas, alimentos, etcétera, que diariamente se enviarán a los diversos frentes» [*La Voz*, 13 de noviembre de 1936: 2]. Alimento, al fin, para el cuerpo y el espíritu anhelantes de un futuro mejor que la historia se encargó de contradecir.

## En Alicante (y en Valencia)

Muy activa fue la sección que Altavoz desplegó en Alicante, sobre todo a partir del 7 de noviembre de 1936, momento en que el gobierno de la República se instala en la vecina ciudad de Valencia, luego de haber quedado constituido el gobierno de Largo Caballero, quien designa como ministro de Instrucción Pública y Bellas Artes al comunista Jesús Hernández[28], nombre fundamental en el desarrollo y creci-

---

ro de 1939 se organizó un homenaje a Benito Pérez Galdós con ocasión del «décimo octavo» –así aparecía en las crónicas periodísticas, aun cuando fuera realmente el décimo noveno– aniversario de su muerte, en lo que constituye un acto polimórfico con la clara impronta del Altavoz: «Ofrecimiento del acto por el presidente del Círculo de Altavoz del Frente, José Luis Salado; Galdós, intérprete del alma madrileña, por Bernardo G. de Candamo; Semblanza de Gabriel Araceli, por Diego San José; Semblanza de Marianela, por María Teresa León; Glosa del Episodio Nacional *Gerona*, por Rafael Alberti, y palabras del señor Serrano Batanero, en representación del alcalde de Madrid.

En la segunda parte se representará por el Cuadro Artístico de Altavoz del Frente la obra, en tres actos, de Benito Pérez Galdós, *La fiera*, precedida de unas palabras de F. Hernández Girbal» [*ABC*, 4 de enero de 1939: 2].

28. En el AHPCE se conserva una selección de discursos bajo la denominación común de *Comisión Nacional de Agit. Prop. del Partido Comunista de España* –incluido en la sección de marzo de 1937 de la ya referida Carpeta 18–, uno de los cuales lleva por título "La cultura para el pueblo"; fue pronunciado por Jesús Hernández en el Paraninfo del Instituto Luis Vives, de Valencia, con motivo de la inauguración del primer instituto obrero, el 31 de enero de 1937, y constituye ejemplo palmario de la implicación del nuevo ministro con la cultura en armas, cuya propagación y efecto sanador en el pueblo debe encarnarse en la figura del intelectual comprometido, pues «si hay un intelectual hoy [...] que pueda estar al lado

miento de Altavoz del Frente[29], y a cuya labor habría de unirse la del ministro de Propaganda, Carlos Esplá Rico, perteneciente a Izquierda

---

de los que han provocado este vómito sangriento de nuestro pueblo, si hay un hombre de saber que pueda estar compenetrado con las castas parasitarias que han humillado, explotado y vejado a nuestro pueblo [...], es que ha dejado de ser, desde este mismo instante, un intelectual y un español, pues no quiere el florecimiento de su pueblo, sino que quiere el oscurantismo para sus hijos, a fin de que, sobre esta ignorancia del pueblo, puedan algunos continuar gozando de sus privilegios de explotación» [1937: 141]. Del lugar de honor que Altavoz del Frente ocupaba para Jesús Hernández, en buena parte como consecuencia de la vinculación del grupo al Partido Comunista de España, nos habla de forma elocuente la charla que el ministro concede a *Altavoz del Frente. Revista para el pueblo en armas* [1 (14 de octubre de 1936): 12)]: «El trabajo de los sencillos artistas que, arriesgando sus vidas, van a los frentes a vivir la emoción de la lucha para reflejar con la pluma, con el lápiz o con el cincel la gloriosa epopeya de nuestro pueblo en armas contra el fascismo, merece nuestra admiración y nuestro impulso». Responde, más tarde, interpelado por el periodista a los propósitos perseguidos por su Ministerio, con Altavoz del Frente como emblema de todos ellos: «Este principio [el de la vinculación de cultura y guerra] ha sido aplicado por la organización ALTAVOZ DEL FRENTE y responde exactamente al criterio que en este orden tiene este Ministerio». Téngase también en cuenta, como testimonio indirecto, el libro de Miguel de Castro Marcos, *El Ministerio de Instrucción Pública bajo la dominación roja* [1939], en el que se cita a la formación como uno de los instrumentos mayores del ministro en la propaganda republicana y de su persona [103-105]. El retrato, lleno de escarnio, que ofrece Castro Marcos de Jesús Hernández no tiene desperdicio. Reproduzco, a modo de aperitivo, algunos fragmentos: «En los primeros días de septiembre de 1936 se produce un cambio de Gobierno, que se tituló 'Gobierno de la Victoria'. Como ministro de Instrucción Pública figuró el comunista Jesús Hernández Tomás. Pintor de oficio, sin más instrucción que la obtenida en las luchas obreras y en el abrevadero del diario comunista que dirigía –*El Mundo Obrero*, añado yo–, tuvo la avilantez de aceptar tal puesto. [...] Reunió una, dos, tres veces –¡quién sabe!– a los intelectuales y les leyó un manifiesto dirigido al Mundo, que debían firmar. De este medio, y con igual procedimiento de persuasión, abusó de la cobardía de los intelectuales, a los que manejaba a su antojo». La inquina que profesa Castro Marcos, quien fuera funcionario del Ministerio que tanto vilipendia, hacia Hernández hace que le llame en varias ocasiones ministro de Destrucción Pública.

29. Baste como ejemplo de las múltiples manifestaciones públicas de apoyo a Altavoz del Frente las declaraciones que Jesús Hernández realizó a la salida de un consejo de ministros celebrado el 22 de marzo de 1937. Tal y como se recoge en prensa, Hernández «hizo resaltar, finalmente, la importante labor de "Altavoz del Frente" desde cuyo micrófono hablan a los facciosos los prisioneros italianos, quienes les informan del excelente trato con que son acogidos en nuestras filas» ["Reunión ministerial...", *La Vanguardia*, 23 de marzo de 1937: 8].

Republicana. Entre las actuaciones, hemos podido documentar un buen abanico, siempre con sede en el Teatro Principal alicantino[30]. El acto de bautismo de la formación data de unos días antes, en concreto el 21 de febrero de 1937, y siempre con el Principal como testigo, en un acto masivo en el que se interpretó el entremés cervantino de *La cueva de Salamanca*, se proyectó el documental *El XX aniversario rojo* y se oyó, por último, el discurso del secretario general de Altavoz, W. Roces [Iglesias Rodríguez, 2005: 130].

Continuaron los programas teatrales el 25 de febrero de 1937 [*Bandera Roja* (25 de febrero de 1937): 1], con una verdadera exhibición de los múltiples frentes que, en la propaganda cultural, cubría el grupo:

> Himno de «Altavoz del Frente».
> «Explicación», por L. URRUTIA.
> *La cueva de Salamanca*, entremés de Cervantes.
> *Romancero de la Guerra Civil.*
>
> DESCANSO
>
> *La guarda cuidadosa*, entremés de Cervantes.
> *Romances de la Guerra Civil.*
> *El espantapájaros* (Pantomima), de Rafael Alberti.

A partir de esta somera descripción es fácil colegir el carácter modélico de la propuesta, convertida en la expresión antonomásica de la teatralidad republicana, como así se hacía ver en la publicidad del evento: «ANTIFASCISTAS. El Altavoz del Frente es nuestro teatro» [*El Día*, 6396 (23 de febrero de 1937): 1]. Y lo era no sólo por la alter-

30. Resulta curioso comprobar el salto cualitativo que experimenta la programación cultural de Alicante y, de forma más específica, del Teatro Principal, rebautizado con el subtítulo de «Teatro de Guerra», tras la llegada de Altavoz del Frente. El rumbo errático de los espectáculos que en tal recinto se exhibían permitía pasar del *Juan José*, de Dicenta (5 de enero de 1937) a las «variedades internacionales» de Estrellita Castro (15 de enero de ese mismo año).

nancia de las partes líricas, con sendos espacios destinados a la declamación del fértil –y este sí bien estudiado– *Romancero* de la Guerra Civil, con las dramáticas, sino, sobre todo, por integrar en el espectáculo piezas del repertorio clásico español –y en este sentido, los entremeses de Cervantes constituyen un lugar común compartido, por ejemplo, por La Barraca, incluso en su difícil trayectoria durante la Guerra– y otras, con una misma intención burlesca, firmadas por los adalides de la propaganda cultural republicana, en este caso Rafael Alberti. Muy curiosos resultan el título y la condición genérica que se le asigna a la pieza del gaditano: el primero porque si repasamos sus *Obras completas* no encontraremos ninguna pieza conservada con dicha denominación. Si atendemos a la sucinta relación de personajes que hace el anónimo periodista de *Bandera Roja* –«Campesino», «Estudiante», «Obrero», «Amo» y «Cura»– no es difícil inferir que se trata realmente de la *Farsa de los Reyes Magos*, que, publicada en 1934, constituye una diatriba feroz contra las fuerzas vivas de la antigua España. Más interesante es, sin embargo, la adscripción genérica, puesto que se la califica como «pantomima». Como es obvio la *Farsa de los Reyes Magos*, cuya comicidad tiene mucho que ver con la verbalidad grotesca, no participaba de dicha condición, lo que nos informa de la preocupación de Altavoz por encontrar nuevos registros –algunos de ellos, tal el caso de la «pantomima», muy relacionados con la vanguardia teatral– que, sin obviar el compromiso político imperante, compusieran un cuadro variado para el espectador, como así señalaba el cronista: «No se puede seguir dando al público representaciones a base de cuatro chistes de mal gusto o que sirvan de motivo para exhibir una serie de bonitas pantorrillas. Hemos de procurar que llegue a todo el mundo la gracia y finura de nuestros escritores clásicos y el grito de liberación de nuestros poetas modernos» [*ibidem*].

Quizás el atento lector haya fijado su atención en un nombre mencionado tan sólo al paso: Leopoldo Urrutia, el poeta que, tras la contienda civil, optará por el pseudónimo de Leopoldo de Luis, y que se convirtió en uno de los más destacados estandartes de la poesía social de los años cincuenta y sesenta. Y quizás, también, podemos especular sobre cuáles fueron los poemas del *Romancero de la Guerra Civil* recitados para la ocasión. A buen seguro no debió de faltar el "Romancero a la muerte de Federico García Lorca", del propio Urrutia, si tenemos en cuenta que los entremeses de Cervantes que iban a ofrecerse habían sido dirigidos, como queda dicho, por el poeta de Granada para La Barraca, y que su recuerdo constituía la mayor espuela para seguir en el fragor de la lucha antifascista:

> La Muerte se ha disfrazado
> con vestiduras de crimen
> y de traición la careta.
> Viene despacio, en silencio;
> todo Granada, con pena,
> la ve venir, paso a paso;
> viene buscando su presa.
>
> (¡Ay, Federico García,
> que la Muerte ya se acerca!
> ¡Todo Granada la ve
> y él aún no se ha dado cuenta!
> ¡Por allí, por Sierra Elvira,
> vestida de pistolera!)
>
> Todo Granada la ha visto
> y a Federico García
> le ha cogido de sorpresa [J. Urrutia, ed., 2006: 178].

La vinculación de Leopoldo Urrutia con el Altavoz del Frente alicantino no se ha señalado hasta ahora y rebasa la condición coyuntural o anecdótica. De hecho, junto a su amigo y también poeta Gabriel Baldrich, firmó la escena titulada *La madre espera su vuelta*, definida en el anuncio aparecido en *Bandera Roja* (14 de abril de 1937: 1) como «romance de ciego». Entrevistados por José Buérnez con motivo del estreno, siempre en el Teatro Principal, en fecha tan emblemática, aseguraban con rotundidad:

> Se trata de un romance de ciego escenificado en el que hemos tratado de demostrar la falsedad de ciertas noticias que la prensa fascista se empeña en dar a conocer queriendo demostrar con ello todo lo contrario de lo que en realidad

> es el fascismo. [...] Creemos haberlo conseguido. Claro que comprenderás que por mucho que queramos poner en evidencia las crueldades, el refinamiento que emplean con nuestros heridos o prisioneros, no hemos podido –tan canallescamente se portan– ni muy remotamente evidenciar todos esos horrores, pues ello sería motivo de dolor en vez de procurarles un buen rato a los camaradas que lo presencien y que es precisamente lo que nosotros hemos pretendido [Buérnez, 1937: 3].

La escenificación, «de gran efecto» y «aplaudidísim[a]» [*Bandera Roja*, 15 de abril de 1937: 1] resultó, en toda regla, un acto de homenaje a la República, cuyos beneficios fueron «enviados [...] al general Miaja, para el heroico pueblo de Madrid» [*ibidem*], y en la que no se escatimaron esfuerzos ya que contó con la participación de la «Banda Municipal de Música y los Coros de *Altavoz del Frente*» ["Arte y artistas", *El Luchador*, 8819 (14 de abril de 1937): 1]. Y a fe que debió de gustar, puesto que volvió a ponerse en escena el 7 de mayo, junto a la *Farsa de los Reyes Magos* de Alberti ["Altavoz del Frente. *El carnet del Partido*", *Bandera Roja*, 6 de mayo de 1937: 2]. El propio Urrutia firmó dos crónicas para *Bandera Roja* [21 de abril y 5 de mayo de 1937] en las que instaba a sus correligionarios alicantinos a utilizar y nos encontramos ante una nueva iniciativa cultural de la agrupación– «El kiosco de Altavoz», sito en la Rambla, «un rincón desde el que Altavoz del frente va a ofrecerte los papeles, los libros, los periódicos que a tu formación de hombre, de luchador, en estos magníficos momentos de España, pueden interesar a tu apetencia de saber y de construcción de tu vida moral» [5 de mayo de 1937: 3]. Y hasta nos lo volvemos a encontrar en un nuevo festival de Altavoz, celebrado el 19 de mayo, en el Teatro Principal y a beneficio de la Institución Municipal de Puericultura, recitando «un romance emocionado de su compañero herido de guerra como Urrutia y, como él, poeta –Baldrich–, romance que el auditorio acogió con aplausos calurosos» [*Alejandro*, 1937: 3].

Del deseo por hacer más versátil la oferta nos habla el primero de los dos «grandes actos» de «ayuda a Madrid, organizado por el Ateneo de Alicante y la Alianza de Intelectuales para defensa de la cultura», celebrado una vez más en el Principal, el 18 de abril. El suculento y variado menú se abría con la proyección de *Defensa del campo*, un film realizado por la propia Alianza; seguía la conferencia de Ángel Gaos titulada "Los intelectuales y la guerra"; la parte estrictamente literaria principiaba con el *Romancero de la Guerra Civil*, recitado en dicha ocasión por Manuel Altolaguire, Ramón Gaya y Juan Gil-Albert, entre otros; la sección teatral, por su parte, quedaba dividida –al modo de las Misiones Pedagógicas– en el Guiñol de la «Aliança d'Intel-lectuals per a Defensa de la Cultura de Valencia», que representó piezas de Dieste y Alberti, y en el estreno de la *Farsa de los Reyes Magos*, ya referida, de Rafael Alberti, interpretada por el grupo Altavoz del Frente y, deducimos, resuelta en esta ocasión de forma convencional; el fin de fiesta, musical –como querían nuestros clásicos–, fue ocupado por la actuación de la Orquesta de Cámara de Alicante ["Altavoz del Frente en el Teatro Principal", *Bandera Roja* (9 de abril de 1937): 1].

De aún mayor importancia es el "Gran acto de AYUDA A MADRID organizado por el ATENEO DE ALICANTE" y la Alianza de Intelectuales para la Defensa de la Cultura, el domingo 25 de abril de 1937 en el Teatro Principal de la ciudad valenciana. No es accesoria la terminología empleada para bautizar el evento, pues en él, y casi al modo de la fiesta barroca, se unían música, poesía, literatura, teatro y cine, en un esquema propagandístico que también fue utilizado en las filas azules [Dennis/Peral Vega, 2010]. El programa para la referida velada quedó compuesto como a continuación se detalla:

> CINEMA. *Defensa del campo*, documental de la A.I.A.D.C[31].
>
> LOS INTELECTUALES DE LA GUERRA. Palabras de presentación y charla del camarada ÁNGEL GAOS, de la A.I.A.D.C. de Valencia.
>
> ROMANCERO DE LA GUERRA CIVIL. Recitarán poesías los camaradas MANUEL ALTOLAGUIRRE, JUAN GIL-ALBERT, RAMÓN GAYA, LEOPOLDO URRUTIA, ANTONIO BALDRICH.
>
> GUIÑOL de la Alianza d'Intel-lectuals per a Defensa de la Cultura de Valencia, representándose
>
> *EL TOMATE GUERRILLERO*, de Ramón Gaya.
> *EL GIL, GIL*, de Rafael Alberti.
> *EL FALSO FAKIR* [*sic*], de Rafael Dieste.

31. Esto es «Alianza de Intelectuales Antifascistas para la Defensa de la Cultura».

TEATRO. El teatro de ALTAVOZ DEL FRENTE (A.I.D.C. y F.C.D.O.), estreno de la farsa de Rafael Alberti

*LOS REYES MAGOS*

La ORQUESTA DE CÁMARA de Alicante interpretará

SINFONÍA EN RE.......................... Felipe Manuel BACH

a) MINUÉ
de *Le tombeau de Couperin*... RAVEL
b) RIGODÓN

[*apud* Abella, 1975: 291].

El espectáculo mereció elogiosa reseña entre las páginas de *Nueva Cultura* ["Aliança d'Intel-lectuals per a defensa de la cultura", 4 (abril de 1937), año III], interesante en nuestro empeño sobre todo por añadir ciertos detalles que pasaban desapercibidos a la luz del programa. Si damos crédito al testimonio del anónimo cronista, Ángel Gaos estuvo ausente del acto y, en su lugar, José Sánchez-Boluques y Francisco Gil «explicaron, con palabras exactas, la finalidad de la Alianza y sus actividades durante la guerra»; disertación a la que siguió, en este marcado empeño de unir el verbo combativo con el creativo, la lectura, por parte de Ramón Gaya, de «unas cuartillas interesantísimas», que encabezaban unas palabras de Waldo Frank, recogiendo lo que los jóvenes artistas españoles entienden por defender la cultura. "Defender la cultura –dijo– no es dejarla descansar", y "no podemos olvidar que la cultura –la que creemos terriblemente amenazada– se defiende –y se juega– en dos sitios a un tiempo: uno es el frente de batalla, disparando contra el fascismo; otro es aquí, en la tranquilidad angustiosa de la retaguardia, poniéndola en claro, imponiéndola, y... continuándola"».

Pero, sin duda, el espectáculo más elocuente en cuanto a la capacidad de inserción pública de Altavoz fue el acaecido en las calles de Valencia en los meses de febrero y marzo de 1937. Allí intervino uno de los grupos, el denominado, tomando el nombre del conjunto de obras que representaba, el «Retablo Rojo» de Altavoz del Frente –cinco de cuyas breves piezas fueron antologadas en el ya citado volumen *Teatro de la Guerra Civil: el bando republicano* [Dennis/Peral Vega, 2009: 125-147]–. De este nuevo proyecto se daba detallada cuenta en el diario alicantino *El Día*, que lo presentaba como resultado de una coyuntura que había relegado «el esparcimiento» en favor de «la inquietud» ["Altavoz del Frente ha creado una organización…", 6378 (2 de febrero de 1937): 1]. Con el objetivo de crear esa inquietud en la gente popular, *Retablo Rojo* saldrá de los espacios convencionales del teatro para insertarse en «plazas públicas, paseos, calles, cafés [y] bares», puesto que «no se debe esperar a que el pueblo vaya en busca del teatro, sino que es el teatro el que debe buscar al pueblo». No se trata, en cualquier caso, de una experiencia subsidiaria sino perseguida, de un afán *integral* y, si no profesional al principio, con intención de adquirir tal condición cuando las circunstancias fueran más favorables para el desarrollo de un «teatro de contenido». El director del «Retablo», Francisco Martínez Allende, había «solicitado de Gil Albert, Dieste, Altolaguirre, Gaya, Alberti y otros escritores» su entusiasta participación. Con tan granada nómina de futuros colaboradores no es de extrañar que no se escatimaran esfuerzos en la concepción espectacular del grupo, de ahí que se iniciaran ensayos de «un coro hablado, que se pretende sea reviviscencia actual de los coros de la tragedia griega», y que se proyectara un periplo geográfico dilatado para el grupo.

La primera parada fue la plaza de Castelar de la capital del Turia, lugar en el que los dispuestos actores –todos ellos, tanto las actrices Margarita Díaz, Paquita Martín y Rosa Martí, como los actores Vicente Izquierdo y Rafael Caballero, profanos hasta entonces en el arte de la actuación– interpretaron *Lamento de los campos de España*, compuesta por Enrique Ortega Arredondo, y cuyos versos produjeron «un escalofrío de la tragedia de los campos españoles, empapados por sangre trabajadora» [Carnés, 1937a]. Una emoción que emana de la palabra desnuda –«¡Libertad para mi idea! / ¡Libertad para mi planta! / ¡Que alumbre la nueva aurora / sobre los campos de España! / ¡Que alumbre la nueva aurora / sobre los campos de España… / para que todos los hombres / tengan limpia la mirada!»– y las voces templadas de los intérpretes, pues ni un solo aderezo contribuye al adorno de una disposición escénica tan simple como humilde, de la que tenemos constancia gracias a las fotos de Lázaro insertas en la crónica de Luisa Carnés para *Estampa*: dos hombres flanquean a las tres mujeres con el único apósito de un cartel en el que se lee el nombre de la agrupación impreso y que, a falta de mejor sujeción, era sostenido por los brazos de alguno de los asistentes. En su afán por extender la influencia de sus versos, los artistas se desplazan después a un café, y después a otro, y luego a otro, mientras «el público se estaciona en la calle, ante las ventanas del local [e] incluso irrumpe en él» [*ibidem*]. Se suceden los diálogos que alertan sobre la proximidad de la lucha y la necesidad de un pueblo implicado que ayude en el frente y en la retaguardia; quizás se oyeran los versos de Clemente Cimorra [Sanz Villanueva, 2010], aquellos de "Frente al mar valenciano", en los que una voz de mujer grita: «¡Valencia!, mira a tu frente; / no eres solo retaguardia. / Te acechan bocas redondas / de los cruceros piratas»; con seguridad, incluso, los firmados por José Rodríguez Sanjuán y Jacinto Luis Guereña para *Teatro para la calle y la trinchera (Diálogo entre Madrid y Valencia)*, en los que se recordaba la desesperada situación de Madrid y sus lazos irrompibles con la ciudad mediterránea: «Las mujeres de Madrid / tienen en Levante hermanas / con ojos glaucos de ensueño...». Y así hasta un total de diez o doce representaciones diarias, todas ellas dirigidas por la sabia mano de Francisco Martínez Allende, quien previamente había comandado otro teatro popular en Madrid, La Tribuna, y para el que el momento histórico que se vive no deja lugar más que a un arte de circunstancias, «poesía o prosa, que exciten la moral de la retaguardia, que le hagan vibrar, que no le permitan olvidarse un momento de la terrible catástrofe que asola nuestro país» [Carnés, 1937].

*Lamento de los campos de España* sobresalía, a juicio del cronista de *Frente Rojo*, por encima de *Diálogo entre Madrid y España* —ambas obras representadas, sin lugar a dudas, el 23 de febrero de 1937 por las calles de Valencia—, puesto que conseguía "excitar el nivel moral de la retaguardia" ["'El Retablo Rojo' de Altavoz del Frente...", 24 de febrero de 1937: 4]. Toda ocasión era bienvenida para llamar a la forja de un arte propagandístico, urgente y necesario, de ahí que, una vez más, los compañeros de Altavoz del Frente hagan, a través de las páginas del *Frente Rojo* «un llamamiento a los autores, poetas y músicos para que les envíen obritas cortas y poemas, canciones de guerra y para la guerra» [*ibidem*].

Estamos, como se puede ver, ante una experiencia *integral* de teatro de agitación política, por mucho que el mejor y más documentado historiador del teatro en Valencia durante la Guerra Civil, Ricard Blasco [1986], enmiende la plana a Luisa Carnés y minorice el impacto de la representación apelando a cuestiones de índole nacionalista, del todo punto inconvenientes si tenemos en cuenta que, aun hoy, en torno al 25% de la población valenciana tiene el catalán como lengua preeminente, y que en ningún momento de la historia contemporánea se tuvo, quizás, más conciencia unitaria y de pertenencia a una misma lucha y un mismo destino:

> El poble valencià, que no havia oblidat la tradición dels colloquis i els *miracles* de sant Vicent, o de les festes de carrer, i que pels mateixos dies visitava l'exposició del ninot, hauria pogut ser un magnífic receptor del missatge, si no se li hagués donat en llengua i estil aliens. Acollí les representacions sense refús però sense massa entusiasme. Això mateix passà amb d'*El Mono Azul* pels carrers de València. És clar que quan trobaven evacuats o militars castellanoparlants l'acollida popular era més intensa. Però si l'auditori era indígena se´n distanciava. Tot el contrari que quan llegia o li lleguen els versos *fallers* d'*Els enemics del poble a l'infern*.

Un juicio cuyo efecto queda menguado luego de leer la referida crónica anónima que dedicara a dicho espectáculo *Frente Rojo. Órgano del Partido Comunista*, en la que se califica la labor entregada de los actores como «un grito de guerra, de alerta, que hace estremecer a los más reacios a la lucha de liberación que se desarrolla en nuestro país. "El Retablo Rojo" les recuerda a esa clase de gentes que Valencia tiene el frente de sus playas, que los valencianos deben intensificar su ayuda a Madrid, que a Madrid se le defiende en todos los frentes españoles» [24 de febrero de 1937: 3].

El empeño que guiaba al director y los actores del «Retablo Rojo» no se redujo a las efectistas *performances* callejeras, sino que, guiados por un espíritu proselitista común, compartieron escenarios con otras manifestaciones culturales y con otras agrupaciones dramáticas. El ejemplo más reseñable es el «Gran Festival» que se organizó en el Cine Olympia, el domingo, 14 de marzo de 1937, a las 10 de la mañana, celebrado «en honor a los reclutas que se incorporaron a las filas del glorioso Ejército del Frente Popular para luchar por la independencia de nuestra Patria», con un esquema misceláneo muy similar a otros ejemplos más o menos coetáneos aducidos con anterioridad:

> 1º. Palabras de apertura del acto por un soldado del Ejército.
> 2º. El *Guiñol* de la Alianza de Intelectuales.
> 3º. El *Retablo Rojo* de Altavoz del Frente.
> 4º. *La Patria te llama*, película soviética.
> 5º. Palabras de los representantes de las organizaciones antifascistas.
>
> Actuará la banda de música de la Comandancia Regional de Milicias
>
> ["Cine Olympia", *Frente Rojo*, 13 de marzo de 1937: 5].

Relata Martínez Allende el comienzo de una experiencia paralela que, a falta de una mayor documentación –seguramente inexistente– no sólo resulta de un enorme atractivo sino que testimonia, una vez más, el apego a la tradición española en sus más diversas manifestaciones artísticas. Y es que, organizados por Altavoz, un grupo de ciegos «cantará romances y romancillos de guerra, exaltando las hazañas heroicas de nuestros milicianos, de nuestros aviadores y marinos leales; exponiendo el significado de nuestra guerra de invasión, de nuestra lucha a muerte contra el fascismo» [*ibidem*]. Pero todo esfuerzo era poco, por lo que, una vez más, el director aprovecha el envite para llamar a la intervención de poetas, dramaturgos y músicos –como lo hicieran Alberti y María Teresa León en tantas otras ocasiones– con obras hechas «por la guerra y para la guerra»[32], en la búsqueda de un triunfo que, pese a una dificultad manifiesta desde el inicio, había que intentar desde todos los frentes y con un trabajo infatigable.

32. Una petición que Altavoz ya había realizado apenas un mes después del inicio de la Guerra Civil, como así queda constancia en el breve artículo "Altavoz del Frente pide obras a los autores antifascistas", publicado en el diario *La Voz* [4 de septiembre de 1936: 3].

La deuda a la tradición patria —elemento común de otras experiencias señeras de la República— no fue circunstancia ajena —como queda dicho— a Altavoz del Frente, prueba de lo cual fue la pieza elegida por la sección teatral para el acto de Homenaje a la URSS celebrado en el Teatro Principal el 4 de noviembre de 1937: *La guarda cuidadosa* de Cervantes, en una expresión más de la dicotomía tradición y vanguardia, pues que fue precedida por la proyección de «películas de asuntos rusos y españoles, [y] documentales» ["Arte y artistas", *El Luchador*, 8986 (5 de noviembre de 1937): 4]. Más allá de la representación en sí, «todo [un] éxito de interpretación [...] largamente ovacionad[a]» [*ibidem*], interesa la participación, al final del acto, del «camarada» Miguel Hernández, «poeta que pronunció breves palabras inspiradas» [*ibidem*], y cuya colaboración intensa y dilatada con Altavoz se remontaba —como veremos a continuación— a meses anteriores en los frentes sur y extremeño.

Y si con anterioridad apuntábamos la importancia dada por Altavoz del Frente a la formación de las nuevas generaciones, tampoco fue ajeno a su versátil entramado de actividades el desarrollo de un teatro para la infancia, bautizado con el nombre de Titiribí y dirigido por quien fue –ya lo hemos visto– uno de sus activos más importantes: Martínez Allende. De la actividad de dicho grupo sólo hemos podido rescatar dos crónicas; la primera, firmada por *Neska*, para el diario valenciano *La Hora. Diario de la juventud* [10 de agosto de 1937: 10]. Una vez más queda patente el fértil binomio compuesto por Altavoz del Frente y el Ministerio de Instrucción Pública, con el comunista Jesús Hernández al frente, ya que se pone de manifiesto el apoyo directo que la sección gubernamental prestó a sus actividades. Titiribí recorría diversos centros escolares valencianos con objeto de insertar el teatro dentro de la rutina cotidiana de los más pequeños, poniendo así fin a una lacra atávica en la educación española. No sabemos a ciencia cierta quiénes fueron los actores llamados a la labor, pero sí, por el contrario, que «Allende [...] pu[so] el mayor cuidado en que los actores trabaj[aran] con naturalidad y pronunci[aran] claro, factores esenciales para el buen éxito de un teatro infantil» [1937: 10]. Tampoco podemos determinar cuáles fueron las obras estrenadas, más allá de algunos datos sueltos que invitan a pensar en la adaptación de farsas de propaganda política, a buen seguro escritas previamente para un público convencional, en las que se condenaba, sin matices, la maldad de los sublevados y se hacía escarnio de sus figuras más sobresalientes. Reproducimos, como testimonio vivo de lo que fue, el relato que *Neska* hace de una de las numerosas actuaciones:

> Una tarde he asistido a una de las representaciones dadas en el Grupo Félix Bárcena. Un jardín lleno de árboles, y en el centro el escenario, graciosamente adornado, alegre. Unos cien niños presenciaban el espectáculo, colocados en pequeñas sillitas agrupadas bajo los árboles. Escuchan con atención. Cuando aparecen en el escenario Franco, Queipo y Mussolini, con los rasgos exagerados por la caricatura, en los rostros de los pequeños se refleja la rabia, y de vez en cuando sueltan una franca carcajada al ver a Queipo, borracho, perseguir a una botella de un tamaño colosal, que corre por el jardín; a Franco, intentando inútilmente llamar al orden a sus generales; a Mussolini, con un terrible dolor de vientre por haberse querido tragar a España.
>
> Los gestos más insignificantes de los actores se reflejan en la mirada de los pequeños.
>
> Dos payasos animan la escena y se burlan constantemente de la seriedad con que quieren aparecer los traidores. Con sus juegos, con su movilidad, no permiten que decaiga un momento la atención de los niños, que siguen en suspenso y entusiasmados hasta el final, todo el curso de la farsa.
>
> Al terminar la representación, los payasos y el coro (que simboliza a la República) bajan al jardín, y todos juntos cantan una canción que es repartida a todos en una hoja bien presentada y con dibujos:
>
> «¿Qué haremos con los fascistas?
> Matarile..., rile.., ron.
> Les echaremos al mar.
> Matarile..., rile..., ron.
> Se van a enfadar los peces.
> Se va a poner sucia el agua.
> Matarile..., rile..., ron»
>
> Y así los pequeños se quedan cantando coplas divertidas, alegres, pero que al mismo tiempo les enseñan a conocer a los enemigos de su patria.

Las reacciones de los pequeños también ocupan un lugar en este cuadro tan vivo como efímero, observado con la mirada inocente de quienes eran aún quijotes y, por tanto, incapaces de discernir, como el caballero ante el retablo de Maese Pedro, entre ficción y realidad. De ahí que, acabada la representación, equiparan personaje con persona: «El pequeño, gesticulando, era feliz al poder contarme toda la historia; pero su amiguito le interrumpió, cogiéndole del brazo y señalando a un hombre que tranquilamente cruzaba el jardín: ¡Mira, Mussolini, Mussolini! Ahí va; ahí va» [*ibidem*].

La segunda de las crónicas referidas a Titiribí fue publicada por el también diario valenciano *El Pueblo*[33], con motivo de su actuación en el Sanatorio Escuela de Reeducación Física y Profesional de la Malvarrosa, a la que asistieron tanto los niños enfermos del centro como los de las colonias y escuelas de Grao, que componían un total de unos 500 pequeños acompañados por 60 adultos. Queda constancia, sin que se dé explícitamente título de ella, de que se repuso la farsa paródica contra los traidores de España anteriormente referida ["Por los escenarios...", *El Pueblo*, 24 de agosto de 1939: 3].

Pero poco a poco la vida de Altavoz del Frente, paralelamente a la resolución contraria de la lucha, va apagando su voz. De sus numerosos empeños, el último que nos consta en la zona levantina se refiere a Alicante[34], y data de diciembre del 37. El día 13 de dicho mes, y de nuevo en el Teatro Principal, la agrupación pone en escena una buena parte de sus secciones en el último acto de *propaganda integral* que hemos documentado y que, por su interés, detallamos a continuación:

- Exhibición de un film soviético de gran éxito.
- Representación del reportaje teatral de escenas de vanguardia y retaguardia, recopiladas por G.R. Clemente y L. Jiménez (del cuadro artístico de Altavoz).

---

33. Denominado con varios subtítulos, en agosto de 1937 respondía al de *Diario del Partido Sindicalista.*
34. Algunos meses antes el diario *El Luchador* se congratulaba del regreso a la escena de la sección teatral de Altavoz del Frente, «en función extraordinaria a beneficio de la recaudación de fondos para la Campaña de invierno de ayuda a los frentes» ["Altavoz del Frente", 9016 (10 de diciembre de 1937): 2], con nuevas obras incluidas en su ya extenso repertorio, después de haber realizado múltiples actuaciones —y es ahí donde encontramos una nueva pieza de este puzle multidisciplinar— «en guarderías y hospitales».

- Representación del romance escenificado [*Dos hijos*], de L. Urrutia.

- Intervención de los Coros de Altavoz que interpretarán tres nuevas composiciones, entre ellas la premiada en el concurso del Ministerio de Instrucción, original del maestro compositor alicantino Rafael Casasempere, letra de Félix Ramos.

Hará uso de la palabra en nombre del Altavoz un destacado militante.

Se recitarán poesías del Romancero de la Guerra.

["Teatro Principal", *El Luchador*, 9017 (11 de diciembre de 1937): 2]

## En el frente sur...

La labor propagandística de Altavoz en los distintos frentes de combate estuvo siempre soportada por la publicación de diarios en los que no sólo se daba cuenta de los avatares bélicos sino también –y no con menor dedicación– de las actividades culturales emprendidas para avalar la lucha republicana. Tal es el caso de *Frente Sur* –"Periódico del Altavoz del Frente Sur"–, publicado en Jaén[35], dos veces por semana –con una tirada de 15.000 ejemplares– y cuyo primer número apareció el 21 de marzo de 1937. En su portada, y junto al artículo "A todos: salud", aparecía un dibujo de Martínez de León que, en su sencillez, constituía toda una declaración de principios: un campesino andaluz, erguido, miraba hacia el horizonte, fusil en ristre, sabedor de la necesidad de enco-

35. En la pequeña ciudad andaluza había asentado Altavoz del Frente una residencia en una de las casas requisadas. Allí precisamente se reunirán José Herrera Petere –de cuya participación en Altavoz se dará luego noticia más detallada– y su mujer Carmen Soler. De hecho hay un testimonio gráfico de la colaboración de ambos en las actividades propagandísticas de la institución, reproducido en la edición que de *Buceando entre mis recuerdos*, de la propia Carmen, realizó hace algunos años Jesús Gálvez Yagüe [2005: 140]. Se trata de la misma casa desde cuyo balcón Miguel Hernández escribe a máquina mientras el barbero afeita a Petere–otra magnífica fotografía, incluida entre las ilustraciones da cuenta de ello– [*ibidem*: 141]. Como refiere Carmen: «En el *Altavoz del Frente* nos instalamos, allí también estaba Miguel Hernández, gran poeta recién casado como nosotros. El frío no faltaba y el ambiente poco acogedor. Dormíamos en la buhardilla en una estrecha cama de soldado con ropa muy sucia» [2005: 134].

mendarse a la lucha, por mucho que implicara abandonar a la mujer y a la criatura que, simbólicamente y en la parte baja de la ilustración, era amamantada en la confianza de una España mejor. Las palabras impresas venían a refrendar este mensaje: «*Frente Sur* surge como una antorcha. Es un clarín que llama a los andaluces a tomar su puesto en la gran contienda en contra de la reacción traidora y de la invasión extranjera. ¡Su único deseo es el de servir al país, la patria amenazada, el pueblo en armas!» [*ibidem*: 1]. Y es que la línea editorial del periódico pretendía marcar la enorme distancia que mediaba entre la política cultural de republicanos y rebeldes, sobre todo en el último tercio de 1937, cuando la difícil situación en los frentes de batalla incrementó la urgencia de la voz callada, pero reparadora, de la cultura. Lejos estaba Altavoz del Frente, sin embargo, de la autocomplacencia, de ahí que instara a una dedicación mucho más profunda, que habría de hacerse forma en múltiples iniciativas: «Milicias de la cultura. Residencias y colonias. Escuelas activas, de realidad práctica. Institutos obreros. Cultura popular. Expansión cultural en el extranjero. Delegación para los niños evacuados a otros países» ["Un frente de cultura", *Frente Sur*, 59 (17 de octubre de 1937)] o, incluso, la «Casa del Combatiente en Jaén», un lugar de recreo y estudio destinado a los combatientes, y para cuya creación se apelaba a la caridad colectiva [*Frente Sur* (1 de abril de 1938): 3]. Una idea común alentaba todas estas experiencias: la superioridad de «los fusiles de las ideas para imponer la Paz» y la certeza de que un triunfo ajeno a estos ideales «no es triunfo, no puede ser triunfo». El soporte gráfico a tan reconfortante misiva era una fotografía de combatientes ensimismados en la lectura de *Frente Sur*, ávidos de «cultura y de noticias» que el «Estado español sabrá darles» [*ibidem*].

En el deseo, compartido por las otras secciones de Altavoz, de realizar un sistema de propaganda integral debemos entender el anuncio que ya en el número primero de *Frente Sur* es realizado desde sus páginas –"Concursos de *Altavoz del Sur*" [1 (21 de marzo de 1937): 2]–. Resulta especialmente significativo en tanto testimonio de iniciativas variadas y con idea clara de cuáles eran los objetivos más urgentes. La sección dedicada a los «periódicos de brigadas» quedaba abierta a todas las publicaciones de «Brigadas, Divisiones o Batallones» con el fin de evitar la reproducción estéril de esfuerzos comunes –«las experiencias de cada Brigada no llegan a las demás»– y a la propagación de las ideas e iniciativas surgidas de cada una de ellas. La recompensa por tan necesario esfuerzo consistía en «un magnífico aparato de radio» y, sobre todo, en la promesa del Altavoz del Frente Sur de popularizar el «mejor periódico de guerra editando en un folleto los artículos más interesantes». El concurso también estaba dirigido a las mejores «novelas de guerra» como medio de «ligar más estrechamente a los artistas y poetas con los hombres que luchan» por cuanto los primeros están llamados a convertirse en los voceros de estos últimos y, necesariamente, en intérpretes de sus miedos y anhelos, y, en último término, en inspiradores de una mayor confianza y esfuerzo en la lucha. La criba de la, a buen seguro, mermada vendimia de textos sería realizada por un comité «compuesto por los jefes de las Brigadas que operan en el Sur, los Comisarios Políticos, y los miembros del Altavoz del Frente Sur, antiguos componentes de la Comisión del Trabajo Social del 5º Regimiento». El premio para el elegido ascendía a 2.000 pesetas (la convocatoria de dicho concurso apareció previamente publicada en *Frente Rojo* ["Altavoz del Frente Sur. Concurso de novelas de guerra", 9 de marzo de 1937: 2]). Por último, las «canciones de guerra», cajón de sastre en el que cabían tanto las composiciones e himnos totalmente originales como aquellas letras que, a partir de «músicas ya conocidas», hubieran sido adaptadas por los milicianos.

No faltaban, tampoco, las emisiones radiofónicas, en forma de partes de guerra que, desde Radio Jaén, se realizaban cada día a las 9 de la noche, y en las que se oían las voces implicadas de diferentes representantes de la izquierda republicana. Valga, como ejemplo somero, la escaleta que se adelantaba en el número 2 de *Frente Sur*:

> Jueves, 25. Ildefonso Fernández, Secretario General del Comité provincial de la UGT.
>
> Viernes, 26. Un representante de Izquierda Republicana.
>
> Sábado, 27. Un representante del Frente de Granada.
>
> Domingo, 28. Altavoz del Frente habla a Córdoba.
>
> ["Programa de las Emisiones de Guerra de Altavoz del Frente", 2 (25 de marzo de 1937): 3]

Porque Altavoz no cesaba en su entrega titánica. Si a Valencia llegaba el teatro, a Jaén acudía otra avanzadilla, la de la «Zona Sur», con vistas a llenar el silencio de proclamas y canciones por la libertad, todas las cuales provocaban una reacción de esperanza y alegría en aquellos, los niños y los ancianos fundamentalmente, que no podían intervenir directamente en la batalla: «Algunos muy jóvenes, niños aún, con su gorro miliciano y su insignia juvenil, leen las proclamas de Altavoz a los viejos analfabetos que dejó la monarquía. Otros reparten folletos entre los hombres que toman el sol de la calle tranquila. Algunos, como activos ayudantes, reciben instrucciones de uno de los responsables para la colección de carteles...», actividades dispares que provocaban una alegría regeneradora, una espontánea creencia libertaria, aunque fuera efímera, y que explica la reacción de una muchacha «morenucha, graciosa y ceceante»: «Desde que han *venío* los del *Altavó*, estamos muy *animaos*» [extraído de una crónica anónima y sin título que, acompañada de un buen puñado de fotos, fue publicada en *Estampa*, "Altavoz del Frente. Zona Sur", 479 (27 de marzo de 1937): 20].

Tampoco faltó el cine. Si tomamos por bueno el "Informe de la Comisión Nacional de Agitación y Propaganda del Partido Comunista de España", a las proyecciones cinematográficas dirigidas a las tropas, que fueron más de cincuenta en apenas mes y medio (entre el final de la primavera y comienzos de verano del 37), asistieron 37.000 soldados para ver reflejados en la pantalla las andanzas de otros guerreros antifascistas. Se trataba, qué duda cabe, de un medio de propaganda privilegiado por cuanto colectivo y, también, por su condición de referencialidad *verista* de los ideales perseguidos, una condición de espejo que también se plasmó en numerosos «periódicos murales» que fueron exhibidos en «las ciudades más importantes».

En labor tan encomiable por tierras andaluzas participaron, entre otros, Miguel Hernández y José Herrera Petere[36], quizás las dos voces

36. Le fue encomendada al poeta la redacción de *Milicia Popular*, el diario del Quinto Regimiento, y también, a partir de 1937, la del periódico *La voz del combatiente*.

señeras de esta empresa multidisciplinar, y que no sólo reducen su intervención a las tierras andaluzas, sino que también andarían por tierras pacenses, como veremos a continuación. Sabemos que Hernández anuncia su incorporación al Altavoz del Frente Sur en "Carta abierta a Valentín González, *El campesino*" [1937a; *apud* Martín, 2010: 391], reclamado por el comandante Carlos Contreras, quien estima, con buen criterio, «que será mucho más eficaz y certero a sus órdenes en el trabajo de *agitprop*» [*ibidem*]. En Jaén, sede central de la organización, está ya el 2 de marzo, e inserto en ella –tras una activa intervención en la batalla de Guadalajara [remito al capítulo 2]– asistirá al asedio final del santuario de Santa María de la Cabeza –del que dejó testimonio Herrera Petere en "Toma de la Virgen de la Cabeza", poema inserto en *Guerra viva*–, acontecimiento que él mismo recreará, en forma de crónica, para las páginas de *Frente Sur* con el título de "La rendición de la Cabeza" [1937b], luego continuada con "Los traidores del santuario de la Cabeza" [1937c][37]. Con anterioridad, y en la misma publicación, habían aparecidos sus poemas "Jornaleros", en el número 6 de *Frente Sur* [8 de abril de 1937: 4], y "1º de mayo de 1937", en el 12 [1 de mayo de 1937: 1] –«A pesar de la guerra delirante, / no amordazan los picos sus canciones, / y el rosal da su olor emocionante, / porque el rosal no teme a los cañones»–.

Las tierras de Jaén se quedaron chicas para el afán de Altavoz del Frente Sur, por lo que muy pronto sus tentáculos se extendieron hasta Almería[38], una muestra más, como testimoniaba el anónimo cronista de *Frente Sur*, del espíritu de cohesión y del deseo de un mando único para los republicanos que guiaba a Altavoz del Frente, «porque ello re-

37. De la fortaleza de las emisiones radiofónicas de Altavoz del Frente Sur habla, de forma indirecta, una noticia que, sobre la toma del referido santuario, aparece en *Hoja oficial del lunes* (La Coruña) [12 (10 de mayo de 1937): 3], ya que, de acuerdo a la crónica del periodista, Ramón Resa, su emisora recibía el nombre antonomásico de «la radio roja», y su información es esgrimida como juicio de autoridad para el relato de la hazaña bélica.

38. Jesús Gálvez Yagüe apunta la existencia de una sección de Altavoz en Orihuela [2008: 184]. Como apunto al final de este capítulo, muy pocos datos podemos aportar sobre ella.

presentaba la absoluta voluntad del pueblo español para acabar con la ruindad» fascista [Carrasco, 1937]. El acto de inauguración de la sección almeriense se realizó en el Teatro Cervantes, el 4 de abril, con la asistencia del gobernador civil, quien declaró abierta, acto seguido, una exposición gráfica que ilustraba la historia de la agrupación en otras regiones de la España republicana ["Altavoz del Frente, en Almería", *Frente Rojo*, 6 de abril de 1937: 4].

## Siguiente parada: Extremadura

El Altavoz del Sur se dividió y una buena parte de sus efectivos, entre ellos los poetas Miguel Hernández[39] y José Herrera Petere[40], pasaron a Extremadura y, de forma más específica, a Castuera, provincia de Ba-

39. Del traslado al frente extremeño deja constancia Miguel Hernández en intercambio epistolar con Josefina Manresa. Así, en carta fechada en Jaén, el 7 de mayo de 1937: «Entre otras cosas te diré que salimos el domingo para Castuera, ese pueblo de Extremadura desde el que yo te telefoneaba la otra vez. Casi todo el Altavoz se traslada allí. Ha vuelto Petere y seguramente iremos él, Tréllez, Paco, todos los del cine, Braña, los de la emisora y tu esposo, digo, yo, para allá. [...] Yo no sé, mi Josefina, qué es lo que vamos a hacer todavía en Castuera» [*Obras completas, II*, 1992: 2499-2500]. Para los detalles historiográficos sobre la presencia de Miguel Hernández en el frente extremeño remito a los magníficos estudios de José Hinojosa Durán [2010] y Eutimio Martín [2010b] que enmarcan la edición facsímil de *Frente Extremeño*.
40. Poeta muy activo en la redacción de *Frente Extremeño*, en cuyos números 7 y 9 publica, entre otras, "Canción del Guerrillero" y "A la ofensiva", respectivamente. El traslado de Herrera Petere al frente extremeño es coincidente con el del propio Hernández, como así se certifica en la carta que, desde Jaén, y en los primeros días de mayo, envía a Carmen Soler, su esposa: «Ahora resulta que me voy a Extremadura, no sé si a Castuera, Don Benito o Medellín» [*Obras completas. Epistolario*, 2008: 81]. De la devota adscripción de Petere a Altavoz nos informa el artículo "Atención", publicado en *Ahora* (24 de marzo de 1937). En él elogia, como señaló Jesús Gálvez [2008: 21], a propósito de la toma del santuario de la Virgen de la Cabeza, «la humanidad mostrada por las tropas republicanas sobre los prisioneros del "ejército nacional" y la abnegación de estas mismas tropas en el frente Sur a las que les falta –según Petere– propaganda y organización». Petere se hace estandarte de esta labor, puesto que es «lo que quiere realizar y realizará el *Altavoz del Frente Sur*, constituido por elementos de la Comisión de Trabajo Social del 5º Regimiento» [1937].

dajoz, donde «puede calificarse la llegada del Altavoz como un acontecimiento, ya que esta región no dispone ni de una sola imprenta ni de emisora de radio» ["Informe de la Comisión Nacional...", 1937: 5]. De forma pareja a la actividad desarrollada en Jaén, Altavoz del Frente creó, de inmediato, un semanario, el *Frente Extremeño. Periódico de Altavoz del Frente en Extremadura*, como soporte de las diversas tareas de propaganda, y cuyo primer número aparece el 20 de junio de 1937. De vida no muy dilatada, continuará su andadura hasta el número 11, con una frecuencia de dos por semana[41]. El ejemplar que abre la serie lleva en portada –de forma casi idéntica a *Frente Sur*– una extensa «salutación» –no firmada, y con el título "¡Salud, Extremadura!"– en la que se exponen las razones perentorias de la labor propagandística en esta zona y los resortes para llevarla a cabo:

> Nuestra propaganda no se limitará a nuestro campo, sino que la extenderemos con gran intensidad al territorio enemigo. Utilizando todos los medios posibles: altavoces en los frentes, cohetes con manifiestos, etc., hablaremos a los antifascistas que se encuentren en terreno enemigo, orientándoles para su trabajo, a las masas engañadas y a los combatientes llevados a luchar contra su voluntad[42].

En el número 2 [24 de junio de 1937] publica Miguel Hernández "Campesino de España"[43] –«Traspasada por junio, / por España y la sangre, / se levanta mi lengua / con clamor a llamarte»–. Las coordenadas pragmáticas de los versos hernandianos parecían llamar a una, si no inédita, sí al menos poco cultivada forma de propaganda entre los miembros de Altavoz: la recitación de poemas, en este caso *interpretados* por el propio autor, juez y parte en la lucha, y revestido para la ocasión de dotes dramáticas que, a buen seguro, encontrarían acomodo entre sus oyentes. Al pie de página, se publicaba una fotografía en la

---

41. Como se apunta en la edición facsímil que, a cargo de José Hinojosa Durán, se publicó en 2010, no queda constancia del número 10, de ahí que nuestro análisis se limite a diez números de la publicación.
42. Gálvez Yagüe apunta a Miguel Hernández como posible autor de este editorial [2008: 187].
43. En el tercero de la serie, será publicado "Viento del pueblo".

que «el poeta Miguel Hernández en Extremadura, [aparecía] diciendo sus versos a los soldados junto a las mismas trincheras»[44]. Y adosado al poema se añadía un breve comentario que nos informa de la variedad de materiales utilizados entre los enemigos, uno de los objetivos prioritarios, como queda dicho, entre los descritos por Altavoz: «Esta poesía ha sido *propagada* por Altavoz del Frente de Extremadura, en el frente y retaguardia del campo faccioso de nuestra región». Se trataba de un procedimiento intimidatorio que se describe, con algún pormenor añadido, en el número 3 de *Frente Extremeño*: «[...] Poetas de Altavoz del Frente recitan a diario en los frentes de Madrid, del Sur, del Este, del Norte, poesías de nuestra gesta armada para defender nuestra libertad y nuestra independencia». Pero si la poesía era pilar importante en la definición de ideas, no lo eran menos los «millares de manifiestos, de proclamas [que] son hechas por nosotros y van al otro lado de las trincheras en Madrid, Guadalajara, Córdoba, Jaén», hasta el punto de que el anónimo cronista se enorgullece de que los «hijos de España [que] se [han] pasa[do] a nuestras filas nos dicen que nuestra propaganda les ha decidido a pasarse, que debemos redoblar en todos los frentes nuestra agitación» ["Altavoz del Frente", *Frente Extremeño...*, 3 (27 de junio de 1937)]. Una idea que se ratifica en el número 5 –dentro del artículo colectivo "Agitación del enemigo" [4 de julio de 1937]–, al considerar Extremadura y la zona por la que «más evadidos han pasado a nuestras filas», por lo que es necesario el aumento de las actividades y la participación decisiva de los comisarios en este sentido –uno de los cuales, el poeta Pedro Garfias, aparece fotografiado en el número 6 hablando a los soldados de su batallón–.

## Otros altavoces

Sin que aún podamos precisar hasta qué punto desarrollaron sus actividades, sabemos de la existencia de una sección de Altavoz del Frente

44. Reproducida en *Obras completas*, vol. III, entre las páginas 2408 y 2409. .

en Albacete, como se colige de la carta, emitida en papel oficial de dicho organismo, que Josefina López dirige al «Camarada Comisario», con fecha 29 de febrero de 1938, custodiada en el Centro Documental de la Memoria Histórica [López, 1938]. Y así también de una sección en el frente norte –tal como quedaba apuntado en el antes citado número 3 de *Frente Extremeño*–, ubicada en Santander, ciudad desde la que se emitían, por radio, elaborados informativos que daban cuenta de la situación bélica nacional e incluso de la más cercana actualidad foránea. Dos de ellos se conservan también en el Centro Documental de la Memoria Histórica: el primero está fechado el 14 de agosto de 1937 y, en su sección cultural, da noticia de la Exposición Universal de París y del estand republicano, para cuyo abastecimiento «han salido algunos ejemplares de la Hemeroteca Municipal bajo la custodia y con la garantía del Ministerio de Instrucción Pública». El segundo, custodiado en el mismo legajo de idéntica institución, lleva por título "Habla el Altavoz del Frente". Constituye un documento de enorme interés, al ser una de las pocas alocuciones conservadas que ilustran la actividad propagandística de la organización sobre las filas enemigas –las más de las veces a través de potentes altavoces y, en esta ocasión, utilizando las ondas radiofónicas– que asediaban la capital cántabra. Queden aquí reproducidas algunas de las partes más relevantes:

> Soldados del campo enemigo. Sabemos que muchos de vosotros escucháis nuestras emisiones, en los breves momentos de reposo que os dejan vuestros *tiranos*. Hermanos de la zona rebelde que sintonizáis las emisoras de la República, por ellas, y solamente ellas, os llevan nuestra voz cordial y fraterna, que es la voz de la España mártir que grita al mundo su verdad.
>
> Soldados del campo enemigo, que nos oís. Tienen razón los fascistas cuando dicen que nuestros luchadores esperan con ansia vuestra llegada.
>
> Tienen razón, ¡os esperamos!. En la zona leal, los corazones palpitan muchas veces por vuestro dolor y por vuestra suerte. Os esperamos. Pero no como ellos dicen, con el fusil y la ametralladora apuntando a vuestros pechos, sino con los brazos abiertos, dispuestos a recibir a los hermanos de un mismo ideal.
>
> Os esperamos. Os espera nuestro anhelo y nuestro corazón. Porque allí os obligan a pelear por una idea que no es la vuestra, por una España, vendida al

invasor, por una concepción que repugna hasta vuestros más íntimos sentimientos. Os esperamos, porque sois carne de nuestra carne. Porque sois de los nuestros.

Soldado del campo enemigo que nos escuchas: pásate a nuestras filas. Convence a los demás para que vengan a nuestro lado. Aquí la enseña tricolor de la República os brinda hospitalidad y protección. Los pechos de nuestros luchadores guardan para vosotros un hondo afecto. Venid a nuestro lado. Poneos junto a nosotros para salvar la dignidad ciudadana, el honor de España, la independencia nacional.

¡Viva España!

¡Viva la República![45]

Se documenta incluso un Altavoz del Frente en la ciudad natal de Miguel Hernández, Orihuela, quien, sin duda, mucho hubo de aportar a su creación y a su, al menos para nosotros, desconocida andadura, más allá de su ubicación en la plaza Ramón Sijé, número 4, de la localidad alicantina [Hernández, 2005: 58, nota 16]. Y hasta otro en la cercana localidad de Elche, de cuya labor tan sólo nos ha llegado la organización de una exposición de dibujo antifascista, inaugurada el 30 de abril de 1938, integrada por estampas que interpretan «la mascarada trágica y grotesca que agoniza al otro lado de nuestras líneas de fuego [y] la epopeya gloriosa del pueblo que lucha por su libertad» [Yes, 1938].

## Y en Barcelona

Aunque no podemos precisar la existencia de una sección de Altavoz en la capital catalana, hasta allí llegaron algunas de sus numerosas actividades. Ése fue el caso de la exposición *Siete meses de guerra*, que, organizada por el Comisariado de Propaganda de la Generalidad, quedó inaugurada el 27 de febrero de 1937, con la asistencia de su presidente, Lluis Companys. Fue instalada en los bajos de la plaza de Cataluña, número 14. Altavoz contaba con una representación institucional,

45. La alocución completa está mecanografiada a excepción de estas dos últimas exclamaciones, a mano, en letra cursiva.

encarnada en el pintor e ilustrador Mateos, toda vez que su intervención en esta exposición global era muy amplia: «fotografías, carteles de propaganda, cuadros estadísticos y demostrativos, una serie de banderas, armas y municiones arrebatadas a los fascistas, restos de metralla y proyectiles disparados por los enemigos; varias series de pinturas y dibujos, también de propaganda antifascista, y todo cuanto se refiere a la actuación de la Comisaría de Propaganda en el extranjero y entre nuestras masas, como también a la asistencia a los refugiados y a las poblaciones más directamente afectadas por la guerra» ["Exposición en la Plaza de Cataluña. Siete meses de guerra", *La Vanguardia*, 28 de febrero de 1937: 4]. En la exposición también se mostraban casi todos los fondos relativos a «carteles, proclamas, reproducciones de guerra y gráficos», como queda demostrado en el reportaje gráfico realizado por Puig Farrán para el diario barcelonés *La Vanguardia* ["7 meses de guerra", 3 de marzo e 1937: 3; Santos, 1937: 10]. La participación de Altavoz en la muestra constituía en sí misma una vasta y riquísima metonimia de las actividades del grupo en su conjunto, puesto que, como bien describe Mateos en la entrevista concedida a *Mirador*, «es fa de tot: escultura, gravat, esmalts al foc, cerámica, aiguafort, pintura, cartelleria, litografia...», en un propósito integrador que buscaba, también, materializarse en un «teatre polític de caricatura» [*ibidem*].

La presencia de Altavoz en Barcelona se extendió durante los meses de marzo y abril, puesto que a la referida exposición multidisciplinar le siguió otra, esta sí organizada íntegramente por la institución, dedicada en exclusiva a dibujos antifascistas ["Una exposición", *La Vanguardia*, 27 de marzo de 1937: 3].

## Bibliografía

AA. VV., *Comisión Nacional de Agit. Prop. del Partido Comunista de España*, Archivo Histórico del Partido Comunista de España (Biblioteca Histórica de la Universidad Complutense), Carpeta 18, marzo de 1937.

— "Informe de la Comisión Nacional de Agitación y Propaganda del Partido Comunista de España", Archivo Histórico del Partido Co-

munista de España (Biblioteca Histórica de la Universidad Complutense), Carpeta 18, 26 de agosto de 1937.
— "Conferencia provincial de Agit-Prop para constituir el Altavoz del Frente", *Suplemento al informe general de la Comisión Nacional de Agit-Prop del Partido Comunista de España*, Servicio Histórico Militar, Zona Roja, Guerra de Liberación, Leg. 75, Carp. 6, Doc. 1, Rollo 273, 26 de agosto de 1937.
— "Cartas remitidas por el PSOE, el PCE...", Centro Documental de la Memoria Histórica, PS-MADRID, 455, 6.
— *Work and War in Spain*, London, The Press Department of the Spanish Embassy in London, 1938.
— *El teatro durante la Guerra Civil Española,* Madrid, Cuadernos El Público, 15, 1985.
— *José Herrera Petere: vida, compromiso político y literatura*, Sigüenza, Ediciones de Librería Rayuela, 2000.
— *Altavoz del Frente. Agitación cultural y propaganda de la vanguardia, guardia y retaguardia en la 2ª República y Guerra Civil Española (1931-1939)* [cederrón], Valencia, Laboratorio de Creaciones Intermedia (Departamento de Escultura de la Universidad Politécnica de Valencia), 2001.
— *José Herrera Petere. Memoria de una vida (Guadalajara, 1909-Ginebra, 1977)*, Guadalajara, Diputación Provincial de Guadalajara, 2009.
ABELLA, Rafael, *La vida cotidiana durante la Guerra Civil. La España republicana*, Barcelona, Planeta, 1975.
ALBA, Narciso, "Miguel Hernández y Herrera Petere: una amistad desconocida", en José Carlos Rovira, ed., *Miguel Hernández, cincuenta años después*, vol. 2., Alicante/Elche/Orihuela, Comisión del Homenaje a Miguel Hernández, 1993, pp. 823-831.
*Alejandro*, "En el Teatro Principal", *Bandera Roja*, 21 de marzo de 1937, p. 3.
ANÓNIMO, *Juanito y el cerdo. Cuento infantil*, ¿Madrid?, Altavoz del Frente, Sección "Artes Plásticas", s. a.
— *Alitas de plata. Cuento infantil*, Madrid, Altavoz del Frente, Sección "Artes Plásticas", s. a.
— "El Altavoz del Frente. Para los escritores, artistas, profesores, actores, periodistas de la causa popular", *Mundo Obrero* (12 de agosto de 1936), p. 2.

— "El Altavoz del Frente", *ABC*, 14 de agosto de 1936, p. 14.
— "Altavoz del Frente en la 50 Brigada", *50 Brigada*, 26 (28 de agosto de 1937), p. 2.
— "Altavoz del Frente pide obras a los autores antifascistas", *La Voz*, 4 de septiembre de 1936, p. 3.
— "La labor de 'Cultura Popular'", *Milicia Popular. Diario del 5º Regimiento de Milicias Populares*, 45 (16 de septiembre de 1936), p. 2.
— "Cultura Popular", *Milicia Popular. Diario del 5º Regimiento de Milicias Populares*, 51 (23 de septiembre de 1936), p. 5.
— "Advertencias y ofrecimientos. Altavoz del Frente", *La Voz*, 25 de septiembre de 1936, p. 3.
— "El reparto de prensa en los frentes", *Milicia Popular. Diario del 5º Regimiento de Milicias Populares*, 59 (2 de octubre de 1936), p. 6.
— "El Arte y la República. Exposición en el Altavoz del Frente", *La Voz*, 5 de octubre de 1936.
— "Don Pedro Rico ante el Altavoz del Frente", *ABC*, 8 de octubre de 1936, p. 14.
— "La interesante Exposición del Altavoz del Frente", *ABC*, 9 de octubre de 1936, p. 4.
— "Altavoz del Frente. Programa para hoy sábado, a las nueve de la noche", *El Liberal*, 10 de octubre de 1936, p. 6.
— "Conferencia pronunciada desde el 'altavoz del frente' por el comandante-jefe del 5º Regimiento, camarada Enrique Líster, el día 9 de octubre", *Milicia Popular. Diario del 5º Regimiento de Milicias Populares*, 67 (11 de octubre de 1936), p. 1.
— "Nuestra Bandera. La retaguardia y el frente, en línea de victorias", *Altavoz del Frente. Revista para el pueblo en armas*, 1 (14 de octubre de 1936), p. 3.
— "Charlas de *Altavoz del Frente*. 'Pasaremos', por el comandante Líster, del 5º Regimiento", *Altavoz del Frente. Revista para el pueblo en armas*, 1 (14 de octubre de 1936), p. 3.
— "Actividad de *Altavoz del Frente*", *Altavoz del Frente. Revista para el pueblo en armas*, 1 (14 de octubre de 1936), p. 6.
— "La exposición de El Altavoz del Frente", *El Mono Azul*, 8 (15 de octubre de 1936), p. 5.

— "Sección de música", *El Mono Azul*, 8 (15 de octubre de 1936), p. 7.
— "Teatro de guerra, organizado por Altavoz del Frente", *El Sol*, 22 de octubre de 1936, p. 2.
— "Escena y bastidores. En Lara", *El Sol*, 23 de octubre de 1936, p. 3.
— "Altavoz del Frente", *Claridad*, 24 de octubre de 1936, p. 2.
— "Altavoz del Frente", *La Libertad*, 25 de octubre de 1936, p. 5.
— "El Arte y la República. Rendimiento de los artistas jóvenes antifascistas", *La Voz*, 26 de octubre de 1936, p. 6.
— "Altavoz del Frente. Actividad de 'Altavoz del Frente'", *Altavoz del Frente*, 3 (31 de octubre de 1936), p. 11.
— "El Arte y la República", *La Voz*, 1 de noviembre de 1936, p. 2.
— "El Arte y la República. Carteles soviéticos en el 'Altavoz del Frente'", *La Voz*, 2 de noviembre de 1936, p. 3.
— "Actos de propaganda organizados en la pasada semana por la comisión de trabajo social del 5º Regimiento", *Milicia Popular. Diario del 5º Regimiento de Milicias Populares*, 89 (4 de noviembre de 1936), p. 4.
— "El Altavoz del Frente", *La Voz*, 13 de noviembre de 1936, p. 2.
— "Un acto espontáneo de unos niños refugiados causan gran emoción entre los espectadores de un cine", *El Día*, 6336 (14 de diciembre de 1936), p. 2.
— "El Día del Parapeto", *La Voz*, 15 de noviembre de 1936, p. 2.
— "El Día del Parapeto", *La Voz*, 17 de noviembre de 1936, p. 3.
— "Altavoz del Frente. Una magnífica idea y una realización perfecta", *La Voz*, 18 de noviembre de 1936, p. 2.
— "El presidente de la Generalidad invita al gran realizador dramático Erwin Piscator", *Milicia Popular. Diario del 5º Regimiento de Milicias Populares*, 107 (22 de noviembre de 1936), p. 5.
— "El antifascismo y la cultura. Hombres de ciencia en el 5º Regimiento. Emocionante despedida", *Milicia Popular. Diario del 5º Regimiento de Milicias Populares*, 117 (2 de diciembre de 1936), pp. 2-3.
— "Un arma única. Agitación en las filas enemigas", *Milicia Popular. Diario del 5º Regimiento de Milicias Populares*, 120 (5 de diciembre de 1936).

— "Espectáculos", *La Voz*, 17 de diciembre de 1936, p. 2.
— "Altavoz del Frente", *El Pueblo. Diario republicano de izquierdas*, 2 de enero de 1937, p. 2.
— "La Exposición de guerra. Los ministros de Propaganda e Instrucción Pública intervinieron en el acto inaugural de Altavoz del Frente", *El Pueblo. Diario republicano de izquierdas*, 5 de enero de 1937, p. 3.
— "Exposición de guerra de Altavoz del Frente", *Ataque. Editado por la delegación de milicias populares antifascistas*, 9 (8 de enero de 1937).
— "Altavoz del Frente. Actuaciones artísticas en la Exposición de guerra", *El Pueblo. Diario republicano de izquierdas*, 9 de enero de 1937.
— "Bocinas para los frentes", *La voz del combatiente*, 11 (11 de enero de 1937), p. 3.
— "Exposición de documentos del 5º Regimiento", *La voz del combatiente*, 26 (26 de enero de 1937), p. 4.
— "Estampas de los frentes. La propaganda cerca del campo enemigo", *Mundo Gráfico*, 1317 (27 de enero de 1937).
— "Propaganda en las filas enemigas. Charlas desde los frentes, por medio de potentes altavoces", *La voz del combatiente*, 32 (1 de febrero de 1937), p. 3.
— "Altavoz del Frente ha creado una organización de teatro para el pueblo titulado *El Retablo Rojo*", *El Día: diario de información defensor de los intereses de Alicante y su provincia*, 6378 (2 de febrero de 1937), p. 1.
— "Bardasano. El gran artista que recoge en sus carteles la emoción social de la hora de España", *Mundo Gráfico*, 1318 (3 de febrero de 1937).
— "Altavoz del Frente en la lucha", *La voz del combatiente*, 36 (5 de febrero de 1937), p. 2.
— "Representaciones del Guiñol del Comisariado de Propaganda en Aranjuez", *La voz del combatiente*, 42 (11 de febrero de 1937), p. 2.
— "El constante trabajo del 'Altavoz del Frente'", *Federación. Órgano del Partido Democrático Federal*, 8 (14 de febrero de 1937), p. 2.

— “Arte y artistas”, *El Luchador*, 8769 (15 de febrero de 1937), p. 4.
— “Altavoz del Frente. La fiesta de ayer en el Principal”, *El Luchador*, 8775 (22 de febrero de 1937).
— “‘El Retablo Rojo’ de Altavoz del Frente. Hace teatro de guerra en la plaza, en el café, en la calle”, *Frente Rojo. Órgano del Partido Comunista*, 24 de febrero de 1937, p. 3.
— “¡Hoy, todos al teatro de Altavoz del Frente!”, *Bandera Roja*, 25 de febrero de 1937, p. 1.
— “Altavoz del Frente en el Teatro Principal. Sección de Teatro (Cultura Popular de la FCDO)”, *El Día*, 6396 (25 de febrero de 1937).
— “Exposición en la Plaza de Cataluña. Siete meses de guerra”, *La Vanguardia*, 28 de febrero de 1937, p. 4.
— “*Altavoz del Frente*. Alocución del general Miaja a los soldados del campo enemigo”, *La Vanguardia*, 2 de marzo de 1937, pp. 6-7.
— “7 meses de guerra”, *La Vanguardia*, 3 de marzo de 1937, p. 3.
— “El cine. Maneras de fascistizar. Al crítico de *Popular Film* no le gusta el cine soviético”, *Frente Rojo. Órgano del Partido Comunista*, 3 de marzo de 1937, p. 3.
— “Estampa en las trincheras”, *Estampa*, 6 de marzo de 1937, pp. 2-3.
— “Altavoz del Frente Sur. Concurso de novelas de guerra”, *Frente Rojo. Órgano del Partido Comunista*, 9 de marzo de 1937, p. 2.
— “Cine Olympia”, *Frente Rojo. Órgano del Partido Comunista*, 13 de marzo de 1937, p. 5.
— “A todos: ¡salud!”, *Frente Sur: periódico de Altavoz del Frente Sur*, 21 de marzo de 1937, p. 1.
— “Concursos de *Altavoz del Sur*”, *Frente Sur: periódico de Altavoz del Frente Sur*, 21 de marzo de 1937, p. 2.
— “Reunión ministerial. El Gobierno aprueba la nota-respuesta a Inglaterra respecto al control de nuestras cosas”, *La Vanguardia*, 23 de marzo de 1937, p. 8.
— “Programa de las Emisiones de Guerra, de Altavoz del Frente”, *Frente Sur*, 2 (25 de marzo de 1937), p. 3.
— “Notas varias. Una exposición”, *La Vanguardia*, 27 de marzo de 1937, p. 3.
— “Altavoz del Frente. Zona Sur”, *Estampa*, 27 de marzo de 1937, p. 20.

— "La vida en el teatro", *El Día*, 6432 (5 de abril de 1937), p. 1.
— "'Altavoz del Frente', en Almería", *Frente Rojo. Órgano del Partido Comunista*, 6 de abril de 1937, p. 4.
— "Aliança d'Intel-lectuals per a defensa de la cultura", *Nueva Cultura*, 4 (abril 1937), año III.
— "Altavoz del Frente en el Teatro Principal", *Bandera Roja*, 9 de abril de 1937, p. 1.
— "Altavoz del Frente", *El Luchador*, 8818 (13 de abril de 1937), p. 2.
— "Artes y artistas", *El Luchador*, 8819 (14 de abril de 1937), p. 1.
— "Un acto de homenaje a la República", *Bandera Roja*, 15 de abril de 1937, p. 1.
— "Actuaciones de 'Altavoz del Frente'. En el Principal el domingo", *El Día*, 6449 (26 de abril de 1937), p. 1.
— "Actuaciones de 'Altavoz del Frente'", *El Día*, 6450 (27 de abril de 1937), p. 1.
— "Altavoz del Frente. *El carnet del Partido*", *Bandera Roja*, 6 de mayo de 1937, p. 2.
— "La 3ª Exposición de 'Altavoz del Frente'", *El Día*, 6465 (14 de mayo de 1937), p. 1.
— "'Altavoz del Frente' organiza los domingos infantiles", *El Día*, 6465 (14 de mayo de 1937), p. 2.
— "La 3ª Exposición del 'Altavoz del Frente'", *El Día*, 6466 (15 de mayo de 1937), p. 1.
— "En el Teatro Principal", *El Día*, 6470 (20 de mayo de 1937), p. 2.
— "Un nuevo acierto de 'Altavoz del Frente': las funciones infantiles matinales", *El Día*, 6477 (28 de mayo de 1937), p. 2.
— "Secciones infantiles matinales 'Altavoz' y F.E.I.E.P. [UGT]", *El Día*, 6479 (31 de mayo de 1937), p. 2.
— "Los magníficos resultados de la intensa propaganda leal que se realiza en el campo faccioso", *La Vanguardia*, 3 de junio de 1937, p. 7.
— "El gran escritor chileno, Vicente Huidobro, está entre nosotros", *El Día*, 6489 (11 de junio de 1937), p. 1.
— "¡Salud, Extremadura!", *Frente Extremeño. Periódico del Altavoz del Frente de Extremadura*, 1 (20 de junio de 1937).
— "Altavoz del Frente", *Frente Extremeño. Periódico del Altavoz del Frente de Extremadura*, 3 (27 de junio de 1937).

— "Pro Euzkadi. Un concierto", *El Luchador*, 8886 (2 de julio de 1937), p. 1.
— "Agitación en el enemigo", *Frente Extremeño. Periódico del Altavoz del Frente de Extremadura*, 5 (4 de julio de 1937).
— "Servicio de información de Altavoz del Frente. Contribución al restablecimiento de la verdad. Últimas noticias y comentarios", Santander, 14 de agosto de 1937, Centro Documental de la Memoria Histórica, PS-Santander_A,C.177, Exp. 10.
— "Por los escenarios...", *El Pueblo. Diario del Partido Sindicalista*, 24 de agosto de 1937, p. 4.
— "Habla el Altavoz del Frente. Notas y comentarios", Santander, ¿14 de agosto de 1937?, Centro Documental de la Memoria Histórica, PS-Santander_A,C.177, Exp. 10.
— "Un frente de cultura", *Frente Sur: periódico de Altavoz del Frente Sur*, 59 (17 de octubre de 1937).
— "Gran acto de Homenaje a la URSS en su XX Aniversario", *El Luchador*, 8983 (2 de noviembre de 1937), p. 1.
— "Artes y artistas", *El Luchador*, 8986 (5 de noviembre de 1937), p. 4.
— "Altavoz del Frente", *El Luchador*, 9016 (10 de diciembre de 1937), p. 2.
— "Teatro Principal", *El Luchador*, 9017 (11 de diciembre de 1937), p. 2.
— "Notas diversas. A la memoria de Lenin y Liebneckt", *La Vanguardia*, 25 de enero de 1938, p. 9.
— "Tipos de la Ciudad Universitaria", *Labor*, 331 (14 de febrero de 1938), p. 8.
— "Notas de Madrid. Concurso de periódicos murales organizado por *Altavoz del Frente*", *La Vanguardia*, 14 de julio de 1938, p. 4.
— "Editorial", *Altavoz del Frente. Revista para el pueblo en armas*, 1 (29 de septiembre de 1938).
— "Inauguración de una biblioteca pública del Partido Comunista", *La Vanguardia*, 4 de octubre de 1938, p. 4.
— "Espectáculos", *El Liberal*, 28 de octubre de 1938, p. 2.
— "Notas de Madrid. Homenaje a los delegados del Pleno Nacional ampliado de la J.S.U.", *La Vanguardia*, 25 de noviembre de 1938, p. 5.
— "Un festival en el teatro Altavoz del Frente", *El Liberal*, 12 de diciembre de 1938, p. 3.

— "Homenaje a Pérez Galdós", *ABC* (4 de enero de 1939), p. 2.

— "Espectáculos", *El Liberal*, 18 de enero de 1939, p. 2.

ARNOLD, Mario, "Agitación y propaganda antifascista. Qué es *Altavoz del Frente*. Cómo funcionan sus secciones en los campos de lucha y en la retaguardia", *Heraldo de Madrid*, 1 de noviembre de 1936, p. 2.

AYMANY-SERRA, J., "Barcelona. *Siete meses de guerra*", *Mundo Gráfico*, 1330 (28 de abril de 1937).

AZNAR SOLER, Manuel, *Valencia. Capital literaria y cultural de la República (1936-1937)*, Valencia, Universitat de València, 2007.

BALBONTÍN, José Antonio, *La España de mi experiencia. Reminiscencias y esperanzas de un español en el exilio*, introducción de Javier Rubiales, prólogo de Aitor L. Larrabide, Sevilla, Centro de Estudios Andaluces, 2007.

BARRERA LÓPEZ, José María, "Intertextualidad en la poesía de guerra (Hernández, Garfias, Aparicio)", en José Carlos Rovira, ed., *Miguel Hernández, cincuenta años después*, vol. I., Alicante/Elche/Orihuela, Comisión del Homenaje a Miguel Hernández, 1993, vol. II, pp. 857-864.

BELLVERSER, Ricardo, *Teatro en la encrucijada. Vida cotidiana en Valencia 1936-39*, Valencia, Ajuntament de València, 1987.

BLASCO, Ricard, *El teatre al país Valencià durant la Guerra Civil (1936-1939)*, Barcelona, Curial, 1986.

BUÉRNEZ, José, "Al habla con dos poetas del pueblo", *Bandera Roja*, 14 de abril de 1937, p. 3.

CARNÉS, Luisa, "Nueva cultura para el frente y la retaguardia", *Estampa*, 455 (3 de octubre de 1936).

— "Un nuevo arte de guerra en las calles de Valencia", *Estampa*, 479 (27 de marzo de 1937a).

— "Brigadas de ayuda al campo en Valencia", *Estampa*, 493 (3 de julio de 1937b).

CARRASCO, Urbano, "La delegación de Almería del 'Altavoz del Frente Sur'", *Frente Sur: periódico de Altavoz del Frente Sur*, 10 (22 de abril de 1937), p. 2.

CASSOU, Jean de [*s.v.* Juan Cassou], "Carta abierta a Miguel de Unamuno", *Altavoz del Frente*, 2 (octubre de 1936), p. 5.

CASTRO, Álvaro de, "Una interesante exposición del Altavoz del Frente", *Alianza. Semanario de barriada del Radio Chamberí del Partido Comunista*, 3 (18 de octubre de 1936), p. 6.

CHARLÁN, R., "Palabras sobre el campo enemigo", *La voz del combatiente*, 52 (21 de febrero de 1937), p. 1.

COBB, Christopher, *La cultura y el pueblo. España, 1930-1939*, Barcelona, Laia, 1981.

— *César Falcón*, Lima, Hora del Hombre, 1985.

*Coves*, "Un gran literato chileno visita España", *Estampa*, 493 (3 de julio de 1937).

DALLA RIAZA, Maria, "Comandante Carlos y Miguel Hernández: la poética del fusil", *Anthropos*, 220 (2008), pp. 168- 175.

DENNIS, Nigel y Emilio Peral Vega, eds., *Teatro de la Guerra Civil: el bando republicano*, Madrid, Fundamentos, 2009.

— eds., *Teatro de la Guerra Civil: el bando nacional*, Madrid, Fundamentos, 2010.

DÍAZ RAMOS, José, *Tres años de lucha*, Paris, Éditions de la Librairie du Globe, 1970.

ESTEBAN, José, "Primera aproximación a César Falcón", en José Esteban y Gonzalo Santonja, eds., *La novela social 1928-1939*, Madrid, La Idea, 1987, pp. 103-122.

FALCÓN, César, "El teatro proletario en Asturias", *La Lucha*, 19 (30 de enero de 1934).

— "Nada puede estar fuera de la autoridad del Gobierno", *Altavoz del Frente. Revista para el pueblo en armas*, 1 (14 de octubre de 1936), p. 3.

— "Vibrante alocución. El camarada César Falcón se dirige a todos los proletarios del mundo", *Julio*, 91 (4 de noviembre de 1936), p. 1.

FALCÓN, Irene, "El Día Internacional de la Mujer y el homenaje de la URSS", *Frente Rojo*, 10 de marzo de 1937.

FALCÓN, Jorge, *César Falcón. Exaltación y antología*, Lima, Hora del Hombre, 1971.

FERNÁNDEZ Soria, J. M., *Educación y cultura en la Guerra Civil. 1936-1939*, Valencia, Nau Llibres, 1984.

FERRIS, José Luis, *Miguel Hernández. Pasiones, cárcel y muerte de un poeta*, Madrid, Ediciones Temas de Hoy, 2002.

GÁLVEZ YAGÜE, Jesús, "Miguel Hernández y José Herrera Petere: un camino en común", *El Eco Hernandiano*, 8 (2005), pp. 4-12.

— "José Herrera Petere y Miguel Hernández: amistad y compromiso en la guerra", *Anthropos*, 220 (2008), pp. 176-189.

GARCÍA, M., "Ellos y nosotros", *El Combatiente. Portavoz de la 42 Brigada Mixta*, 12 (8 de octubre de 1937), p. 2.

GARCÍA SÁNCHEZ, J., "Las Milicias de la Cultura", *Frente Sur: periódico de Altavoz del Frente Sur*, 58 (14 de octubre de 1937).

*Gómez*, "Tareas de los comisarios. La propaganda en las filas del enemigo", *La voz del combatiente*, 6 (6 de enero de 1937), p. 4.

GÓMEZ DÍAZ, Luis Miguel, *Teatro para una guerra (1936-1939): textos y documentos*, Madrid, Centro de Documentación Teatral, 2006.

J. G. O., "Rosales. *La chinche*", *Heraldo de Madrid*, 14 de marzo de 1936, p. 8.

HERNÁNDEZ, Miguel, "Carta abierta a Valentín González, *El Campesino*", *Al Ataque*, 27 de febrero de 1937a.

— "La rendición de la Cabeza", *Frente Sur: periódico de Altavoz del Frente Sur*, 6 de mayo de 1937b.

— "Los traidores del santuario de la Cabeza", *Frente Sur: periódico de Altavoz del Frente Sur*, 13 de mayo de 1937c.

— "Campesino de España", *Frente Extremeño. Periódico del Altavoz del Frente de Extremadura*, 2 (24 de junio de 1937d).

— *Obras completas. III. Correspondencia*, eds. Agustín Sánchez Vidal y José Carlos Rovira, Madrid, Espasa Calpe, 1992.

— *Crónicas de la Guerra de España*, Barcelona, Fundación Domingo Malagón/Flor de Viento, 2005.

HERNÁNDEZ-GIRBAL, F., "El cine, arma de la defensa de Madrid", *Estampa*, 470 (23 de enero de 1937).

HERRERA Petere, José, *Obras completas. Epistolario*, ed. Jesús Gálvez Yagüe, Guadalajara, Junta de Comunidades de Castilla-La Mancha/Diputación Provincial de Guadalajara, 2008.

HINOJOSA DURÁN, José, *Miguel Hernández y los combatientes republicanos en Extremadura durante la Guerra Civil, vol. I de Frente extremeño. Periódico del Frente de Extremadura en la Guerra Civil española (Castuera, junio-julio de 1937)*, Badajoz, Diputación de Badajoz, 2010.

Iglesias Rodríguez, Gema, *La propaganda política durante la Guerra Civil española: la España republicana*, Madrid, Universidad Complutense de Madrid [tesis doctoral], 2005, disponible en <http://site.ebrary.com/lib/universidadcomplutense/docDetail.action?docID=10086591&p00=10086591>.

*Jotagea*, "Tareas anónimas de la retaguardia. Nuevas armas de guerra: *Altavoz del Frente*", *Alianza. Órgano del Sector Oeste del Partido Comunista de España*, 25 (6 de abril de 1937), p. 4.

Lamata, Fausto, "Altavoz del Frente inaugura en Valencia una interesante Exposición de guerra. Dibujos, carteles, objetos de guerra recogidos en los campos de batalla...", *Mundo Gráfico*, 1316 (20 de enero de 1937).

Larrabide, Aitor L., Pilar Sánchez y Trini Ruiz, "Prensa histórica: *Frente Extremeño*", *El eco hernandiano*, 18 (noviembre de 2005).

— "Textos inéditos de José Herrera Petere sobre Miguel Hernández. Dos amigos frente a sus centenarios", *Monteagudo. Revista de literatura española, hispanoamericana y teoría de la literatura*, 15 (2010), pp. 73-82.

León, María Teresa, "Los intelectuales en la Guerra Civil. A las mujeres españolas", *La Voz*, 17 de noviembre de 1936.

López, Josefina, "Carta recabando noticias de un soldado", 29 de febrero de 1938, Centro Documental de la Memoria Histórica, PS-MADRID, 9,1.

Marrast, Robert, *El teatre durant la Guerra Civil española. Assaig d'història i documents*, Barcelona, Institut del Teatre/Editions 62, 1978.

Martín, Eutimio, *El oficio de poeta. Miguel Hernández*, Madrid, Aguilar, 2010a.

— *La dimensión político-literaria del periódico republicano «Frente Extremeño»*, en *Frente extremeño. Periódico del Frente de Extremadura en la Guerra Civil española (Castuera, junio-julio de 1937)*, Badajoz, Diputación de Badajoz, 2010b.

Martín Gijón, Mario, *Una poesía de la presencia: José Herrera Petere en el surrealismo, la guerra y el destierro*, Valencia, Pretextos, 2009.

— *Entre la fantasía y el compromiso. La obra narrativa y dramática de José Herrera Petere*, Sevilla, Renacimiento, Biblioteca del Exilio, 2010.

Martín, Francisco, "Política escolar. El balance cultural de 1937 acusa considerables avances. La obra grandiosa del camarada Jesús Hernández", *Frente Sur: periódico de Altavoz del Frente Sur*, 81 (6 de enero de 1938), p. 5.

Martín-Salso, "Somos el Ejército de la cultura", *La voz del combatiente*, 82 (23 de marzo de 1937).

Martínez Riaza, Ascensión, *¡Por la República!: la apuesta política y cultural del peruano César Falcón en España, 1919-1939*, Lima, IEP, 2004.

Mc Carthy, Jim, "Theatrical activities during the Spanish Civil War, 1936-1939", en María M. Delgado y David T. Gies, eds., *A History of Theatre in Spain,* Cambridge, Cambridge University Press, 2012, pp. 310-332

Meldenson, Jordana, "Los laboratorios de la propaganda: artistas y revistas durante la Guerra Civil española", en *Revistas y guerra. 1936-1939*, Madrid, Museo Nacional Centro de Arte Reina Sofía, Catálogo de la Exposición, 2007.

M. P., "En el Cinema Capitol. El Ministerio de Instrucción Pública, por medio de su Comisión de Propaganda Cultural, abre nuevos cauces a la cultura del pueblo", *Altavoz del Frente*, 2 (octubre 1936), p. 3.

Nelken, Margarita, "Juanita Cáceres, la actriz consciente", *Estampa*, 480 (3 de abril de 1937).

*Neska*, "El teatro infantil *Titiribí*. Nuestros niños serán felices", *La Hora. Diario de la juventud*, 10 de agosto de 1937, p. 10.

Nistal, [Miguel], "Nuestro Puyol", *Frente Rojo. Órgano del Partido Comunista*, 10 de abril de 1937, p. 3.

Novas Calvo, Lino, "Nuestra ofensiva en el centro. Cuatro pueblos manchegos", *Estampa*, 496 (31 de julio de 1937).

Otero Seco, Antonio, "Carteles de propaganda. El arte al servicio del pueblo", *Mundo Gráfico*, 1300 (30 de septiembre de 1936a).

— "Madrid, erizado de gritos de color. El talles de Artes Plásticas de la Liga de Intelectuales Antifascistas", *Mundo Gráfico*, 1301 (7 de octubre de 1936b).

— "¡Aquí, Madrid, Altavoz del Frente! Radio, cine, pintura, teatro, música, al servicio del pueblo en armas", *Mundo Gráfico*, 1303 (21 de octubre de 1936c).

PACHECO, Isaac, "Teatro de guerra. El Altavoz del Frente inaugura sus funciones", *Claridad*, 23 de octubre de 1936, p. 5.

PECELLÍN LANCHARO, Manuel y Francisco Muñoz Ramírez, "Miguel Hernández y el Frente Extremeño. Presencia del poeta en Extremadura", en José Carlos Rovira, ed., *Miguel Hernández, cincuenta años después*, vol. I., Alicante/Elche/Orihuela, Comisión del Homenaje a Miguel Hernández, 1993, pp. 325-328.

PERAL VEGA, Emilio, ed., Jacinto Grau, *El señor de Pigmalión*, Madrid, Biblioteca Nueva, 2009.

— "Jacinto Grau: exilios de una y otra orilla", en Antonio Fernández Insuela *et alli*, eds., *Setenta años después. El exilio literario español de 1939*, Oviedo, Universidad de Oviedo, 2010, pp. 471-481.

— "*Altavoz del Frente*: una experiencia multidisciplinar durante la Guerra Civil española", *Hispanic Research Journal* (Queen Mary University of London), 13/3 (2012), pp. 234-249.

PUENTE, José Vicente, "Los niños en el teatro. Hacia un teatro infantil de guerra", *Vértice*, 2 de mayo de 1937.

PUYOL, Ramón, "El arte en la guerra", *Altavoz del Frente*, 2 (1936).

QUÍLEZ VICENTE, José, "La obra realizada por Carlos Esplá al frente del Ministerio de Propaganda. Cómo el primer ministro de Propaganda de la República creo un Ministerio de Propaganda", *Crónica*, 394 (30 de mayo de 1937).

RESA, Ramón, "Nueve meses de sitio en el Santuario de Santa María de la Cabeza", *Hoja oficial del lunes* (La Coruña), 12 (10 de mayo de 1937), p. 3.

*RMG*, "El Altavoz del Frente y la considerable labor de propaganda que está realizando", *Crónica*, 364 (18 de octubre de 1936a), p. 10.

— "La Alianza de Intelectuales Antifascistas para la Defensa de la Cultura", *Crónica*, 364 (1 de noviembre de 1936b).

RODRÍGUEZ, Carlos, "Altavoz del frente, una de las armas más eficaces de que dispone el pueblo para labrar su independencia", *Heraldo de Madrid*, 3 de febrero de 1937, pp. 2 y 4.

ROMERO CUESTA, José, "Cómo realizan su labor de agitación los artistas de Altavoz del Frente", *Crónica*, 380 (21 de febrero e 1937).

*SAM*, "Informaciones y noticias teatrales. Inauguración del Teatro de la Guerra", *ABC* (23 de octubre de 1936e), p. 14.

Sánchez Vidal, A., *Miguel Hernández, desamordazado y regresado*, Barcelona, Planeta, 1992.

Santonja, Gonzalo, *Los signos de la noche. De la guerra al exilio. Historia peregrina del libro republicano entre España y México*, Madrid, Castalia, 2003.

Santos, Rafael, "Breu conversa amb el pintor Francisco Mateos", *Mirador: setmanari de literatura, art i política*, 411 (12 de marzo de 1937), p. 10.

Sanz Villanueva, Santos, "Clemente Cimorra: la pasión española y la condición humana", en Julio Escribano, Jerónimo Herrera, Javier Huerta Calvo, Emilio Peral Vega y Héctor Urzáiz, eds., *Paso honroso. Homenaje al profesor Amancio Labandeira*, Madrid, Fundación Universitaria Española, 2010, pp. 339-384.

Sarto, Juan del, "Al margen de la guerra. Un nuevo régimen para los espectáculos públicos", *Crónica*, 379 (14 de febrero de 1937).

Serena, Antonio de la, "Los museos de la revolución. Moscú en octubre de 1917 y julio de 1936, temas de arte", *Mundo Gráfico*, 1309 (2 de diciembre de 1936).

Soler, Carmen, *Buceando en mis recuerdos*, Guadalajara, Aache, 2005.

Trapiello, Andrés, *Las armas y las letras. Literatura y Guerra Civil (1936-1939)*, Barcelona, Destino, 2011.

Urrutia, Jorge, ed., *Poesía de la Guerra Civil española. Antología (1936-1939)*, Sevilla, Fundación José Manuel Lara/Vandalia Senior, 2006.

Urrutia, Leopoldo, "Aspectos de la ciudad. El kiosco de Altavoz", *Bandera Roja*, 21 de abril de 1937, p. 1.

— "Aspectos de la ciudad. El kiosko de Altavoz", *Bandera Roja*, 5 de mayo de 1937, p. 3.

Valenzuela, Cristóbal, *Por el exterminio del fascismo*, Jaén, Ediciones Altavoz del Frente Sur, 1938.

Vidal Corella, Vicente, "El arte y la guerra. Magnífica labor que realiza en Valencia la Alianza de Intelectuales para la Defensa de la Cultura", *Crónica*, 370 (13 de diciembre de 1936).

*Yes*, "Altavoz del Frente. Concurso del dibujo antifascista", *Elche Rojo. Semanario Comunista defensor de las masas obreras y campesinas*, 55 (1 de mayo de 1938).

# ¡AQUI, MADRID, ALTAVOZ DEL FRENTE!

**Radio, cine, pintura, teatro, música, al servicio del pueblo en armas**

El grupo teatral del Altavoz del Frente, con su director Manuel González

Ilustración 1. Reportaje sobre Altavoz del Frente publicado en *Mundo Gráfico*, 1303 (21 de octubre de 1936). Hemeroteca Digital de la Biblioteca Nacional de España.

Ilustración 2. Exposición de carteles bélicos celebrada en la Plaza Mayor de Madrid. *Mundo Gráfico*, 1300 (30 de septiembre de 1936). Hemeroteca Digital de la Biblioteca Nacional de España.

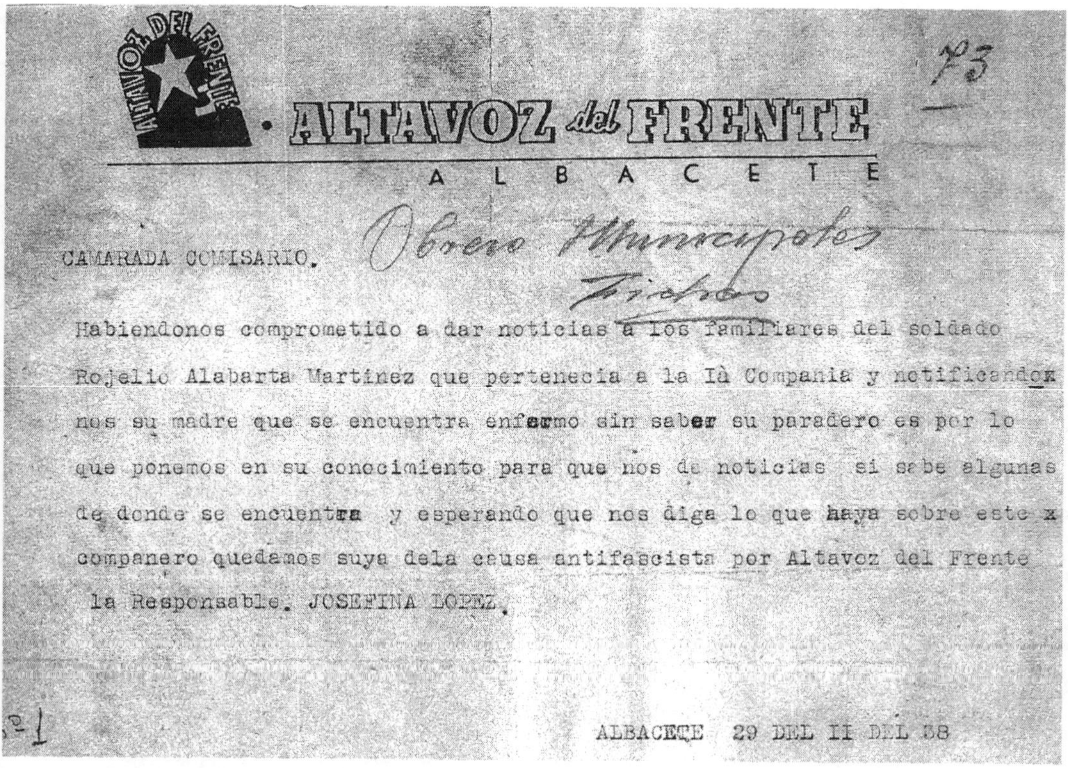

ALTAVOZ del FRENTE
A L B A C E T E

CAMARADA COMISARIO.

Habiendonos comprometido a dar noticias a los familiares del soldado Rojelio Alabarta Martinez que pertenecia a la 1à Compania y notificando-nos su madre que se encuentra enfermo sin saber su paradero es por lo que ponemos en su conocimiento para que nos de noticias si sabe algunas de donde se encuentra y esperando que nos diga lo que haya sobre este companero quedamos suya dela causa antifascista por Altavoz del Frente

la Responsable. JOSEFINA LOPEZ.

ALBACETE 29 DEL II DEL 38

Ilustración 3. Documento oficial que prueba la existencia de una sección de Altavoz del Frente en Albacete. Centro Documental de la Memoria Histórica. Signatura: PS-Madrid 455/6.

Ilustración 4. Camión utilizado por Altavoz del Frente para emitir propaganda sobre el bando enemigo, <http://www.upv.es/intermedia/pages/laboratori/publica cions_produccions/2001_altaveu_del_front/produccions_republica_e.htm>.

Estampa

# ALTAVOZ del FRENTE

NUEVA CULTURA PARA EL FRENTE Y LA RETAGUARDIA

Ilustración 5. Artículo de Luisa Carnés para la revista *Estampa*, 455 (3 de octubre de 1936). Hemeroteca Digital de la Biblioteca Nacional de España.

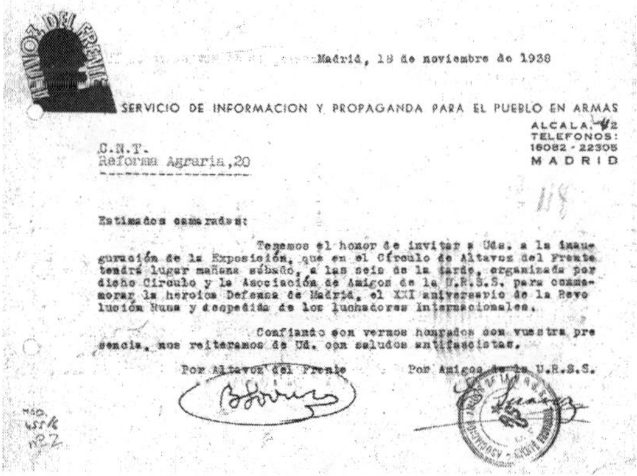


Madrid, 18 de noviembre de 1938

SERVICIO DE INFORMACION Y PROPAGANDA PARA EL PUEBLO EN ARMAS

ALCALA, 42
TELEFONOS:
16082 - 22305
MADRID

C.N.T.
Reforma Agraria,20

Estimados camaradas:

Tenemos el honor de invitar a Uds. a la inauguración de la Exposición, que en el Círculo de Altavoz del Frente tendrá lugar mañana sábado, a las seis de la tarde, organizada por dicho Círculo y la Asociación de Amigos de la U.R.S.S. para conmemorar la heroica Defensa de Madrid, el XXI aniversario de la Revolución Rusa y despedida de los luchadores Internacionales.

Confiando con vernos honrados con vuestra presencia, nos reiteramos de Ud. con saludos antifascistas.

Por Altavoz del Frente — Por Amigos de la U.R.S.S.

Ilustración 6. Invitación oficial a la exposición desarrollada en el Círculo de Altavoz del Frente. Centro Documental de la Memoria Histórica. Signatura: PS-Madrid 455/6, nº 2.

Ilustración 5. Exposición de objetos de guerra organizada por Altavoz del Frente. *Mundo Gráfico*, 1316 (20 de enero de 1937). Hemeroteca Digital de la Biblioteca Nacional de España.

Ilustración 10. Coro de Altavoz del Frente. Revista *Crónica* (1 de noviembre de 1936). Hemeroteca Digital de la Biblioteca Nacional de España.

Ilustración 9. Cartel propagandístico de Altavoz del Frente Sur. Centro Documental de la Memoria Histórica. Signatura PS-Carteles, 6.

Estampa

Calles y plazas valencianas se animan todos los días con el entusiasmo de estos muchachos del 'Retablo Rojo.

# Un nuevo arte de guerra en las calles de Valencia

A través de su voz llega a la plaza pública todo el horror de las poblaciones invadidas por el fascismo.

AQUÍ ESTÁ EL RETABLO, NACIDO DEL PUEBLO

A la moderna plaza de Castelar, de Valencia, han llegado los cinco muchachos que componen el grupo del Retablo Rojo de Altavoz del Frente. En el centro de la plaza moderna han desplegado su encarnado banderín, y han comenzado a actuar. Vibran las voces juveniles en el ambiente.

—Aquí está el Retablo—nacido del pueblo—. Es para vosotros, porque todo es vuestro...

Ellas llevan unas amplias faldas plegadas, de color claro. Blusas de negra pana, sobre las que cae un pañuelo rojo. Les ciñen el busto. Ellos, amplia blusa clara y obscuro pantalón.

Han comenzado a actuar. Interpretan un poema: *Lamento de los campos de España*, y al hablar ellos recorre la ancha plaza levantina un escalofrío de la tragedia de los campos españoles, empapados por sangre trabajadora. Se lamentan, a través de sus versos, a través de sus palabras emocionadas, los ríos castellanos ensangrentados, los olivares andaluces humillados por las pezuñas marroquíes, los gritos de espanto de las mocitas forzadas por los aventureros del Tercio y los señoritos borrachos de Andalucía.

El público se emociona. Un viejo se limpia los ojos con un pañuelo blanco. Una mujer enjuga una lágrima con un dedo. Los chicos se enternecen.

EN EL CAFÉ

Luego los artistas del Retablo Rojo llegan a un café. Y las estrofas de la gran tragedia española vuelven a apagar los gritos, las voces del café. El público se estaciona en la calle, ante las ventanas del local. Incluso irrumpe en él.

Después de una breve sesión, los artistas del Retablo Rojo de Valencia pasan a otro café. Y luego a otro.

En la calle. En los locales públicos, estos muchachos, llenos de un espíritu profundamente antifascista, levantan aún más el espíritu de nuestra retaguardia, preparada para toda contingencia; despiertan a los durmientes: "El frente de Valencia está a dos kilómetros de Valencia; está a pocas millas del puerto. ¡Alerta, pueblo valenciano!"

Cada poema, cada diálogo, cada escena interpretada por estos muchachos es una consigna antifascista. Por eso, su labor es la retaguardia, es una auténtica labor de guerra. Y es, al propio tiempo, una escuela nueva de actores teatrales, que se forma en la calle, al calor del pueblo, y de la que saldrá un nuevo plantel de artistas, indiscutiblemente nuevos también.

"NUESTROS MAYORES ÉXITOS LOS CONQUISTAMOS ENTRE LAS MASAS POPULARES"

Me entrevisto con el camarada Francisco Martínez Allende, director del Retablo Rojo de Altavoz del Frente. Martínez Allende fué el fundador de otro teatro popular en Madrid: La Tribuna. Durante los meses de guerra pasados llevó su

Ilustraciones 10 y 11. Actuación de *Retablo Rojo* en Valencia. Revista *Estampa*, 479 (27 de marzo de 1937). Hemeroteca Digital de la Biblioteca Nacional de España.

Ilustración 12. Fachada del Teatro Lara de Madrid, reconvertido en la sede central de Altavoz del Frente. Hemeroteca Digital de la Biblioteca Nacional de España.

Ilustración 13. Miguel Hernández y José Herrera Petere en la terraza de la sede de Altavoz del Frente en Jaén. Archivo personal de Emilio Herrera.

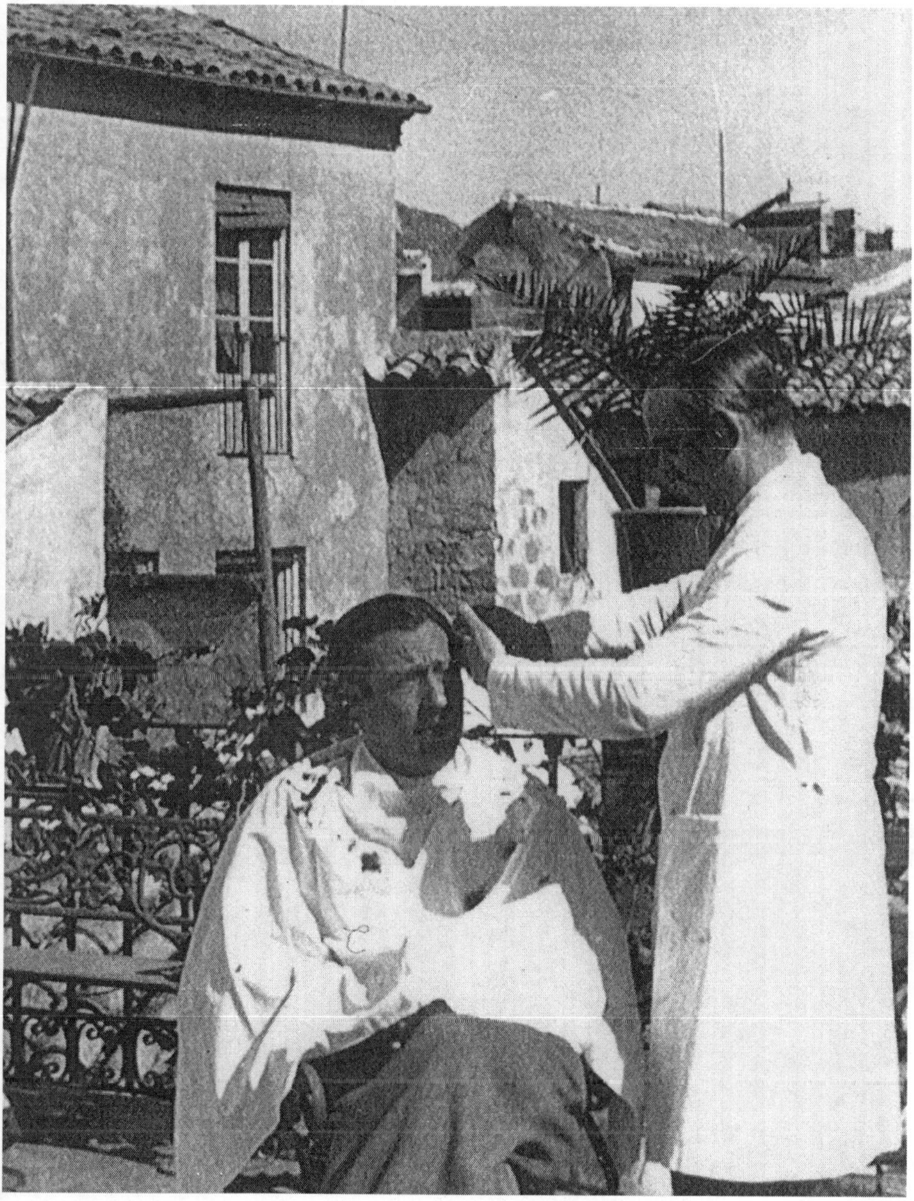

Ilustración 14. Actuación de *Retablo Rojo* en las calles de Valencia. Centro de Documentación Teatral.

# La Barraca: tocata y fuga de un teatro para el pueblo

«La Barraca no vaciló un momento en cambiar comodidades y fáciles éxitos de la retaguardia por las molestias y sinsabores del frente. [...] De esta manera, haciendo cultura, haciendo 'teatro', es como vengamos los estudiantes el vil asesinato de nuestro entrañable director»

["La Barraca. Teatro Universitario de guerra", *Boletín FUE*, 1 de julio de 1937]

## Entre la espada y la pared

Todo lo que rodea, activa o pasivamente, a Federico García Lorca, ha generado una bibliografía que ya resulta apabullante. Sin embargo, un enorme vacío afecta al período de La Barraca que se prolonga desde el abandono de Federico García Lorca como director hasta el final definitivo del proyecto a finales de 1937, cuando la guerra estaba ya más que perdida. Pero eso no significa en ningún sentido un baile anodino, sino, como verán, apasionante, aun cuando arrítmico, por idas y venidas, encuentros y desencuentros en unos años que poco tuvieron para el deleite del teatro.

A finales del año 1935, Federico acumula un ritmo creativo insoportable hasta para su incansable hiperactividad. En apenas unos meses, en concreto los que van desde marzo hasta diciembre del citado año, dirige *La zapatera prodigiosa* que interpreta Lola Membrives en el Teatro Coliseum de Madrid (18 de marzo); monta *El retablillo de don Cristóbal* para la Feria del Libro de la capital, en una puesta en escena del guiñol La Tarumba en la que el propio poeta manejó los títeres; en junio da por concluida *Doña Rosita la soltera o el lenguaje de las flores*, con cuya lectura ameniza a sus amigos más cercanos en la casa de Carlos Morla Lynch; a mediados de ese mismo mes, participa con Jorge Guillén y Miguel Hernández, entre otros, en el homenaje a Pablo Neruda; se enrola, ya sin muchas fuerzas, en la gira de verano que lleva a La Barraca a Santander para el estreno de *El caballero de Olmedo*; a finales de agosto regresa a Madrid con motivo del estreno de *La dama boba*, cuyo arreglo había comandado el propio Federico para el lucimiento de su íntima amiga Margarita Xirgu; en septiembre y octubre se suceden los viajes a Barcelona para preparar el estreno, también con la Xirgu como cabeza de cartel, de *Doña Rosita la soltera*. Como puede observase, resultaba cuanto menos difícil sobrellevar una carga como la descrita. Puesto en la disyuntiva de elegir entre su propia proyección y la causa entusiasta que, bajo los acordes de la recién nacida República, un día ya lejano se decidiera a comandar, obviamente optó por el primero de los caminos. En ningún caso, ello debe empañar ni en lo más mínimo un proyecto al que dedicó, con entrega incondicional, años fundamentales de su formación –no en vano, todavía en septiembre de 1934, recordaba cómo su trabajo en La Barraca había sido decisivo para sentirse, a esas alturas, «un verdadero director» [Chabás, "Vacaciones", *Luz*, 3 de septiembre de 1934: 3]– y de su vinculación literaria, social y política. No creo, en consecuencia, que sea pertinente, a falta de datos fidedignos, especular sobre el posible distanciamiento con Eduardo Ugarte como motivo de su abandono, y sí, por el contrario, dar carta de naturaleza a los testimonios que apartan a este último de La Barraca como consecuencia de una afección ocular que amenazaba con privarle de la vista. Desde luego, no debieron ayudar mucho las reducciones presupuestarias propiciadas por la llegada al poder de la CEDA en 1934[1] –subsanadas, en parte, y volvemos al ámbito de la leyenda, por la intervención de Primo de Rivera, gracias a quien, parece (Francisco García Lorca *dixit*), «la subvención pudo ser salvada» en su condición de «ferviente admirador de Federico [...], con quien trató de ponerse varias veces en contacto, a través de amigos comunes, sin que Federico accediese»[2]–; ni tampoco las continuas injurias que, contra el grupo universitario y su estandarte, seguían siendo lanzadas desde la prensa más retrógrada del país. Así sucede, a lo largo de todo 1935, con *Gracia y Justicia. Órgano extremista del humorismo popular*, publicación que ya había hecho

1. Se pasó de las 100.000 pesetas asignadas en 1932 a 50.000, tal y como se señala, no con poca ironía, en el artículo "Vamos con las diez de últimas saturadas de cultura", publicado en la inmisericorde –como se verá en apenas unas líneas– *Gracia y Justicia*...: «[...] y hasta la célebre Barraca, que consume 50.000 pesetas, cuando en cualquier verbena, por ese precio, se compra un centenar» [184 (junio 1935): 3].
2. De la afición de José Antonio Primo de Rivera al teatro nos habla Bolarque, en un artículo titulado "José Antonio y la verdad de *Cara al sol*", publicado en *Y. Revista de la mujer nacional sindicalista*: «José Antonio era buen actor y hacía los papeles de galán en un teatro de salón» [10 (noviembre 1938): 26]. Sobre la admiración de José Antonio por Federico mucho se ha escrito y no es éste lugar para desarrollar los términos, siempre confusos, de una relación que no sabemos hasta qué punto se produjo. Para alimentar aún más el fuego, se habló de Primo de Rivera como fundador de la FUE. A ello se refiere, indignado, Ramón Serrano Súñer, en un número que *Y. Revista de la mujer nacional sindicalista* dedicó a su figura, al hablar de su etapa como estudiantes de Derecho: «Alguna vez me han dicho, gentes viles de aquellas mismas que abrieron la puerta al cisma, que José Antonio fue el fundador de la FUE. Es una cosa que no oigo con paciencia. Soy poco belicoso, pero alguna vez, por esa acusación, me he pegado, literalmente. A José Antonio y a mí nos ha cabido el orgullo y la satisfacción de haber impedido durante tres años que la Asociación oficial se desviase y que la FUE viniese a suplantarla. Durante tres años los estudiantes fueron –por nosotros– estudiantes, y sólo al año de salir nosotros, entró la FUE en la Universidad, con toda su virulencia y todo su encono. José Antonio no fundó la FUE, por el contrario, a José Antonio le cabe la gloria, una de sus mejores glorias, de haber recuperado para España, con la Falange, a muchos de aquellos espíritus desviados por una reacción excesiva, frente a la acción política de los que luego seguirían atacándole a él» ["José Antonio: estudiante, enamorado y parlamentario...", 10 (noviembre de 1938): 23].

alarde de su «atroz humorismo» unos años atrás –en 1932, para ser exactos– al llamar a don Federico –y el don se lo pongo yo– García «Loca». En su número 168, fechado el 9 de marzo de 1935, un innominado cronista publica el injurioso artículo "La figura de la semana. Don Joaquín Dualde", esto es, el recién nombrado ministro de Instrucción Pública. Hace el plumilla recuento de aquellos que le precedieron durante el período republicano en el cargo, con afirmaciones tan sustanciosas, en este caso referidas a Fernando de los Ríos, como las que siguen: «A otro le vino en ganas aquella broma de *La Barraca*, para que se paseara por el mundo ese travesuelo de García Lorca, que le pusieron el dedo en la llaga, acertándole con sus aficiones nómadas de influencia cañí» [14]. Más allá del grado de injusticia y vejación verbales, y del dolor que, a buen seguro, produjo en Lorca ver despachada su dedicación en términos como «broma», *Gracia y Justicia...* constituye una fuente de información que, en su estulticia trasnochada, creo que aún no ha sido del todo explorada por la crítica lorquiana. Para empezar, porque gracias a sus anónimos cronistas sabemos de la intención del poeta granadino de abandonar La Barraca bastantes meses antes de que lo hiciera de forma efectiva; ya en su número 173, del 13 de abril de 1935, se apunta que «tenía el propósito de salir de La Barraca», pero «se ha decidido a continuar en ella en vista de que las cosas han cambiado, puesto que espera de un momento a otro que vuelvan los suyos con don Fernando de los Ríos a la cabeza, a la cabeza de Azaña, que no es grano de anís» [14]; por sus páginas sabemos también, aun cuando sea leyendo entre líneas, de la inquina que despertaban Lorca y su círculo más próximo: «Cipriano Rivas Cacho organiza, acompañado del habitante de La Barraca, don Rafael García Lorca, antes Federico, la próxima compañía educadora a través de los pueblos de España». Parece evidente la artera sustitución del segundo apellido del director teatral, ya no Cherif sino «cacho», en alusión al buen pedazo de emolumentos que obtenía por este y otros menesteres –algunos de ellos apuntados en el artículo, tal el caso de la composición de los discursos para Manuel Azaña–. Más sutil, sin duda, la referida a Federico, convertido por obra y gracia del quintacolumnista en «Rafael». Se trata –creo que no se le oculta a nadie– de una alusión malévola a la bien conocida, en el Madrid de entonces, amistad íntima entre Rafael Rodríguez Rapún, secretario de La Barraca, y el poeta.

De la, a buen seguro, muy difícil decisión de Federico y su adhesión «sentimental» al grupo habla a las claras una información que el periodista del diario *Mirador. Seminari de literatura, art i política* Ernest Guasp realiza con ocasión del estreno de *Doña Rosita*... en Barcelona, aparecida el 12 de diciembre de 1935. En la lectura previa que de la obra realizara en el Teatre Stadium, «García Lorca va presentar-se amb l'uniforme de la formació teatral de la Barraca, que és una senzilla gravota blava. En un farcell, però, portava, acuradament plegat, el vestit que en diríem de paisá, per a després d'oficiar» ["Avui, al Principal. *Doña Rosita*, de García Lorca": 5]. Y es que, como bien indica Carmen Antón –también barraca ella– en sus memorias, tituladas *Visto al pasar. República, guerra y exilio* (2002), «lo mejor, y lo que le hizo muy feliz a Federico, fueron las salidas por los pueblos», de ahí que cuando resultó imposible compaginarlas abandonara el proyecto.

## Un rebaño sin guía

Con una formación teatral descabezada –Federico, por decisión propia; Ugarte, por problemas graves de salud; Rapún, desilusionado, a punto de emprender también la fuga– se hacía necesaria una renovación en los cargos, extremo que se produjo en otoño de 1935. El por entonces secretario de Extensión Universitaria de la UFEH (Unión Federal de Estudiantes Hispanos), Aniceto Fernández Armayor, a la sazón responsable oficial de La Barraca, nombra a Antonio Román [Coira, 2004] nuevo director del grupo, más por la amistad personal que le unía a él –infancia compartida en el balneario leonés de Boñar y tertulia común en La Mezquita– que por preparación específica para el cargo, puesto que Román no tenía ninguna experiencia teatral previa y se decantaba, ya entonces, por la rama cinematográfica. Así lo cuenta Luis Sáenz de la Calzada:

> Federico, buscando otro norte y guía para su actividad, eligió, como era natural y legítimo, su propia obra; un nuevo director administrativo, Anto-

> nio Román, ocupó en parte su sitio y en parte el de Rapún, que había dejado de ser secretario de nuestro teatro en una borrascosa sesión de la UFEH celebrada en diciembre (creo) del 35. Con Antonio Román hubo nuevas gentes que entraron en el ámbito de La Barraca y que, justo es decirlo, transformaron, aunque no en sentido peyorativo, su prístina esencia [1976: 21].

Pocos son los datos que tenemos sobre la labor exacta que desempeñó Román. Pese a las palabras integradoras de Sáenz de la Calzada, cuyo testimonio hay que considerar siempre con cautela, no debió de recibirse al nuevo equipo con los brazos abiertos; se habló, no en vano, de la «invasión de los gallegos» [Auclair, 1967], en referencia al origen del nuevo director. Algo perfilamos su función si atendemos al recuerdo de María del Carmen García Lasgoity, la destacada actriz de La Barraca, para quien los aspectos directivos fueron asumidos, *de facto*, por «Alfonso Sánchez, crítico cinematográfico» [AA. VV., 1999], declaraciones que situarían a Román más en un perfil gestor que puramente artístico, y que, en cualquier caso, ratifican, por una y otra parte, y siempre según la actriz, una decantación por «el séptimo arte». Dicho de manera más simple, Román «no modificó ni una línea, por así decirlo, de lo que Federico había hecho, no añadió nada a su repertorio y respetó la vieja forma» [Sáenz de la Calzada, 1976: 22]. Y, aunque, continuando con Sáenz de la Calzada, parece ser que Román les acompañó en alguna salida, en concreto en la de Ciudad Real, lo cierto es que para el periplo barcelonés del grupo la dirección pudo haber sido asumida por Nazario Cuartero [1976: 22], nombre irrelevante si no fuera porque, algunos meses después, se daba noticia de su muerte, luchando en el frente de la Sierra, entre las páginas del diario *La Voz*; amén de ensalzar su bravura en el combate, es presentado como «secretario general de la Unión Federal de Estudiantes Hispanos» ["Ha muerto Nazario Cuartero" *La Voz*, 12 de noviembre de 1936: 3], condición que nos habla, es evidente, de un intervencionismo directo de la UFEH en el nuevo rumbo de la formación, y ya no sólo en la designación del nuevo equipo directivo sino en la alternancia de algunos de sus más destacados integrantes en las diversas campañas. Suponemos –pero no deja de ser una mera elucubración– que García Lorca debió de observar en la distancia el nuevo rumbo de su grupo y que, en alguna ocasión que otra, aconsejaría generosamente a Román, como él mismo se encargó de recordar, enorgulleciéndose de la relación que mantuvo con el poeta de Granada [Coira, 2004: 22].

En cuanto al repertorio, y como queda dicho, ningún cambio se produjo. La Barraca anduvo embarcada en la conmemoración del tricentenario por la muerte de Lope de Vega durante el último tranco del año 1935: el día 12 de diciembre se encuentra en el Ateneo de la madrileña calle del Prado, y el día 17 en el Teatro Coliseum de la capital para la representación de *El caballero de Olmedo*, aderezada con el entremés cervantino de *Los dos habladores*. Ya en el fatídico 1936, transita la formación por tierras de Salamanca: en su Teatro Coliseum actúan el 18 de marzo representando *Fuenteovejuna* y *El retablo de las maravillas*; al día siguiente se encuentran en Béjar para interpretar tan sólo la pieza mayor de Lope ["Escena y bastidores", *El Sol*, 21 de marzo de 1936: 2]. En el mes de abril se trasladan a Barcelona, tal como se apunta en la crónica anónima aparecida el 5 de abril en el diario *El Sol* que, con el título "Escena y bastidores. La Barraca a Barcelona", anunciaba que la formación había «solicitado permiso para representar en la plaza del Pueblo Español de Montjuich [*sic*] varios entremeses de su repertorio» [6]. Haciendo gala de energías recobradas, La Barraca actúa la mañana del día 13 en la Sala Stadium representando *Fuenteovejuna* y *Los dos habladores*, y esa misma tarde en la Universidad Autónoma de Barcelona, en esta ocasión interpretando *El caballero de Olmedo* e idéntico entremés como final de fiesta. Y aunque lejos quedaba, claro, la mítica representación en el Paraninfo de la Complutense, la presencia del rector y las autoridades académicas catalanas debió de traer, a los escasos resistentes, algún que otro recuerdo de San Bernardo. El día 14, y a beneficio de Asistencia Social, actuaron en el Teatro Tívoli repitiendo pieza mayor, *El caballero...*, y con *El retablo de las maravillas* como contrapunto grotesco de la velada. Y, aunque no lo he podido documentar, si otorgamos credibilidad al testimonio de Carmen Antón, tuvieron que recalar también en Manresa y Tarrasa.

El triunfo del Frente Popular en febrero de 1936 había empeorado radicalmente la situación. Obviando las presiones, pues que el nuevo gobierno estaba dispuesto a variar personas y rumbo en la UFEH, Antonio Román permanece en el cargo hasta ser recibido por Marcelino

Domingo, nuevo ministro de Instrucción Pública, quien le advierte de que en los presupuestos de 1936 no iba a haber ningún dinero para el teatro universitario. Nada había que hacer ante afirmación tan categórica.

## Y llegó la guerra...

La Barraca asumió, desde muy pronto, su función agitadora en defensa de los intereses del ejército republicano. De ese propósito da cuenta la actuación temprana del grupo, a finales del verano del 36, en el cuartel de la «Motorizada de Hierro», compañía que mandaba Gustavo Durán, quien, además de excelente músico, fuera amigo de Lorca. Se trata de un atractivo personaje al que Lorca conoció en la Residencia de Estudiantes en 1922 y con el que intimó enseguida; de hecho, Gustavo le dedicó su primera obra musical, la titulada *El corazón de Hafiz* [Gibson, 2010: 153]. Fue precisamente durante una representación de dicha obra cuando los *barracos* supieron del «asesinato (que no muerte) de nuestro hermano Federico[3] –tal como refiere Carmen Antón– y todo era un llanto inmenso tal y como él escribió en su poema EL LLANTO [*sic*]» [2002: 87].

Una vez instalado el gobierno de la República en Valencia, el 7 de noviembre de 1936, la historia de La Barraca plantea dos direcciones. Por un lado, la encarnada por Manuel Altolaguirre y el hermano de Manuel Fernández Montesinos –el cuñado de Federico, también asesinado en Granada durante los primeros días del conflicto–, quienes, desde la ciudad mediterránea, pretendían reunir a los actores de La Barraca para crear el Teatro Nacional García Lorca; la labor era, sin embargo, ardua, puesto que unos habían sido movilizados, otros esta-

3. Todavía no se daba del todo crédito a la noticia del asesinato del poeta en el número 39 de *Milicia popular. Diario del 5º Regimiento de Milicias Populares*, fechado el 9 de septiembre de 1936: «Federico García Lorca: si has muerto asesinado por los traidores, los hombres recios, valientes y honrados del pueblo, a los que tú has cantado tanto, sabrán vengarte. Federico García Lorca, gran poeta de España y del mundo, antifascista glorioso» ["¿Ha sido fusilado por los traidores...?": 3].

ban en la zona nacional –era el caso de Pepe Caballero–, y entre los leales, algunos en Madrid y otros en Valencia, como así sucedía con María del Carmen García Lasgoity y la propia Carmen Antón.

Por otro, la nueva Barraca, resultante de un llamamiento realizado por la UFEH a partir de la iniciativa de Félix Luengo y Daniel Giménez-Cacho, mediante el cual se buscaba, ante todo, recabar la iniciativa de jóvenes con el objetivo último de generar una formación teatral *de lucha* similar, por ejemplo, a Altavoz del Frente. Así pues, y tras de un proceso de selección parecido al que Lorca llevara a cabo años atrás, esta remozada *Barraca*, queda inserta, durante la guerra, en «Cultura Popular», proyecto mayor que, en su concepción polifacética, nació «després del triomf obtigunt per les esquerres el 16 de febrer» en la «necessitat d'unificar els esforços que en pro de la cultura realizaven» bajo el dictado común de la lucha contra el fascismo [Acébez, 1937: 8]. Con la guerra ya iniciada, y tras haber fijado su domicilio central en la madrileña calle del Sacramento, en concreto en el que fuera palacio de la marquesa de Revillajijedo, las actividades de la institución se bifurcaron entre aquellas que se dirigían al campo de batalla y aquellas otras que se realizaban en la retaguardia. La sección teatral fue asumida, en consecuencia, por La Barraca. Desde esta perspectiva, se ha de entender la medida gubernamental, referida en el diario *La Libertad*, el 8 de enero de 1937, en virtud de la cual «se acordó conceder el Teatro Español por un mes a la entidad universitaria La Barraca, para dar funciones populares» ["Información municipal. Comisión de Gobierno": 6], todas ellas gratuitas[4]. Y así fue, puesto que se ofrecieron 25 representaciones en el coliseo de la plaza de Santa Ana. Todavía sin haber recuperado condición ni vestuario originales, estrenan *Venciste, Monatkof* [*SAM*, 1937: 13-14], adaptación de la obra rusa de Steinberg, rápidamente apartada del cartel cuando se descubrió su génesis trotsquista[5]. Más allá de cuestiones ideológicas, intere-

4. De hecho, la primera certeza documental de la denominación de este grupo como La Barraca data del 15 de enero de 1937 en el periódico *La Voz* ["Espectáculos"].

5. El estreno se produjo, como queda dicho, en el Teatro Español, el 15 de enero de 1937. Como bien ha apuntado Josep Lluís Sirera, «la obra fue meses más tarde

sa mostrar cómo el crítico del *ABC* –*SAM*– se duele de la falta de Federico, sin el cual el rumbo de la renacida Barraca, indemne en cuanto a sus intenciones, quedaba gravemente herido:

> Fallan, en la dirección artística, sobre todo, algunos pequeños detalles. La figura cimera de Federico García Lorca no ha podido ser substituida y se echa de menos su mano exquisita en diversos matices, que la fina sensibilidad del poeta no habría dejado pasar. Así, en varias fases de la versión castellana de *Venciste, Monatkof*, en determinados aspectos de la postura escénica –como el paño de terciopelo rojo en las mesas de los tribunales, detonante sobre el resto del armónico fondo escenográfico–; en el equivocado acento con que la actriz encargada del papel de judía dice la bella escena del quinto cuadro... [14].

Muy poco después, en febrero, y si consideramos veraz el testimonio de Carmen Resines, Efrén Arias y Luis Giménez-Cacho, «aparecieron las cestas grandes con el vestuario de verdad de La Barraca, y el tablado» [AA. VV., 1999: 17], las primeras procedentes de la casa del pintor Vázquez Díaz, sita en la calle María de Molina. Pareciera que los nuevos integrantes del grupo –cuya condición, forzada por la urgencia de las circunstancias, había cambiado sobremanera, tal como apuntaba Margarita Nelken para las páginas de *Estampa* [482 (17 de abril de 1937)]: «Los actores ya no son estudiantes de Universidad, sino de bachillerato[6]: aquellos hoy están en las filas del Ejército del Pueblo»– sintieran un respeto reverencial por la memoria de Federico y no se hubieran atrevido a interpretar, hasta entonces, ya revestidos, casi de forma ritual, con los atavíos de antaño, las versiones de las piezas clásicas que su *alma mater* gestara años atrás. Comienzan, pues, con los ensayos para *La cueva de Salamanca* –realizados ya en Sacra-

---

reestrenada en el antiguo Circo Barcelonés de la capital catalana (rebautizado como *Teatro del pueblo*) por una compañía organizada por la CNT y dirigida por el argentino Rodolfo González Pacheco», en concreto, el 18 de julio de 1937, lo que «pone de manifiesto el carácter simbólico que el sindicato anarquista, que dominaba la vida teatral catalana, confiere a dicha representación» [2010: 119].

6. Ejemplo palmario el ofrecido por Luis Giménez-Cacho, quien se enrola en La Barraca, como tramoyista, con tan sólo catorce años [1999: 17].

mento 1, esto es, en la sede oficial de «Cultura Popular»– para ser representada en el Teatro Español, junto al conjunto de piezas «que figurava en el repertorio ja conegut» del grupo, como indica la crónica de Acébez para *Mirador*... [1937], en la que se advierte explícitamente de la colaboración del poeta Miguel Hernández.

En marzo, La Barraca abandona la relativa tranquilidad de la capital para comenzar sus actuaciones en el frente, con la idea constante de «vengar más directamente a nuestro querido García Lorca» [Balgañón, 1937: 4]. Y lo hace con mucha entrega y muy pocos medios, puesto que el grupo había cedido íntegramente «sus medios de transporte y subvención ministerial para aniquilar cuanto antes el fascismo» [1937: 5]. Como consecuencia de ello, todos sus integrantes se trasladaban en una «camioneta de guerra» en la que «vamos embutiendo [...] tablado, baterías, cortinas, decorados, vestuario y, encima de todo esto, los compañeros que representamos» [1937: 5]. El primer destino fue el frente de Guadalajara, donde acaeció una de las victorias más emblemáticas del ejército rojo, tras derrotar, comandados por Enrique Líster, al Corpo Truppe Volontarie, fuerza italiana de unos 140.000 soldados –unos 50.000 constituían la fuerza oponente para la ocasión– enviados por Benito Mussolini para apoyo de la causa nacional. Es el propio comandante quien refiere en *Nuestra guerra*, esa joya memorialística escrita de su puño y letra, cómo «a dos pasos de la primera línea de combate, el teatro *La Barraca* –compuesto de estudiantes– representaba para los soldados obras de Cervantes y Lope de Vega» [1966: 116][7]. De aquellas representaciones nos queda testimonio directo en un breve artículo publicado por *Pasaremos. Órgano de la 11ª División* ["La Barraca", 16 (8 de abril de 1937): 4], que por su valor histórico reproduzco en su totalidad:

> Los camaradas del teatro La Barraca han estado unos días en Torija, Trijueque, Gajanejos y otros, representando diversas obras ante las fuerzas de nuestra División.

7. De la actuación de La Barraca ante Líster se informa, también, en el artículo "En el frente del Centro. Acto de afirmación antifascista" [*La Vanguardia*, 31 de marzo de 1937: 5].

> Pusieron en escena los graciosos y divertidos entremeses de Cervantes *La cueva de Salamanca* y *Los dos habladores*, que hicieron pasar un rato verdaderamente agradable a los combatientes de las trincheras.
>
> Los camaradas de La Barraca cosecharon abundantes aplausos por su magnífico trabajo, y recibieron expresivas muestras de agradecimiento por parte de los jefes y soldados, por haber llevado a los combatientes de primera línea unos momentos de alegría y feliz esparcimiento.
>
> Nosotros, interpretando el sentir de la 11ª División, les damos las gracias desde nuestro periódico. Esperamos de los camaradas de La Barraca otra ocasión como esta para volverlas a dar muy gustosamente.

Líster admira el coraje de los teatreros, con quienes el comandante muestra una exquisita hospitalidad: según el testimonio de Carmen Rasines, les dejó su propia cama para un confortable descanso tras la función [AA. VV., 1999: 21] y les agasajó con «una fiesta monumental que tuvimos en Brihuega», probablemente para celebrar «la victoria sobre los italianos» [*ibidem*]. La afición y el respeto de Líster hacia el teatro y, de forma específica, hacia La Barraca, se explica, a los ojos de Carmen, por el hecho de haber «estado mucho tiempo en la Unión Soviética», por lo que valoraba «eso del teatro para el pueblo, para los soldados» [1999: 22]. Una admiración que continuó en el tiempo, puesto que el propio Líster volvió a regalarles el paladar, en ocasiones varias, precisamente cuando eso de comer resultaba un privilegio, en el Cuartel General de la XI División, la suya, que, curiosidades de la historia teatral, se encontraba en frente de la actual Fundación Juan March de Madrid.

Honda impresión debió de causar a los contendientes la valentía de este grupo de jovenzuelos, dispuestos a actuar incluso con peligro de sus propias vidas. Y no se trata, en ningún caso, de retórica vacua, puesto que la absoluta proximidad de las trincheras se evidenciaba de forma física: «Entre el veinticinco y el treinta de marzo, nosotros fuimos a actuar al pueblo de Gajanejos, que era el que estaba justo en el frente, y recuerdo que llevábamos la bandera levantada y nos la agujerearon a tiros. Todo estaba patas arriba por aquel campo: caballos muertos, restos de la batalla…» [AA. VV., 1999: 26]. De la visita de La Barraca al frente de Guadalajara también deja constancia, algunos meses después, Juan Gil-Albert en las páginas de *Hora de España* (octubre de 1937: 76-77):

> [...] Y los soldados de la República han visto llegar hasta sus frentes de combate a la conmovedora patrulla de Cervantes, con sus refajos listados, sus golillas, sus herreruelos y sus burlados maridos de siempre. A los dos días de nuestro triunfo sobre el fascismo italiano, he aquí a La Barraca en el campo vencedor de Guadalajara regocijando a los soldados leales.

Y así también Santiago Álvarez, el comisario político de la XI División, liderada, como queda dicho, por Líster, en la segunda parte de sus *Memorias*:

> También llegan de la capital a nuestros acantonamientos los estudiantes del grupo teatral *La Barraca*, que representan algunas obras, presenciadas con interés por los soldados. Antes de comenzar las funciones, los jefes militares y políticos dirigen la palabra a nuestros combatientes. Se utiliza, asimismo, el cine para distraer a la tropa. Y, como fin de fiesta, se organiza un baile al que acuden más de cien compañeras de Guadalajara [1986: 170].

Tal como refiere Santiago Álvarez, en ese mismo frente de batalla estaba presente, una vez más –su destino vuelve a cruzarse con La Barraca– Miguel Hernández, enrolado en la ya referida XI División del ejército republicano. Toma la palabra y recita –antes que él lo había hecho el también poeta combatiente Herrera Petere– el poema "Sanguinario Mussolini", intervención de la que nos ha quedado una conocida instantánea que muestra al de Orihuela subido en un tanque:

> Ven a Guadalajara, dictador de cadenas,
> carcelaria mandíbula de canto:
> verás la retirada miedosa de tus hienas,
> verás el apogeo del espanto.
>
> [...]
>
> Ven y verás, mortífero bandido,
> ruedas de tus cañones,

banderas de tu ejército, carne de tus soldados,
huesos de tus legiones,
trajes y corazones destrozados.

Una extensión de muertos humeantes:
muertos que humean ante la colina,
muertos bajo la nieve,
muertos sobre los páramos gigantes,
muertos junto a la encina,
muertos dentro del agua que les llueve.

No era circunstancial la intervención del poeta de Orihuela, puesto que, si atendemos a diversos testimonios, entre ellos el muy documentado de su último biógrafo, Eutimio Martín [2010: 399], a él se le debió de ofrecer, en una primera intentona, la dirección de La Barraca, invitación que declinó, al menos inicialmente y, quizás, por su respeto reverencial a Federico García Lorca y su certeza de no poder estar a la altura del granadino. De hecho, la decisión de enrolarse en el ejército se suscitó en Hernández una vez supo del asesinato de Federico [Martín, 2010: 379-381]. Con independencia de quién pensara en Hernández para el puesto de director y al margen también de la respuesta negativa, el ofrecimiento no puede por menos que resultarnos certero, puesto que nadie como el poeta pastor encarnaba la condición de dramaturgo comprometido, gracias a la publicación, en el 37, de las cuatro piezas que componen su *Teatro en la guerra*, cuyo prólogo, citado una vez tras otra, constituye el paradigma de la implicación intelectual con la causa republicana. Pero es que, además, Hernández siguió presente en la historia inmediatamente posterior del grupo: por un lado, Margarita de Castro, una de las nuevas barracas, interpretó en el Palacio de El Pardo para una de las divisiones del ejército, con presencia del general José Miaja, el poema "Llamo a la juventud", inserto en *Viento del pueblo*. Carmen Rasines asegura, además, la actuación conjunta del grupo en marco tan singular, sin que llegue a precisar qué piezas pudieron ser representadas. Sea como fuere, aquellos versos de Hernández debieron de resonar y espolear la ya por entonces diezmada causa leal:

La muerte junto al fusil,
antes que se nos destierre,
antes que se nos escupa,
antes que se nos afrente
y antes que entre las cenizas
que de nuestro pueblo queden,
arrastrados sin remedio
gritemos amargamente:
¡Ay España de mi vida,
ay España de mi muerte! [*Obras completas*, I, 1992: 574].

El único testimonio directo que he podido documentar sobre la mencionada actuación en el Palacio del Pardo se deriva de la crónica firmada por M. Vázquez para el *Boletín de la FUE*, en su número segundo del 15 de julio de 1937. Poco se cuenta de la representación propiamente dicha y nada sobre las piezas seleccionadas para la ocasión, pero sí, y mucho, sobre lo paradójico de que estos estudiantes, portadores de la bandera republicana, tuvieran la oportunidad de actuar en el teatro palaciego, un espacio con capacidad para doscientas personas y revestido de suntuosidad artificial a la que los *barracos* «quita[n] toda aquella tramoya cargada de todo un pasado corrompido, para poner en su lugar la simpática y alegre» que ellos representan, ante una audiencia compuesta íntegramente por «valientes soldados de la República».

Sabemos, además, que los *barracos* llegaron a ensayar, tras regresar de Valencia muy a finales de agosto de 1937, y sin que finalmente se concretara, *El labrador de más aire*, con el papel de Encarnación interpretado por la propia Margarita de Castro –«Era magnífica. A Miguel Hernández le encantaba» [AA. VV., 1999: 27]–. El eco de *Fuenteovejuna*, que Federico hiciera suya, y muy suya, para La Barraca, deja sentirse, por doquier, en la pieza. Las copias que se hicieron en mimeógrafo para aprenderse los papeles siguen siendo conservadas por Luis Jiménez-Cacho. Pero el poeta de Orihuela es actor principal de este relato y, como tal, reaparecerá con fuerza en apenas unas líneas.

Volvamos, pues, a nuestra cronología. Vendría, después, la sierra de Guadarrama, con la Brigada Tagüeña, en el llamado frente de La

Pedriza. Conservamos un testimonio gráfico, de junio del 37, con todo el grupo, acompañado por Manuel Balgañón, presidente de la FUE, antes de la actuación. Nadie queda ya de la nómina histórica de La Barraca, a excepción de Teresina Risoto, hermana de Carmen y Julián, todos los cuales se incorporaron ya en la segunda etapa.

## Una *Mariana Pineda* en homenaje

El domingo 4 de julio de 1937 se inaugura en Valencia el II Congreso Internacional de Escritores para la Defensa de la Cultura. Esa misma noche los congresistas, tras una agotadora sesión inaugural, asisten a la representación de *Mariana Pineda*, en una histórica velada que se inició a las diez y media en el Teatro Principal de Valencia. En rigor, no podemos hablar de una representación de La Barraca, puesto que el renovado grupo, tras su difícil campaña en los frentes de Madrid, iba a ser trasladado a la capital del Turia para iniciar los ensayos de *Fuenteovejuna*. Sin embargo, sí cabe entender este estreno como la culminación, por mucho que efímera, de los primeros intentos realizados por Altolaguirre, con algunos de los históricos *barracos*, por reinstaurar el proyecto lorquiano. Y así fue, puesto que Manuel Altolaguirre dirigió la función, con una escenografía de Víctor Cortezo, la interpretación de Carmen Antón, Blanca Chacel y María del Carmen García Lasgoity, todas ellas actrices de La Barraca, y lo que es más sorprendente, la intervención de Luis Cernuda en el papel de Don Pedro que, como bien indica Manuel Aznar Soler, constituye «un hecho insólito tan sólo explicable como homenaje personal del poeta al autor» [2010: 577][8]. En efecto, difícil era Cernuda en el trato social, pero nunca

8. Un Manuel Altolaguirre que, también en 1937, realizó uno de los homenajes más acabados al poeta de Granada, en forma de pieza dramática titulada *Tiempo, a vista de pájaro. Ensayo de representación*. En su cuadro segundo presenta un infierno mitológico desde el que Juan, protagonista principal del drama, escucha a la Señora Muerte entonar una composición en honor a Federico García Lorca, uno más de los muertos cuya sangre permitirá «a España un futuro feliz» [*Obras completas, II*: 245]: «baja la Zapatera Prodigiosa, / Marianita Pineda, su heroína; /

dejó de movilizarse cuando se sintió, realmente, conmovido y emocionado: primero con Misiones Pedagógicas, con cuyo «Museo Itinerante» colaboró activamente, y ahora en merecido tributo a quien fuera para él amigo y guía. Ramón Gaya –pintor, poeta e intelectual integral tan vinculado al destino de la España republicana– esgrimió en una reseña publicada en *Hora de España* [1937b: 75-76] el enorme simbolismo que encerraba un acontecimiento como el que tuvo la suerte de presenciar (permítaseme la larga cita, pero creo que debo referirla, pues destila espíritu *lorquiano* y *barraco* por los cuatro costados):

> Una de las cosas que quiero señalar más fuertemente, es que nunca se ha manejado el nombre de Federico García Lorca con más derechos y con más motivos que esta vez. Homenaje total al riente poeta perdido, ya que no sólo era exterior, sino que también andaba, vivía el homenaje en lo más dentro, en lo más oculto y diminuto. Tanto, que empezando por la modista que cosió los trajes –costurera también de *Yerma* y de muchas piezas representadas en «La Barraca»–, toda, toda era gente suya. Podría decirse que la obra de Federico, que Federico mismo se encontraba a sus anchas entre amigos tan ciertos. Y, sin embargo, a juzgar por la escasa y mala crítica periodística, nadie se ha dado cuenta de la tierna significación que tiene, por ejemplo, el hecho solo de que un poeta quién sabe si el más alto poeta actual– representase el papel de «Don Pedro».
>
> [...] En cuanto a los actores, cuatro, por lo menos, deben señalarse: Carmen Antón, María del Carmen Lasgoity, Blanca Chacel y Luis Cernuda. La primera *encontró* una Mariana abatida, caída como un ramaje roto, a tientas por su casa y su alma, sonámbula y llena de misterio –ya que allí donde Margarita Xirgu empleaba su sabiduría dramática, ella puso misterio y espesura–, resultando con ello una Mariana más sutil, más triste, más rara. Se me dirá que no era así Mariana Pineda verdadera, pero ya Federico no supo ni quiso saber atrapar el personaje en su exactitud, dejándolo tan indeciso, que apenas si es algo más que unas bellas exclamaciones, que una hermosa versificación.
>
> Y cuando en el segundo acto aparece «Don Pedro», todos comprendimos quién había salido a escena realmente, ya que empleaba un amor y un respeto tan grandes en recitar los versos de su papel, que sólo un poeta, otro poeta, podría así decirlos.

---

baja Yerma llevando entre sus brazos / una recién nacida criatura. / Y con ellos, Virgilio, Dante, Homero... / Todos a recibir al gran poeta» [*ibidem*: 243-244].

> Blanca Chacel, muy justa, y también María del Carmen Lasgoity con su dulcísima voz, ya voz famosa cuando Federico la llevaba en su teatro rodante.

## El canto del cisne

Los destinos de la nueva Barraca y aquella otra que, sin calificarse de tal, había permanecido latente en Valencia y había renacido con la *Mariana Pineda*, se unen, en agosto de 1937, gracias, una vez más, a Eduardo Ugarte, quien fuera ese «director en la sombra» que tanto y tantas veces supo hacer carne las inquietudes de Federico. En marzo, Ugarte se traslada a París como agregado de la Embajada Española en la capital francesa –seguramente por intercesión de su cuñado, José Bergamín–, con funciones no del todo bien definidas pero que, como bien ha señalado Juan Antonio Ríos Carratalá, debieron de estar «relacionada[s] con la importante labor cultural y de propaganda realizada por intelectuales españoles vinculados con el embajador Luis Araquistáin» [1995: 93]. Desde allí, obviamente con el apoyo del Ministerio de Instrucción Pública y de la UFEH, pudo haber concebido la idea, alrededor de mayo, de que la renacida Barraca actuara en el pabellón español de la Exposición Internacional de París[9]. Pero sus deseos eran, al menos inicialmente, más ambiciosos: pretendía que fuera Erwin Piscator, máximo representante del teatro político del momento, quien dirigiera un montaje de *Fuenteovejuna* en la capital francesa. Los contactos iniciales con el director alemán debieron de producirse con motivo de su visita a Barcelona [Foguet i Boreu, 1998] –iniciada el 4 de diciembre de 1936–. Sin embargo, finalmente, y sin que los motivos hayan sido aún aclarados del todo, la colaboración resultó infructuosa, ex-

9. Una exposición ubicada en el centro de la ciudad, formando un plano de cruz latina, y que se extendía, por uno de sus ejes, «desde la Escuela Militar hasta el Trocadero, pasando por el puente de Jena, que fue ensanchado para la ocasión, y la Torre Eiffel siguiendo el Campo de Marte»; el otro «lo constituía el curso natural del río Sena, desde el puente de Passy hasta el del Alma, a cuyos bordes y en sendos lados, se extendían un elevado número de pabellones de todo el mundo». El pabellón español se levantaba en el lado derecho de los Jardines del Trocadero [Martín Martín, 1982: 23].

tremo que parece cobrar algo más de luz si tenemos en cuenta la carta que Piscator dirige a Luis Araquistáin[10], conservada en el Archivo Histórico Nacional de Madrid [Legajo 76, p. 74] y que, por su indudable interés, reproduzco íntegramente a continuación:

París, 8 de abril de 1937

26, rue Pasquier (8º)

Excmo. Sr. D.
Luis Araquistáin,
Embajador de la República Española,
Paris.

Excelentísimo Señor Embajador:

Sintiéndolo mucho, es preciso que le comunique lo que sigue, refiriéndome a un asunto que, a pesar de su relativa importancia –si se tiene en cuenta la gravedad de la situación general por la que atraviesa España– sin duda merecerá su digna atención.

Cuando el día 17 de Diciembre ppdo. tuve el honor de conversar con V., V. tuvo a bien de decirme que celebraría si yo pudiese colaborar en las manifestaciones teatrales que la Embajada de su digna dirección iba preparando en París, y que se trataría ante todo de la *mise-en-scène* de una obra de Lope de Vega. Vd. no habrá olvidado aún, sin duda, cuánto este ofrecimiento me honraba y me alegraba, declarándome yo inmediatamente dispuesto a colaborar. Sin embargo, no le podía ocultar a Vd. mis serias dudas acerca de la oportunidad política de dicho montaje por un alemán, y no por algún director de escena francés.

Durante cierto tiempo no he tenido noticias por parte de Vds. Otros informadores me aseguraban, sin embargo, que el proyecto iba precisándose cada vez más. Un día encontré a M[r]. Lenormand, el cual me manifestó su

10. De la implicación del embajador en la participación de España en la exposición parisina dan buena cuenta las palabras por él pronunciadas con motivo de la colocación de la primera piedra de nuestro pabellón: «Nuestro pabellón será el mejor ejemplo y la mejor justificación de su continuidad histórica. Veremos cómo el pueblo español debe vencer porque posee, como Minerva, todas las armas: las de la Libertad, las de la Cultura y las del Trabajo» [AGA, 10 (96), Caja 54/11097, Exp. 4491].

extrañeza de que yo me encontraba en París sin participar a las magníficas realizaciones que Vds. iban preparando. Yo sólo le pude contestar que me parecía muy comprensible si los españoles no creían conveniente la colaboración de un *director de escena alemán*, cuando se trataba de montar una obra en París. Mr. LENORMAND no estaba de acuerdo y se propuso hablar del asunto con la Embajada. Aunque no me parecía necesario que otra persona interviniese en este asunto como mediador, al que no necesito, Mr. LENORMAND me comunicó al día siguiente que el Sr. AUB[11] le había manifestado que, si no se me ha solicitado mi colaboración, este hecho no se debía a algún motivo político, sino única y exclusivamente a que «PISCATOR COSTABA DEMASIADO CARO». Sin embargo «PUESTO QUE LENORMAND LO RECOMENDABA» (!!), él estaría dispuesto de enfocar la posibilidad de la colaboración de Piscator. Todo esto no podía dejar de maravillarme en extremo.

Celebróse luego una entrevista con el Sr. AUB, la cual se terminó por un acuerdo completo entre nosotros, en virtud del cual yo quedaba definitivamente encargado de la *mise-en-scène* de la obra *FUENTEOVEJUNA*, cuyo texto español y traducción francesa me fueron entregados en la misma ocasión, para que yo pudiera ponerme inmediatamente a trabajar. El Sr. AUB me rogó asimismo // que me pusiera en contacto con el adaptador francés de la obra Mr. JEAN CASSOU, lo que no dejé de hacer. Me comunicó, además, que las decoraciones correrían a cargo del Sr. PICASSO, y que los Ministerios de I.P. y de Estado colaborarían a la *mise-en-scène* con 100,000 francos y 50,000 pesetas, respectivamente. De todos modos, él –el Sr. AUB– se trasladaría a Valencia para ver si obtenía una subvención aún mayor.

Después de la vuelta de Valencia del Sr. AUB, celebróse aún otra entrevista en el Salón Rojo de la Embajada, entrevista a la cual asistieron igualmente dos colaboradores míos. Fijáronse otros muchos detalles, coinciendo [*sic*] absolutamente todos los criterios. Entretanto, yo había encargado una traducción alemana de la obra a uno de mis colaboradores, para establecer una comparación detallada entre las versiones original y francesa. Al mismo tiempo, entraba en negociaciones acerca de alquiler [*sic*] un teatro adecuado, elaboré toda una escena de prólogo para la obra, en una palabra, consagré un trabajo considerable al proyecto de cuya realización tenía todos los motivos para creerme definitivamente encargado.

Ahora, súbitamente, se me comunica todo lo contrario, y esto bajo tres formas diferentes, si no contradictorias, por tres conductos distintos. Según

11. Agregado cultural de la Embajada española en París.

la versión A) se cree inoportuno encargar del montaje a un director de escena alemán (o sea, mi propio argumento que quedó descartado desde un principio); según la versión B) la Junta de Relaciones Culturales –que hasta ahora no tuvo ninguna intervención en el asunto, el Sr. Aub habiéndose declarado únicamente competente– decidió que la obra no fuese presentada en París, mientras el mismo Sr. Aub me comunica –versión C)– que el asunto quedará aplazado solamente.

Con ello, confieso no comprender en absoluto lo que ha pasado y lo que pasa. Ignoro si la Junta que repentinamente interviene, está en antecedentes de todo lo estipulado entre nosotros por mediación del Sr. Aub, quedando dicho señor desautorizado en sus gestiones o no. Me permito creer, sin embargo, que de todos modos, manejar este asunto y a personas que en él intervienen de una manera tan arbitraria como caprichosa, no podrá servir a los intereses ni de la causa ni de las personas mencionadas.

No puedo creer que la motivación política –versión A)– pueda considerarse todavía como contundente, puesto que según he dicho ya, quedó descartada desde el primer momento. Me creo, pues, autorizado a solicitarle se sirva aclararme debidamente lo sucedido, por cuyo favor le da las gracias anticipadas su atto. affmo. amigo y s.s.q.e.s.m.

Erwin Piscator

P.S. Me permito rogarle se sirva remitir la copia adjunta y la carta a Don Jesús Hernández, puesto que me parece conveniente que también él tome conocimiento del caso[12].

Si leemos de forma lineal el testimonio de Piscator, podría parecer que la falta de acuerdo más se debió a un problema de coordinación entre los diversos responsables –nótese la ausencia de mención alguna a Eduardo Ugarte, una vez más trabajador en la sombra– que a una decisión meditada. Sin embargo, conviene centrar la atención en el *post scriptum* de la misiva, en el que Piscator pide, de manera expresa, se haga llegar a Jesús Hernández, ministro de Instrucción Pública[13], y,

12. Véase Javier Tussell [Araquistáin, 1983: 28].
13. Recuérdese, además, que el propio Jesús Hernández participó en la Conferencia Nacional de Estudiantes (iniciada en Valencia el 2 de julio de 1937) convocada

sobre todo, comunista, copia de la carta. Hernández había estado a punto de ser destituido de su cargo por el presidente del gobierno, Largo Caballero[14], luego de su intervención en el Pleno del Comité Central del PCE, celebrado en Valencia a principios de marzo, puesto que el presidente socialista sintió el discurso de Hernández, al fin y al cabo miembro de su gabinete, como un ataque personal y político. No ser destituido significaba, obviamente, salir reforzado en el cargo. Tampoco es prescindible la fecha en la que se desarrollan los contactos y las ulteriores desavenencias: abril de 1937. Luis Araquistáin representaba, dentro del PSOE, el sector más afín a Largo Caballero [Araquistáin, 1983], aún presidente del gabinete y ministro de Guerra –a no olvidar el deterioro de las relaciones entre Caballero y el PCE ya desde los preparativos de la defensa de Madrid, y el acoso y derribo ejercido desde la presidencia contra los comunistas destacados en la lucha a partir de marzo del 37–, una rama bastante renuente a la fusión con el PCE en el PUP (Partido Único del Proletariado) si no era «como mera absorción que ampliase la base de sus posiciones en la batalla interna contra los prietistas» [Hernández Sánchez, 2010: 188]. Una de las ideas más esgrimidas por el PSOE para imponer su égida en la hipotética unión de partidos era su independencia –por mucho que partido internacional– respecto de presiones extranjeras frente a la subordinación soviética del PCE; descartar a Piscator, en consecuencia –sin obviar las tensiones políticas brevemente esbozadas–, era prescindir de un director extranjero, comunista y muy implicado con la Unión Soviética, país que le acogió como refugiado político entre 1933 y 1936. Suponía ello renunciar a un montaje llamado a una

---

por la UFEH, organización de la que dependía directamente La Barraca. Se trata de una prueba más de la impronta «comunista» de dicha organización, toda vez que la formación teatral tuvo presencia activa en dicho evento, con la intervención, durante la última sesión del primer día, de Agustina Jiménez ["La Conferencia Nacional de Estudiantes FUE", *Boletín de la FUE*, 2 (15 de julio de 1937): 3].

14. Para la política desarrollada por Caballero en aras a atajar la influencia comunista véase, entre otros testimonios, Tuñón de Lara [1982: 363] y, sobre todo, Aróstegui [2013: 469-573].

condición emblemática –como lo había sido el pergeñado por García Lorca al frente de La Barraca–, si damos como buenas algunas indicaciones indirectas que se derivan del no firmado "Informe sobre la carta adjunta de Erwin Picastor acerca de la [puesta en escena de la] obra *Fuenteovejuna*"[15] conservado, en folios sucesivos, en el expediente ya citado de Luis Araquistáin (Archivo Histórico Nacional):

> [A su vuelta] el Señor Piscator expuso a Max Aub, en el salón rojo de la Embajada, sus ideas sobre el montage [*sic*] de la obra y el prólogo que había pensado [escribir] para *Fuenteovejuna* en el que aparecían [:] Cervantes, Shakespeare, Victor Hugo, [etc.], un gran monumento de Lope y Madrid en el fondo.

En dicho informe se arguyen los motivos esgrimidos por la Junta de Relaciones Culturales para descartar la colaboración con el director de escena alemán, el primero –de forma desviada y apelando a la concordia con los franceses– y segundo de los cuales ratifican nuestras especulaciones previas, a saber:

> 1º Que no parecía indicado que un alemán montara una comedia española en París, no por nosotros sino por los franceses.
>
> 2º Por ser Piscator un comunista notorio.
>
> 3º Por no corresponder su técnica a lo que debería ser una representación de *Fuenteovejuna* en París.
>
> 4º Por haber dado Luis Lacasa la noticia de que [con ocasión de] una proyección de una película de Piscator en Valencia había [manifestado] el Subsecretario de Instrucción Pública[16] [su parecer desfavorable acerca] de una intervención del citado señor Piscator en [la] realización [de *Fuenteovejuna*]. La Junta resolvió por unanimidad que Piscator no montara la obra y esperamos que nuestro punto de vista sea confirmado.

Parece ser, pues, que la idea de La Barraca como *hacedora* de la pieza lopesca en París viene impuesta por el frustrado montaje piscatoria-

15. Entre corchetes reconstruyo los añadidos a mano en el mecanoescrito.
16. Juan María Aguilar Calvo, integrante de Izquierda Republicana [Álvarez Rey, 2009: 229-237].

no. A la postre, García Lorca se había convertido en el emblema de la lucha antifascista y La Barraca, aun cuando poco tuviera que ver a esas alturas con el proyecto de la naciente República, en su más acabada obra de intervención cultural y social, por lo que la idea estaba llamada al consenso en el seno del nuevo gobierno de Negrín (nombrado el 18 de mayo de 1937), de cuyo Ministerio de Instrucción Pública seguía siendo cabeza visible Jesús Hernández[17]. Sea como fuere, y no por otro motivo, los nuevos *barracos* son trasladados a Valencia a principios de agosto para iniciar los ensayos de las que serían obras representadas: la *Fuenteovejuna* de Lope de Vega, quizás el texto en el que Federico –y también Ugarte– volcó, de manera más nítida, su personalidad, su ideología y su forma de enfrentarse a los clásicos [Peral Vega, 2006], y los *Entremeses* de Cervantes. Pero no están solos. Son también convocados dos actores y una actriz de La Barraca original, a saber: Carmen García Lasgoity, Daniel Giménez-Cacho y Julián Risoto, en principio, para ejercer de directores. Estos dos últimos, en su condición masculina, obtienen permiso de las unidades militares en las que estaban encuadrados. No se trata, en ningún caso, de una especulación historicista. El propósito de ir a París, de exhibir internacionalmente uno de los proyectos más bellos gestados por la ahora moribunda República, fue descrito, incluso, en la prensa[18]. Pongamos, tan

17. La rivalidad, personal y política, entre Araquistáin y Negrín era de todos conocida, sobre todo por una concepción mucho más centralista por parte del nuevo presidente del Consejo de Ministros [Graham, 1997]. No obstante dicha oposición, y a pesar de que la mayor parte del desarrollo de los preparativos para la exposición se realizaron con Negrín ya en el poder, lo cierto es que, como apunta Jordana Mendelson, «hubo elementos de continuidad. En primer lugar, Gaos siguió en su cargo de Comisario General del pabellón durante el cambio de gobierno. En segundo lugar, [...] Negrín [y] Araquistáin [...] defendían valores liberales humanistas. [...] Como Araquistáin, Negrín también apoyaba las reformas culturas y educativas de la República» [2012: 179].

18. Como muy bien ha señalado Elisenda Barbé i Oriol Dueñas, «l'ambaixador Luis Araquistain donà un nou impuls a les gestions per consolidar la participació espanyola en l'Exposició Internacional, el qual variava per complet el rumb iniciat mesos abans. Quedava clar, per la nova conjuntura [el inicio de la Guerra Civil], que calia excloure la idea de presentar un pavelló de caire comercial per pasar a

sólo, un ejemplo. El 15 de agosto del 37 se publica en *Mi revista* un artículo dedicado a la Exposición parisina. En él se describe someramente cómo será el pabellón español, el cual albergará «un gran patio con un escenario [que] será utilizado para funciones de carácter regional y clásico: cantadores y bailarines de todas las regiones hispánicas darán espectáculos de arte popular; la compañía estudiantil *La Barraca* representará obras de Lope de Vega, entremeses de Cervantes, autos sacramentales de Calderón» [Loewel, 1937]. En efecto, en el pabellón español había un gran patio-auditorio, con capacidad para unas 500 personas, en cuyo extremo posterior se levantaba un imponente escenario, y en uno de cuyos extremos se elevaba la *Fuente de Mercurio* creada por Alexander Calder, flanqueada en la parte derecha por el *Mural de Guernica*, de Pablo Picasso. Muy cerca del lugar destinado a estas representaciones –en concreto en la planta primera– estaría expuesto un «Fotomontaje» de Josep Renau realizado a partir de los documentos fotográficos conservados de las Misiones Pedagógicas. Teatro y fotografía como forma, en definitiva, de homenaje a dos de las iniciativas culturales más emblemáticas de la Segunda República[19].

La historia no es, empero, tan sencilla como parece. Aitor Larrabide [2007] ha colocado sobre el tapete dos artículos que parecen demostrar lo que, al menos en apariencia, no era más que un rumor no confirmado o, si se prefiere y retomando una idea esbozada páginas atrás, un primer ofrecimiento no aceptado: la designación de Miguel Hernández como director de La Barraca. Ambos fueron publicados, con apenas un mes de diferencia, en el periódico valenciano *La Hora. Diario de la juventud*, en concreto el 13 de agosto y el 18 de septiembre de 1937. Sin embargo, y más allá de la evidencia documental de

---

convertir-se en un edifici d'estat on es poguessin exposar tot tipus d'elements de propaganda i d'art, a part de poder realitzar diversos actes encaminats a aconseguir els objectius propagandístics assenyalats» [2008: 62].

19. Como apunta Cabañas Bravo: «[...] el fotomontaje dedicado a las *Misiones Pedagógicas* [...] introducía la sensación de relieve y tercera dimensión, al simular una proyección de cine ante un grupo de embelesados niños, y cuyo éxito, posiblemente, hizo que algunas de sus figuras, como la niña leyendo y el atento grupo infantil, fueran llevadas a una de las fachadas laterales del Pabellón» [2007: 193].

tal nombramiento, no creo que se haya profundizado en la importancia de estos dos testimonios y su contenido. El primero de los artículos, titulado "El teatro de los estudiantes actuará en la Exposición Internacional de París", aclara muchas de las incógnitas en torno a la labor del poeta oriolano respecto de la formación teatral. Primero, porque se apunta con total rotundidad que «La Barraca partirá a Francia [...] en septiembre»[20], donde permanecería, representando obras clásicas de nuestro repertorio, «durante unas semanas». A las preguntas del anónimo periodista, es José Orozco, secretario de Cultura del Comité ejecutivo de la UFEH y pieza fundamental, como se verá, del puzle, quien nos informa de lo siguiente:

> la idea del viaje a París de nuestro teatro universitario nos fue sugerida por el comisario de España en la Exposición Internacional y rector de la universidad madrileña, José Gaos. Fue recogida por nosotros con todo entusiasmo, conscientes del instrumento magnífico de propaganda que iba a significar para nuestra Patria; y justo es decir que sin el aliento y apoyo del Ministerio de Instrucción Pública, nosotros no hubiéramos intentado siquiera su conversión en realidad.

Nótense, al menos, dos cuestiones de condición no menor. En primer término, la cita explícita que se hace al apoyo del Ministerio de Instrucción Pública –tanto vale decir Jesús Hernández, como se sabe, cabeza visible del PCE[21], que había resistido a la caída de Largo Caba-

20. Y nótese que la denominación clásica de la formación le es escamoteada al lector de *La Hora* en el título de la crónica para insistir en su pertenencia a la UFEH y en su condición de «teatro de estudiantes». Aunque se hace referencia explícita a García Lorca como el alma máter de la compañía, lo cierto es que la labor del de Granada se resuelve en apenas una línea para resaltar la orientación actual de la formación, en un ejercicio de injusticia histórica que tiene mucho de autojustificación de época: «García Lorca, el gran poeta, tomó la dirección del teatro de los estudiantes. La Barraca era entonces una cosa pequeña; tenía que ir transformándose, día a día, hasta llegar a lo que es hoy» ["El teatro de los estudiantes...", *La Hora. Diario de la juventud*, 13 de agosto de 1937: 9].

21. Como ya señaló en su día Miquel Siguan, «la FUE, amb seu a València, estava sòlidament controlada pel grup d'estudiants comunistas i s'identificava, per tant,

llero y que, ahora, con un nuevo primer ministro socialista, Negrín, más abierto a las relaciones con los comunistas, veía reforzada su posición[22]– y, en segunda instancia, el responsable, también expreso, de que La Barraca fuera convocada a la cita de París: José Gaos[23]. No obstante es muy curioso que en carta del propio Gaos a destinatario anónimo, fechada, según Ángel Rangel Guerra [Gaos, 1999: 194-197], el 21 de junio de 1937[24], al referirse a las actividades que habrán de celebrarse en el patio-auditorio no cite aún al grupo teatral, lamentándose, y en previsión de lo que pudiera suceder, de algunas más que probables ausencias:

> En cuanto a los grupos de canto y baile popular, después de habernos dicho usted que no vendrían, por las dificultades del servicio militar, es decir, de dejar salir a quien está sujeto a éste, Prat nos dijo por teléfono que vendrían y que el primero, el castellano, llegaría dentro de muy pocos días. Yo me permito decir solamente que, en la concepción del pabellón, a que ha respondido la construcción, la actuación de estos grupos era lo fundamental con la

---

amb la línea política del Partit Comunista. Els comunistas pensaven que l'única manera de guanyar la guerra i d'assegurar la revolució, almenys tal com ells l'entenien, era establint i assegurant la unitat entre totes les forces que lluitaven contra el feixisme» [1993: 33].

22. El apoyo de la UFEH a Jesús Hernández y, por extensión, al gobierno capitaneado por Negrín se pone de manifiesto en su órgano de difusión, *Frente Universitario*, 5 (1 de mayo de 1937).

23. El organigrama rector de la exposición estaba compuesto por el «comissari general del Govern espnayol, José Gaos; comisari de Catalunya, Ventura Gassol; comissari del País Basc, José Maria Ucelai. Així mateix, aquell comité va tenir dos comissaris generals adjunts, que foren José Luis Vaamonde i l'escriptor Max Aub. Como a secretari general actuà Hernando Viñes i, en el càrrec d'agent comercial, Emilio Estilles» [Barbé, 2008: 62].

24. Creo que se trata del 21 de julio, puesto que Gaos se refiere explícitamente a la inauguración del Pabellón Español, que se produjo, como es bien sabido, el 12 de ese mismo mes, y no, obviamente, en junio. Un dato que queda fehacientemente confirmado en la siguiente carta publicada, la dirigida por Gaos a José Prat, fechada en París, el 24 de junio de 1937, y en la que se dice que «la inauguración del Pabellón ha tenido que aplazarse forzosamente de nuevo unos ochos días más». Esto es, si el 24 de junio no se había inaugurado, difícilmente se podría haber producido dicho acontecimiento tres días antes.

> mencionada Sección de Arte Popular. Si no vienen, el patio con su escena, es decir, la sección dinámica y viva del pabellón, se pierde [Gaos, 1999: 196].

Pero sigamos con Orozco: «La expedición a París presuponía un periodo preparatorio bajo una dirección artística de garantía. Hoy tenemos ya nuestro nuevo director en Miguel Hernández, que ha de levantar el nivel artístico –no perdido, sino relegado a un segundo plano por las circunstancias– a una altura que responda al éxito necesario». De nuevo, sus palabras resultan esclarecedoras, porque hacen depender del viaje a París la designación de Hernández como director de La Barraca. Habida cuenta del informe contrario a Piscator, anteriormente aducido, y de la caída de Luis Araquistáin como embajador[25] –sustituido por Ángel Ossorio y Gallardo[26]– luego de la de Largo Caballero como primer ministro el 17 de mayo[27], no es difícil deducir que sólo a partir de esa fecha –y hasta podría aventurar que bastante después (el Pabellón de España es inaugurado, con las obras «a medias» [Gaos, 1999: 194], el 12 de julio[28], como apunta el propio Gaos en

25. En junio de 1937 lo vemos enrolado, junto a otros, en la revista socialista *Spartacus. Revista de afirmaciones* (Alicante).

26. Persona de fuertes convicciones católicas, con un carácter complejo y un cuidado exagerado de las formas que le llevaron a no pocas desavenencias con José Gaos y otros. Remito para un desarrollo más pormenorizado de este asunto a la consulta del Archivo General de la Administración: 10 [96], caja 54/11097 exp. 4491, y también al excelente artículo de Hugo García [2009].

27. Con motivo de la fiesta del 1º de mayo, y en número extraordinario, *El Obrero. Órgano del Partido Socialista* (Elche) le dedica un artículo panegírico, firmado por Miguel Villalta, y titulado "Forjador de pueblos. El hombre que la España obrera necesitaba: Caballero", en el que se llama a la concordia y a enterrar las desavenencias internas que, como es sabido, llevarían apenas unos días después a la destitución de Caballero y al nombramiento de Negrín: «Aunque no sea más que para contribuir al acortamiento de la guerra, a la consecución pronta de la victoria, dejemos de querellas y unamos todos nuestros trabajos, todas nuestras voluntades tras el único Gobierno posible, el Gobierno que preside Largo Caballero, que es el único que se halla capacitado para conducirnos a la victoria» [1937: s. p.].

28. Sabemos que en dicho acto fueron recitadas varias poesías de Federico García Lorca. Resulta muy relevante, en este sentido, la carta, fechada en París el 28 de junio de 1937, y no firmada, que Ossorio dirige al ministro Jesús Hernández

epístola a destinatario desconocido [*Obras Completas*, XIX, 1999: 194], en un acto al que ya asiste el nuevo embajador)– Gaos cifra la posibilidad de que el peso *dramático* de la representación española recayera en La Barraca, extremo que se confirma en los dos adverbios que, no aleatoriamente, emplea Orozco: «hoy» y «ya». Ambos delatan, en efecto, una proximidad temporal muy evidente. Miguel Hernández, también comunista –condición que, a estas alturas, no parecía ser un problema como lo fuera para Piscator[29]–, es elegido, digámoslo con claridad, para dotar a La Barraca, integrada como estaba de bisoños estudiantes, de aptitud artística, precisamente la que había perdido, tras el abandono de García Lorca, primero, y como resultado de las circunstancias bélicas, después, para hacer prevalecer la urgencia del mensaje sobre la calidad de sus propuestas. Representar a la España de la República fuera de nuestras fronteras conllevaba, está claro, subir varios peldaños en la escala. En consecuencia, yerra el propio Miguel Hernández no sabemos si interesadamente, cuando en su declaración ante el juez militar, fechada el 6 de julio de 1939, esgrime que «desde enero del 37 en que sale del 1º Batallón Móvil a marzo [...] estuvo en La Barraca tratando de reorganizarla». ¿Se confundiría

(AGA, 10 [96], caja 54/11097 exp. 4491, doc. 79): «Otra cosa que nos preocupa es lo referente a la fiesta inaugural. El leer unas poesías de García Lorca, si es que cabe hacer de ellas una buena traducción (cosa que dudo), me parece atinado; la exhibición de una película, si es buena, también estará en su lugar. Pero los bailes populares, sobre ser cosa discordante con nuestra situación, se presta un poco a las críticas que siempre ha acarreado la España de pandereta». Parece ser que el traductor encargado de la traducción de los poemas era un tal Sr. Casso –a buen seguro el ya referido jean Casso–, tal como se refiere en la nota de una anónima administrativa en la que se dice que «el Sr. Casso ha quedado en entregar en seguida la traducción de los poemas, que son: *Casada infiel*, *La Luna Luna*, *La Guardia Civil*. París, 3 de julio de 1937. Gracià» [AGA, 4491, en carpeta de Asuntos Exteriores]. Para una crónica de la inauguración véase el artículo, no firmado, del diario *L'Humanité* [13 de julio de 1937: 8].

29. Recuérdese, como dato añadido, que el recién nombrado Ángel Ossorio insistió a Jesús Hernández en la escasa pertinencia de que un ministro comunista asistiera a la inauguración del Pabellón Español: «En estos momentos la presencia de un Ministro comunista se prestaría a interpretaciones de tipo político que nos conviene evitar» [AGA, Asuntos Exteriores, 10 (96), Caja 54/11097, Exp. 4491].

el propio poeta con aquel primer ofrecimiento, a la postre rechazado, o quizás con su labor a la cabeza de Altavoz del Frente Sur? Una pregunta cuya respuesta se aclara casi del todo si atendemos al testimonio de Ricardo Muñoz Suay –comisario general de la UFEH desde abril de 1937– y su primo, ya citado, José Orozco Muñoz –que se presenta con el pseudónimo de *José Domingo* [Galán, 1988: 49]–. Los dos se reunieron con el poeta en Valencia, pero sus recuerdos, emocionados y, quizás perturbados por el paso del tiempo, no coinciden en situar el encuentro cronológicamente. El primero apunta a «la primavera de 1937, en Valencia» [1975: 45], cuando «hablamos de nuestros quehaceres culturales con olvido de todo pesimismo y realidad políticos. Como ausentes del entorno, obsesionados por los problemas del analfabetismo, de la instrucción cultural de los soldados, de las ediciones de nuestros libros, de su posible participación al frente del teatro *La Barraca*» [1975: 46]. El segundo, por su parte, concreta el ofrecimiento firme del cargo –«cuando yo le conocí en 1937 [...] fue para ofrecerle la dirección de *La Barraca*, vacante entonces por la muerte de García Lorca» [1975: 48]–. Como hemos demostrado, Federico había abandonado mucho antes de su muerte la formación. Sin embargo, no es ese detalle el que nos interesa, sino la ubicación temporal de la charla a tres, que, en opinión de *José Domingo* [José Orozco], se produjo mientras «se celebraba entonces aquel Congreso Internacional de Intelectuales, que aportó a Valencia [...] un núcleo selectos de intelectuales europeos y americanos» [*ibidem*], inaugurado –apunto yo– el 4 de julio de 1937. Puestos a decantarnos por una fecha, lo haría por la segunda, toda vez que *José Domingo* realiza este ejercicio de memoria en 1961 –Muñoz Suay en 1974–, quizás cuando la memoria conservaba más frescos momentos y lugares. En cualquier caso, a finales de la primavera o principios del verano, y no antes, como quería el propio Hernández. Más importante aún es el hecho de que el «ofrecimiento» en firme se produzca por parte de la UFEH –de José Orozco, en particular– en quien, ya lo hemos visto antes, delegó José Gaos para la preparación del espectáculo teatral que habría de ser exhibido en París.

Como queda dicho, a principios de agosto La Barraca «está ya ensayando aquí, en Valencia», en «un salón del local de la UFEH», el repertorio que habrá de presentar en París, a saber: «*Fuenteovejuna*, los entremeses de Cervantes, *El caballero de Olmedo* y otras obras de nuestros mejores autores teatrales», con una formación integrada por «veinte» personas, «seis muchachas» entre ellas ["El teatro de los estudiantes...", *La Hora. Diario de la juventud*, 13 de agosto de 1937: 9.]. El anónimo cronista anuncia que La Barraca prepara «antes de partir [...] una representación dedicada al pueblo valenciano». A juzgar por los datos de que disponemos ésta se produjo el domingo 29 de agosto[30], a las cinco de la tarde ["La Barraca", *El Pueblo*, 28 de agosto de 1937: 2; "La Barraca", *El Pueblo*, 29 de agosto de 1937: 4], con un carácter mixto entre lo musical –a cargo de la Banda Municipal– y lo teatral, en el parque de Los Viveros; estaba integrada por siete partes, las cuales al lector atento recordarán, por su disposición, la fiesta teatral barroca: 1. *Saludo a Valencia de La Barraca*; 2. *Los habladores*; 3. *Castilla* (seguidillas), de Albéniz; 4. *El retablo de las maravillas*; 5. *Aires montañeses*, de Santamaría; 6. *La cueva de Salamanca*; 7. *Danza del fuego*, de Manuel de Falla. La información es muy escasa y se deriva, apenas, de un par de testimonios. El primero, una crónica descriptiva publicada por *El Pueblo* ["La actuación de la Barraca...", 30 de agosto de 1937: 3], en virtud de la cual el espectáculo en su conjunto constituía un «homenaje al Ejército leal y al pueblo de Valencia». Lo más importante es, sin em-

30 No resultaría descabellado considerar este espectáculo como un adelanto de la Exposición Nacional de la Juventud, celebrada en Valencia entre agosto y septiembre de 1937. Aunque en *Ahora. Diario de la juventud* [28 de agosto de 1937: 5] se da noticia de su inauguración «el próximo domingo, 29 del actual», parece ser que finalmente la apertura tuvo lugar el 30. En números sucesivos se da noticia de las actividades ligadas a dicha Exposición: «un salón de cine, un teatro, un guiñol, una sección de librería y otras muchas secciones acogerán a los jóvenes que acudirán de todos los lugares del territorio leal a contemplar los trabajos realizados por los mejores artistas de España, los materiales de propaganda elaborados en el transcurso de la guerra. [...] La Comisión Nacional de Propaganda de la J.S.U. ha dedicado una parte de sus esfuerzos a la propaganda de esta Exposición, que promete ser un resonante éxito por su finalidad y alcance». Además, en el acto del domingo 29, y en el guiñol de la exposición, se representó «una farsa popular de Federico García Lorca» ["Actos del domingo. Inauguración de la Exposición Nacional de la Juventud", *La Vanguardia*, 31 de agosto de 1937: 5].

bargo, la afirmación expresa de los directores artísticos de la representación, a saber, «Miguel Hernández Días [*sic*] y María del Carmen García Lasgoity» [*ibidem*]. Si obviamos la confusión en el segundo apellido del poeta oriolano –Gilabert, y no Días–, nos encontramos a un Miguel Hernández recién llegado al cargo y que contaría, a buen seguro, con el apoyo de la que era ya veterana actriz en la antaño formación lorquiana –lo cual no entra en contradicción con el juicio de la propia Lasgoity [AA. VV., 1999]–. El segundo testimonio es un artículo emocionado que Juan Gil-Albert dedica a la puesta en escena en el número 10 de *Hora de España*. Sabemos, por él, que fueron utilizados para la ocasión «los graciosos figurines de Gaya y Manuel Ángeles Ortiz, deslucidos de tanto camino español y plazuela pública» [1937: 76]. Y también, claro, que el tablado barroco trajo a la memoria del poeta el recuerdo vivo de su amigo muerto:

> Aquí mismo, en Valencia, le vimos a él, rodeado de esos muchachos vestidos con monos azules como de su propia alegría, dominando el bullicioso medio estudiantil con la autoridad de su gracia. Produce estupor el saberlo de tal manera muerto, y que el uniforme de sus actores haya significado después, durante varios meses, el vestido casi unánime de un pueblo en armas [*ibidem*: 77].

Lo más interesante está, con todo, en la estructura del espectáculo. Sabemos que La Barraca iba a mostrar en París, entre otras cosas, una selección de los *Entremeses* cervantinos; y sabemos también, por el artículo citado de *Mi revista*, que el espacio destinado a la representación iba a ser compartido por grupos folklóricos de música y danza[31]. A falta del hallazgo de documentos más precisos en la prensa valenciana, parece evidente que el espectáculo exhibido el 29 de agosto de 1937 en Los Viveros constituía, muy probablemente, una especie de ensayo general

31. En *Ahora. Diario de la juventud* [3 de septiembre de 1937: 8] aparecen varias fotografías sobre la participación de "España en la Exposición Internacional de París". Curiosamente, una de ellas se dedica a un grupo folklórico que desarrolla su actuación en el escenario del pabellón patrio, instantánea que se sitúa en la parte superior de una reproducción del *Guernica* de Picasso.

de la propuesta destinada a la Exposición Internacional, en un alarde de virtuosismo que, es lástima, apenas podemos intuir.

Pero continuemos con el aún no resuelto *caso* –si se me permite la licencia– Hernández. Ya hemos visto que el 13 de agosto parece un hecho consumado la designación del poeta como *nuevo* director de La Barraca, con objeto a las representaciones que la formación había de ofrecer en París. Por eso mismo, resulta muy curiosa la entrevista que Juan del Sarto, periodista de *Crónica* [1937: 2], realiza a Manuel Balgañón, secretario, por entonces, de la FUE de Madrid, y que fue publicada, a la sazón, en el número correspondiente de agosto. De la dispersión causada por la guerra es muestra la sorpresa que manifiesta el periodista al exclamar «¡Sigue funcionando La Barraca!», a lo que Balgañón contesta:

> Desde luego. Ya sabe usted cómo es de todos conocida la labor realizada por este teatro universitario de guerra por todos los frentes en que ha actuado, siempre llevando repertorio que, además de distraer al soldado, le instruye. Fruto de esta campaña es el reconocimiento por parte del Gobierno de la conveniencia de acudir La Barraca a la Exposición Internacional de París, cosa que hará en el plazo de tres o cuatro días.

Es evidente que la entrevista tuvo que realizarse, con casi total seguridad, en julio, y resulta como mínimo sorprendente que, hecha referencia expresa al viaje a París, Balgañón no esgrimiera, con orgullo, el nombre de quien era, a esas alturas, principal estandarte de la escritura teatral *implicada* con la contienda bélica en su calidad de nuevo director. Por esta razón deduzco, no sin asumir cierto riesgo en la hipótesis, que cuando Sarto conversa con Balgañón aún no se había confirmado el nombramiento. Se trata de una conjetura avalada, también, por otra fuente indirecta: la crónica, ya aducida con anterioridad, que Vázquez dedica a La Barraca en el número segundo del *Boletín de la FUE* publicado el 15 de julio. Por razones coincidentes a las aducidas en el primero de los casos, sorprende que un reportaje dedicado, en exclusiva, al grupo teatral no aluda a la nueva dirección.

Hablábamos de un segundo artículo descubierto por Aitor Larrabide: el publicado en *La Hora. Diario de la juventud* el 18 de septiembre de 1937, con el título "Coros, teatro, alegría... Los estudiantes en la Exposición de la Juventud", referido, casi íntegramente, a la actuación que La Barraca ofreció, aún en Valencia, el día 17 en la Exposición Nacional de la Juventud, dentro de la denominada «Tarde del Estudiante». Pasando por alto alguna sonada incorrección –«La Barraca, el teatro de los estudiantes, que comenzó dirigiendo y dirigió hasta su muerte Federico García Lorca»–, el periodista sigue anunciando su salida «en breve a París» y, una vez más, a Miguel Hernández como *nuevo* guía de la agrupación –dato que también se refiere en "La Tarde del Estudiante en la Exposición Nacional de la Juventud" [*El Pueblo*, 18 de septiembre de 1937: 3][32]–. Pese a su extensión, transcribo literalmente, por su valor documental, el relato de la velada:

> Interpretó, primero, *El retablo de las maravillas*, el famoso entremés cervantino, en el que la gracia y la ironía se entremezclan.
>
> En memoria de García Lorca, una de las muchachas de La Barraca, recitó la magnífica poesía, de Machado, "El crimen fue en Granada". Luego, otros componentes de La Barraca, recitaron dos poemas de Miguel Hernández, el joven poeta, nuevo director del teatro de los estudiantes.
>
> Otra vez los coros de la FUE cantaron para la juventud una canción soviética y una canción popular mejicana.
>
> Terminada, por el momento, la actuación de los coros, dirigió unas palabras a los asistentes el secretario de Movilización del Comité Ejecutivo de la UFEH, Vicente Marco.
>
> Este hizo resaltar el sentido popular y educativo de esta Tarde de los estudiantes, que la UFEH ofrece al pueblo valenciano, a la juventud trabajadora y combatiente. Se refirió luego a la alegría y el sano optimismo, que es, sin duda, lo más saliente de la Tarde del Estudiante: «Con la misma alegría en que transcurre nuestra tarde, con el mismo sano optimismo, sabiendo que van a vencer aunque mueran, se lanzan los jóvenes en los frentes contra el enemigo».
>
> Tras las palabras de Marco, La Barraca llevó a escena *Los dos habladores*, el otro magnífico entremés de Cervantes, muestra excelente del teatro popular español. El hablador insoportable hace reír al obrero, al estudiante, al soldado.

32. «A continuación, varios componentes de La Barraca recitaron poesías de Machado y Miguel Hernández (director del Teatro de los Estudiantes)».

La Tarde del Estudiante terminó con la proyección del film *Juventudes felices*.

Lo cierto es que no fueron, como quería Manuel Balgañón, ni tres ni cuatro los días que hubo de esperar La Barraca para ser trasladada a París. El desplazamiento de la formación es retrasado en varias ocasiones y, a principios de noviembre, se decide suspenderlo definitivamente. Ignoramos las razones que pudieron llevar a tal decisión. Quizás el recrudecimiento de la guerra en la zona septentrional. Quizás, incluso, los problemas logísticos y económicos para trasladar al grupo a París[33]. Quizás, y me decanto por esta última hipótesis, las tensas relaciones que el equipo rector de la Exposición entabla con el embajador Ossorio, muestra de las cuales es su negativa a realizar una exposición de cuadros españoles, en concreto de grandes obras del Museo del Prado en la capital francesa. Indica Cabañas que Ossorio «siempre [se mostró] remiso con las iniciativas de un Ministerio conducido por los comunistas» [2007: 214]. O quizás, incluso, y sigo en el terreno de la más pura especulación, la posición contraria que a ciertas iniciativas de la Segunda República, las Misiones Pedagógicas y La Barraca sobre todas ellas, manifestó Josep Renau, director general de Bellas Artes, y pieza fundamental en la concepción política del Pabellón de España, sobre todo después de la subida al poder de Negrín [Mendelson, 2012: 179 y ss.]. Renau exhibió una postura bastante intransigente respecto a la exhibición de los clásicos españoles en el ámbito rural, y no ocultó su renuencia a ciertas exhibiciones de andalucismo que él calificaba como «radicalmente reaccionari[as]» [Julián González, 1993: 186]. Más allá de las posibles respuestas, lo cierto es que la prensa afecta al Partido Comunista no dejó pasar la oportunidad de ensal-

33. Resulta muy desconcertante que en toda la documentación (recibos, correspondencia, actas de reuniones…) relativa a la Exposición y conservada en el Centro Documental de la Memoria Histórica (en especial el dossier PS MADRID) no haya ni una sola alusión a La Barraca, máxime cuando espectáculos al menos en principio de menor entidad para los efectos de propaganda –tal el caso de bailes folklóricos de Castilla, Euskadi y Cataluña realizados en el patio-auditorio– están perfectamente documentados.

zar la labor de la UFEH en el seno de la propaganda bélica. Se trataba, a nuestro entender, de un último empujón, sin mención explícita a La Barraca, para apoyar la labor general de este grupo de estudiantes y, de forma callada, de la formación teatral cuando su actuación en París se daba por definitivamente fracasada. Me refiero a un artículo, firmado por Molina, aparecido en *Frente Sur* –órgano de expresión, como hemos visto en el primero de los ensayos, de Altavoz del Frente de Andalucía–, titulado "La UFEH y nuestro Partido Comunista" [52 (23 de septiembre de 1937): 6] y en el que, después de hacer un repaso de corte historicista sobre su implicación antifascista desde la dictadura de Primo de Rivera, se coliga –y no es un dato en modo alguno arbitrario– el futuro de la institución con el apoyo del ministro de Instrucción Pública:

> Nuestro partido, que cuenta en su seno con muchos estudiantes, que tiene en sus manos un Ministro de Instrucción Pública que sabe dar satisfacción a las aspiraciones de los mismos, y que sabe que ellos representan la nueva generación de intelectuales, que va a sustituir y a aventajar a los que hicieron traición a su patria el 18 de julio, está con la UFEH. El Partido Comunista tiene el ferviente deseo de ayudar a estos forjadores de la victoria en la difícil misión que hoy tienen sobre sí.

El esfuerzo, con todo, no cayó en saco roto. *Fuenteovejuna* se representó en Valencia en varias ocasiones y también se ofrecieron un par de exhibiciones en Madrid. La historia de La Barraca, sin embargo, había acabado para siempre. O casi. A pesar del intento frustrado, la experiencia antaño comandada por Lorca vio renacer su legado, aunque fuera simbólicamente, en tierras galas. Dicho acontecimiento se produjo en el Théâtre du Peuple de París, en febrero de 1938, y todas las circunstancias parecen apuntar a un homenaje en toda regla al poeta granadino, luego del estreno frustrado por parte de quien fue su grupo de teatro. Y es que el texto elegido fue *Fuenteovejuna* –en traducción de Jean Cassou y Jean Camp, y dirección de Henri Lesieur–, precisamente uno de los textos que estaba llamado a ocupar el patio central del Pabellón de España en la Exposición de París. El papel de Laurencia fue interpretado por Germana Montero, quien, como bien ha señalado Manuel Aznar, «se trasladó a España a los dieciocho años para vincularse [...] al grupo teatral universitario La Barraca. [...]» [2003: 380, nota 6]. Además, tanto Cassou como Camp respetaron en su versión francesa las canciones, de cuño propio, que Federico García Lorca había incluido para su montaje de La Barraca [*ABC*, 17 de febrero de 1938: 5].

De la magnitud del acontecimiento daba cuenta el propio Max Aub, en artículo publicado en *La Vanguardia*, el 18 de febrero de 1938[34], quien insistía, una vez más, en el valor paradigmático de los versos lopescos y de su conexión con la lucha que se desarrollaba en España:

> Escuchada hoy *Fuenteovejuna*, es la explicación más clara y rápida que se puede dar de nuestra lucha. Hace 450 años los campesinos tenían la misma razón y las mismas razones que hoy para empuñar las armas. [...] Al llevar a las tablas, en el corazón de París, nuestro problema, *Fuenteovejuna* hace constar la tradición que defendemos, la razón y la justicia de nuestra causa y la seguridad de nuestra victoria: nada puede ni ha podido nunca un perjuro o una camarilla contra todo un pueblo.

Y antes que él *Brake* para las páginas del diario socialista *Le Populaire*, para quien el mayor atractivo del espectáculo, más allá de su carácter popular y de las dotes innegables de Germana Montero, residía en el canto de apoyo que rendía, al otro lado de los Pirineos, a los sufrientes campesinos españoles que luchaban, en ese momento, en pro de la libertad: «rien ne peut mieux convenir qu'un spectacle de qualité où la brutalité du dominateur féodal est vaincue, où le caractère espagnol se montre sous tous ses aspects à la fois, où il n'est pas de forme d'art qui soit absente» [1938: 2]. No debe olvidarse que el Théâtre du Peuple había elegido previamente textos de fuerte calado revolucionario: *La madre*, de Gorki, y *Los lobos*, de Romain Rolland.

El montaje actuó como reactivo para los nacionales. El periódico francés *Occident*, defensor de los intereses franquistas, no tardó en res-

34. Manuel Aznar lo reprodujo en su libro *Max Aub y la vanguardia teatral (Escritos sobre teatro, 1928-1938)* [1993: 203-209].

ponder agriamente al estreno, a través de dos artículos publicados en sus números 10 [10 de marzo] y 12 [10 de abril de 1938]. El primero, titulado «*Fuenteovejuna*, pillée par les rouges», tilda la puesta en escena como un acto de propaganda del que nadie, ni siquiera el traductor, sale indemne:

> Étant donné les interventions politiques notoires de cette représentation, le sens idéologique que l'on attribue au célèbre chef d'oeuvre et la personnalité d'un de ses traducteurs, M. Jean Cassou, communiste français spécialement attaché au «Frente Popular» espagnol, il faut voir là, indiscutablement, un acte de propagande.

En la supuesta profanación propagandística sobre la pieza lopesca, se cita expresamente los antecedentes soviéticos y el montaje que García Lorca dirigió, durante el periodo republicano, al frente de La Barraca [Peral Vega, 2006], pasos previos que otorgan a los «rojos» un camino ya labrado en estos ejercicios de «tripatouillages» y «trucages». A diferencia de la puesta en escena lorquiana, la supresión de los Reyes Católicos no es total sino que se reduce a ciertas intervenciones de los monarcas en el segundo acto; pero el sesgo «comunista» de la adaptación sí se exhibe en otros lugares, tal el caso de la escena de los esponsales, suprimida y reemplazada por otra «extraite du *Peribañez et le commandeur d'Ocana*», procedimiento que es calificado por el anónimo cronista de «attentat à une propriété intellectuelle et historique», sobre todo por ser Lope, a sus ojos, la máxima representación de la España sumida en una «pure foi religieuse». De ahí que esgrima la interpretación de Menéndez y Pelayo como la única admisible, a saber, «si le drame de Lope est parfaitement démocratique, il est aussi profondement monarchique», extremos ambos que cualquier estudioso de Lope podría compartir pero que causan un cierto sonrojo cuando son empleados, como arma *ex contrario*, por quienes no defendían ni lo uno ni lo otro. En efecto, son varias las veces que los representantes del pueblo claman por la «protection royale», pero no es menos cierto que el pueblo se rebela con toda la fuerza que el siglo XVII permitía.

El segundo artículo publicado en *Occident* lleva el lacónico título de «*Fuenteovejuna*» y refrenda la polémica suscitada por el estreno, ya que reproduce una carta de Jean Camp, herido por la crónica precedente, y la respuesta, aún más combativa de «notre collaborateur», quien acaba por defender, si cabe con más fuerza, la tesis que había argüido anteriormente: «[...] Notre opinion est que *Fuenteovejuna* ne peut, en aucune façon, être rabaissée à servir d'instrument pour une propagande qui, faute de meilleurs arguments, se raccroche aux plus vagues pretextes littéraires» [1938: s. p.]. En cualquier caso, parece que la memoria de García Lorca, pretendidamente viva en los versos de Lope, trascendía definitivamente nuestras fronteras, por mucho que los intentos del gobierno republicano resultaran finalmente fallidos y el espíritu revolucionario del Fénix y del poeta granadino no pudieran revivir, una vez más unidos, en el Pabellón de España, en aquel patio-auditorio, flanqueado por la *Fuente de Mercurio*, de Alexander Calder, y el *Guernica*, de Picasso, donde se había construido, en uno de los extremos de esta planta baja la librería y el servicio de publicaciones; allí precisamente donde colgaba un enorme retrato de Federico García Lorca, poeta, dramaturgo y mártir que, es lástima, no pudo hacerse vivo en su Barraca y entre aquellas paredes en las que tan bien representados estuvieron todos los anhelos de un sistema político que se encaminaba definitivamente a su fin[35].

## Bibliografía

AA. VV., *Livre d'or officiel de l'Exposition Internationale des Arts et techniques dans la vie moderne Paris 1937*, Paris, Spee/Ministère du Commerce et de l'Industrie, 1938.

— *Art contra la guerra. Entorn del pavelló español a l'Exposició Internacional de París de 1937*, Barcelona, Ajuntament de Barcelona, 1986.

35. La Barraca también estuvo presente en el Pabellón de España, aunque fuera, una vez más, de manera testimonial: en el fotomural de Josep Renau titulado *Las Misiones Pedagógicas*, expuesto en la planta primera, y por encima del grupo de niños y adultos que observaban embelesados la proyección cinematográfica, se percibía «una máscara teatral que era la simbólica representación de La Barraca» [Mendelson, 2012: 195].

— "Conversación con Carmen Resines, Efrén Arias y Luis Giménez-Cacho. La Barraca durante la guerra", en *FGL. Boletín de la Fundación Federico García Lorca*, 25 (1999), pp. 15-38.

— *Propaganda en guerra*, Salamanca, Consorcio Salamanca, 2002.

ACÉBEZ, Artur, "La tasca remarcable de 'Cultura Popular'", *Mirador. Seminari de literatura, art i política*, 15 de abril de 1937, p. 8.

AGUILAR, José, "Fogueres de San Chuan. Con extraordinaria animación y verdadera magnificencia, sigue celebrándose la 'festa del poble'", *El Luchador*, 8565 (23 de junio de 1936), p. 1.

AGUILERA, Juan y Manuel Aznar Soler, *Cipriano de Rivas Cherif y el teatro español de su época (1861-1967)*, Madrid, Asociación de Directores de Escena de España, 1999.

ALIX TRUEBA, Josefina, *Pabellón español: Exposición Internacional de París, 1937*, Madrid, Museo Nacional Centro de Arte Reina Sofía/ Ministerio de Cultura, 1987.

— "From war to magic: the Spanish Pavilion, Paris 1937", *Barcelona and modernity: Picasso, Gaudí, Miró, Dalí*, New Haven, Cleveland Museum of Art, 2006, pp. 450-457.

ALTOLAGUIRRE, Manuel, *Obras completas. II. «Garcilaso de la Vega». Teatro. Guiones cinematográficos*, ed. James Valender, Madrid, Istmo, 1989.

ÁLVAREZ LOPERA, José, *La política de Bienes Culturales del Gobierno republicano durante la Guerra Civil*, Madrid, Ministerio de Cultura, 1982, 2 vols.

— "Arte para una guerra. La actividad artística en la España republicana durante la Guerra Civil", *Cuadernos de Arte e Iconografía*, 5 (1990), pp. 117-163.

ÁLVAREZ REY, Leandro, *Los diputados por Andalucía de la Segunda República. 1931-1939. Diccionario biográfico*, vol. I, Sevilla, Centro de Estudios Andaluces/Junta de Andalucía, 2009.

ÁLVAREZ, Santiago, *Memorias*, Sada (La Coruña), Ediciós do Castro, 1993.

ANÓNIMO, "Los poetas de la República. 'Romancillo de García Lorca y Castellón de la Plana'", *Gracia y Justicia. Órgano extremista del humorismo popular*, 122 (21 de abril de 1934), p. 6.

— "Antena literaria. 'Alusiones mortificantes'", *Gracia y Justicia. Órgano extremista del humorismo popular*, 144 (22 de septiembre de 1934), p. 14.

— "La temporada teatral. Repertorio clásico", *Gracia y Justicia. Órgano extremista del humorismo popular*, 147 (13 de octubre de 1934), p. 8.
— "La temporada teatral. La paz de Dios", *Gracia y Justicia. Órgano extremista del humorismo popular*, 148 (20 de octubre de 1934), p. 15.
— "La figura de la semana. Don Joaquín Dualde", *Gracia y Justicia. Órgano extremista del humorismo popular*, 168 (9 de marzo de 1935), p. 14.
— "La figura de la semana. La ilusión perdida", *Gracia y Justicia. Órgano extremista del humorismo popular*, 172 (6 de abril de 1935), p. 14.
— "Cantera literaria. 'Sigue la racha'", *Gracia y Justicia. Órgano extremista del humorismo popular*, 173 (13 de abril de 1935), p. 14.
— "Vamos con las diez de últimas saturadas de cultura", *Gracia y Justicia. Órgano extremista del humorismo popular*, 184 (29 de junio de 1935), p. 3.
— "Cantera literaria. 'Los escritores veranean'", *Gracia y Justicia. Órgano extremista del humorismo popular*, 188 (27 de julio de 1935), p. 14.
— "En el tricentenario de Lope de Vega. Después de pensarlo un año, se organizan festejos en homenaje al 'Fénix de los ingenios'", *Gracia y Justicia. Órgano extremista del humorismo popular*, 192 (24 de agosto de 1935), p. 14.
— "Escena y bastidores", *El Sol*, 21 de marzo de 1936, p. 2.
— "Escena y bastidores. La Barraca a Barcelona", *El Sol*, 5 de abril de 1936, p. 6.
— "¿Ha sido fusilado por los traidores el gran poeta popular Federico García Lorca?", *Milicia Popular*, 39 (9 de septiembre de 1936), p. 3.
— "Ante la muerte de García Lorca", *El Sol*, 11 de septiembre de 1936, p. 2.
— "Ha muerto Nazario Cuartero", *La Voz*, 12 de noviembre de 1936, p. 3.
— "Información municipal. Comisión de Gobernación", *La Libertad*, 8 de enero de 1937, p. 6.

— "Espectáculos", *La Libertad*, 15 de enero de 1937, p. 7.
— "En el frente del Centro. Acto de afirmación antifascista", *La Vanguardia*, 31 de marzo de 1937, p. 5.
— "La Barraca", *Pasaremos. Órgano de la 11ª División*, 16 (8 de abril de 1937), p. 4.
— "À l'Exposition. Le pavillon de la République espagnole a été inauguré hier", *L'Humanité. Organe central du Parti Communiste*, 13 de julio de 1937, p. 8.
— "La Conferencia Nacional de Estudiantes FUE", *Boletín de la FUE*, 2 (15 de julio de 1937), p. 3.
— "El teatro de los estudiantes actuará en la Exposición Internacional de París", *La Hora. Diario de la juventud*, 13 de agosto de 1937, p. 9.
— "La Barraca", *El Pueblo. Diario del Partido Sindicalista*, 28 de agosto de 1937, p. 2.
— "La Barraca", *El Pueblo. Diario del Partido Sindicalista*, 29 de agosto de 1937, p. 4.
— "La actuación de La Barraca, constituye un extraordinario éxito", *El Pueblo. Diario del Partido Sindicalista*, 30 de agosto de 1937, p. 3.
— "El arte y la República. Notas del Pabellón Español en la Exposición Internacional de París", *El Pueblo. Diario del Partido Sindicalista*, 12 de septiembre de 1937, p. 3.
— "Coros, teatro, alegría… Los estudiantes en la Exposición de la Juventud", *La Hora. Diario de la juventud*, 18 de septiembre de 1937, p. 8.
— "La Tarde del Estudiante en la Exposición Nacional de la Juventud", *El Pueblo. Diario del Partido Sindicalista*, 18 de septiembre de 1937, p. 3.
— "Estreno en París de *Fuenteovejuna*", *ABC*, 17 de febrero de 1938, p. 5.
— *"Fuente Ovejuna pillée para les rouges"*, *Occident. Le bi-mensuel franco-espagnol*, 10 (10 de marzo de 1938).
— "*Fuenteovejuna*", *Occident. Le bi-mensuel franco-espagnol*, 12 (10 de abril de 1938).
— "José Antonio: estudiante, enamorado y parlamentario", *Y. Revista de la mujer nacional sindicalista*, 10 (noviembre de 1938), pp. 20-25.
ANTÓN, Carmen, *Visto al pasar. República, guerra y exilio*, Sada (La Coruña), Ediciós do Castro, 2002.

Araquistáin, Luis, *Papeles de Luis Araquistáin*, Archivo Histórico Nacional, Legajo 76.

— *Sobre la Guerra Civil y la emigración*, Madrid, Espasa-Calpe, 1983.

Aróstegui, Julio, *Largo Caballero. El tesón y la quimera*, Barcelona, Debate, 2013.

Aub, Max, "El estreno de *Fuenteovejuna* en París, *La Vanguardia*, 18 de febrero de 1938, p. 3.

Auclair, Marcelle, *Enfances et mort de García Lorca*, Paris, Seuil 1968.

Aznar Soler, Manuel, *Max Aub y la vanguardia teatral (Escritos sobre teatro, 1928-1938)*, Valencia, Universitat de València, 1993.

— ed., Max Aub, *Nuevos diarios inéditos [1939-1972]*, Sevilla, Renacimiento, 2003.

— *Valencia, capital literaria y cultural de la República (1936-1937)*, Valencia, Publicacions de la Universitat de València, 2007.

— *República literaria y revolución (1920-1939)*, Sevilla, Renacimiento, 2010, 2 vols.

Balgañón, Manuel, "La Barraca. Teatro universitario de guerra", *Boletín de la FUE*, 1 (1 de julio de 1937), pp. 4-5.

Barbé i Oriol Dueñas, Elisenda, "El Pavelló de la República: entre l'art i la propaganda", en *Espai, art i memoria: el Pavelló de la República. París 1937 / Barcelona 2007*, eds. Rafael Aracil y Antoni Segura, Barcelona, Universitat de Barcelona, 2008, pp. 59-72.

Basilio, Miriam, *Reinventing Spain: Images of the Nation in Painting and Propaganda, 1936-1945*, New York, Institute of Fine Arts, 2002 [tesis inédita].

Blasco Romero, Ricard, *El teatro al País Valencià durant la Guerra Civil (1936-1939)*, Barcelona, Curial, 1986.

Bolarque, Luis, "José Antonio y la verdad de *Cara al sol*", *Y. Revista de la mujer nacional sindicalista*, 10 (noviembre 1938), p. 26.

*Brake*, "*Font-aux-Cabres* est pour vous", *Le Populaire. Organe Central du Parti Socialiste (S.F.I.O.)*, 5474 (9 de febrero de 1938), pp. 1-2.

Byrd, Suzanne, *'La Barraca' and the Spanish National Theatre*, New York, Abra Ediciones, 1975.

Cabañas Bravo, Miguel, "El Pabellón español de 1937, en París, con Picasso y sin Dalí", en *Josep Renau (1907-1982). Compromís i cultura*, Valencia/Madrid, Universitat de València/Fundación General Universitat de València/Ministerio de Cultura/Sociedad Estatal de Conmemoraciones Culturales, 2007, pp. 140-169.

— ed., *Josep Renau. Arte y propaganda en guerra*, Madrid, Ministerio de Cultura, 2007.

Cantero, Chus, "El concepto de la extensión universitaria a lo largo de la historia", <www.uca.es/web/actividades/atalaya/atalayaproductos/concepto> (consultado el 12 de agosto de 2012).

Chabás, Juan, "Vacaciones", *Luz*, 3 de septiembre de 1934, p. 3.

Coira, Pepe, *Antonio Román. Un cineasta de la posguerra*, Madrid, Editorial Complutense, 2004.

Cosme Ferrís, María Dolores, "Estudio de la cartelera teatral de Valencia en el período de 1936-37 a través de *Fragua Social*", *Stichomythia*, 0 (2002), <http://parnaseo.uves/Ars/ESTICOMITIA/Numero0/indicecero/indiceo.htm> (consulta realizada el 19 de julio de 2012).

Cuéllar, Juli, "La República a l'Exposició Internacional de París del 1937", en *Cultura i compromís antifeixista*, Barcelona, Edicions 62, 2006, pp. 133-138.

Expósito Navarro, "Teatro del pueblo. El teatro aficionado en Valencia en el período 1936-1939", *Stichomythia*, 5 (2007), pp. 63-71.

*Febus*, "Teatro universitario La Barraca", *El Sol*, 14 de abril de 1936, p. 2.

Foguet i Boreu, Francesc, "Edwin Piscator a Catalunya (1936)", *Serra d'Or*, 460 (abril de 1998), pp. 72-75.

— *El teatre català en temps de guerra i revolució (1936-1939)*, Barcelona, Institut del Teatre/Abadia de Montserrat, 1999.

— "El teatro universitario en la Cataluña de la Segunda República (1935-1937)", *Anales de literatura española contemporánea*, 25/3 (2000), pp. 821-888.

Freedberg, Catherine Blanton, *The Spanish Pavilion of the Paris World's Fair*, New York, Garland, 1986.

Galán, Luis, *Después de todo. Recuerdos de un periodista de la Pirenaica*, Barcelona, Anthropos, 1988.

Gamonal Torres, Miguel Ángel, *Arte y política en la Guerra Civil española. El caso republicano*, Granada, Diputación Provincial, 1987.

Gaos, Alejandro, "Del panorama español. El teatro universitario", *El Luchador*, 11 de julio de 1933.

Gaos, José, *Obras Completas*, xix, *Epistolario y papeles privados*, México, Universidad Nacional Autónoma de México, 1999.

García, Hugo, "La propaganda exterior de la República durante la Guerra Civil. Origen, éxitos y miserias de los servicios de París", *Mélanges de la Casa de Velázquez*, 39/1 (2009), pp. 215-140.

Gaya, Ramón, "Teatro", *Hora de España*, 2 (1937a), p. 60.

— "Representación de Mariana Pineda", *Hora de España*, 7 (1937b), pp. 75-76.

Gibson, Ian, *"Caballo azul de mi locura". Lorca y el mundo gay*, Barcelona, Planeta, 2010.

G[il]-A[lbert], J[uan], "La Barraca", *Hora de España*, octubre de 1937, pp. 76-77.

Graham, Helen, "War, Modernity, and Reform: The Premiership of Juan Negrín 1937-1939", en *The Republic Besieged: Civil War in Spain, 1936-1939*, eds. Paul Oreston y Ann L. Mackenzie, Edimburgh, Edinburgh University Press, 1997, pp. 163-196.

Guasp, Ernest, "Avui, al Principal. *Doña Rosita*, de García Lorca", *Mirador. Seminari de literatura, art i política*, 12 de diciembre de 1935, p. 5.

Hernández Sánchez, Fernando, *Guerra o revolución. El Partido Comunista de España en la Guerra Civil*, Barcelona, Crítica, 2010.

Huerta Calvo, Javier, dir., *La Barraca. Teatro y universidad. Ayer y hoy de una utopía*, Madrid, Acción Cultural Española/Universidad Complutense de Madrid/Instituto del Teatro de Madrid, 2011.

Ifach, María Gracia, ed., *Miguel Hernández*, Madrid, Taurus, 1975.

J. G. L., "Las vacaciones de La Barraca", *El Liberal*, 21 de junio de 1935.

*José Domingo*, "Miguel Hernández: la vida y la muerte", *Revista Nacional de Cultura*, Caracas (Venezuela), enero-febrero 1961 [tomado de *Miguel Hernández*, ed. María de Gracia Ifach, Madrid, Taurus, col. "El escritor y la crítica", 1975, pp. 48-50].

Julián González, Inmaculada, "Entrevista a Josep Renau, Venecia 1976", en *El cartel republicano en la Guerra Civil española*, Madrid, Ministerio de Cultura, 1993, pp. 185-194.

LANDRETA YRAGO, José, *Federico García Lorca y Galicia*, Sada (La Coruña), Ediciós do Castro, 1986.

LARRABIDE, Aitor, "El laberinto inextricable de Miguel Hernández: su viaje a Rusia", *El eco hernandiano*, 12 (2007), pp. 12-20.

LÍSTER, Enrique, *Nuestra guerra: aportaciones para una historia de la guerra nacional revolucionaria del pueblo español. 1936-1939*, Paris, Librairie du Globe, 1966.

LLADO FIGUERES, J. M., "Teatre Universitari: 'La Barraca'", *Mirador. Seminari de literatura, art i política*, 2 de febrero de 1933, p. 8.

LOEWEL, A., "La Exposición de París 1937. Informaciones especiales de *Mi Revista*", *Mi Revista*, 15 de agosto de 1937, s. p.

MANCEBO, Mª Fernanda, "Una Universidad en guerra. La Federación Universitaria Escolar. Valencia. 1936-39", *La II República. Una esperanza frustrada. Actas del Congreso «Valencia, capital de la República» (Abril 1986)*, Valencia, Edicions Alfons el Magnànim/Institució Valenciana d'Estudis i Investigació, 1987, pp. 293-319.

— *La Universidad de Valencia en guerra: la FUE (1936-1939)*, Valencia, Ajuntament/Universitat de València, 1988.

*Manuel y Federico: La Barraca*, película documental (Archivo de la Fundación Federico García Lorca).

MARRAST, Robert, *El teatre durant la Guerra Civil española. Assaig d'història i documents*, Barcelona, Institut del Teatre/Edicions 62, 1978.

MARTÍN, Eutimio, *El oficio de poeta. Miguel Hernández*, Madrid, Aguilar, 2010.

MARTÍN MARTÍN, Fernando, *El pabellón español en la Exposición Universal de París en 1937*, Sevilla, Universidad de Sevilla, 1982.

MAYORDOMO, Alejandro y Juan M. Fernández Soria, *Vencer y convencer. Educación y política. España 1936-1945*, Valencia, Universitat de València, 1993.

MENDELSON, Jordana, *Documentar España. Los artistas, la cultura expositiva y la nación moderna, 1929-1939*, traducción de Elisenda Julibert y Miguel Martínez-Lage, Barcelona, Ediciones La Central/Museo Nacional Centro de Arte Reina Sofía, 2012.

MOLINA, "La UFEH y nuestro Partido Comunista", *Frente Sur: periódico de Altavoz del Frente Sur*, 52 (23 de septiembre de 1937), p. 6.

Morla Lynch, Carlos, *En España con Federico García Lorca (páginas de un diario íntimo 1928-1936)*, Sevilla, Renacimiento, 2008.

Muñoz Suay, Ricardo, "El pequeño fragmento de vida", en *Miguel Hernández*, ed. María Gracia Ifach, Madrid, Taurus, col. "El escritor y la crítica", 1975, pp. 45-47.

Navazo, Pepe, "Al través de mis lentes. El pabellón español de prensa en la Exposición de París", *Mi revista*, 1 de septiembre de 1937, número extraordinario.

Nelken, Margarita, "Por tierras de Guadalajara. Después de la huida de los 'civilizadores'", *Estampa*, 482 (17 de abril de 1937).

Neruda, Pablo, "Federico García Lorca", *España democrática. Órgano del Comité en pro de la defensa de la República democrática española*, 87 (6 de enero de 1939), pp. 3-4.

Peral Vega, Emilio, "De reyes destronados. La figura del rey en el teatro clásico durante la Segunda República", en *El teatro clásico español a través de sus monarcas*, ed. Luciano García Lorenzo, Madrid, Fundamentos, 2006, pp. 351-377.

Perales Brianga, Germán, *Católicos y liberales: el movimiento estudiantil de la Universidad de Valencia (1875-1939)*, Valencia, Universitat de València, 2009.

Renau, Josep, *Arte en peligro: 1936-1939*, Valencia, Ayuntamiento de Valencia, 1980.

Ribagorda, Álvaro, *El coro de Babel. Las actividades culturales de la Residencia de Estudiantes*, Madrid, Residencia de Estudiantes, 2011.

Ríos Carratalá, Juan Antonio, *A la sombra de Lorca y Buñuel: Eduardo Ugarte*, Alicante, Universidad de Alicante, 1995.

Robles Tardío, Rocío, ed., *Picasso y sus críticos I. La recepción del Guernica, 1937-1947*, Barcelona/Madrid, La Central/Museu Picasso de Barcelona/Museo Nacional Centro de Arte Reina Sofía, 2011.

Rodríguez Rapún, Rafael, "El teatro universitario de La Barraca", *Almanaque Literario*, 1 de enero, 1935, pp. 275-277.

Sáenz de la Calzada, Luis, *La Barraca: teatro universitario*, Madrid, Residencia de Estudiantes, 1976.

— *La Barraca, teatro universitario; seguido de Federico García Lorca y sus canciones para La Barraca*, Madrid/León, Residencia de Estudiantes/Fundación Sierra-Pambley, 1998.

*SAM*, "Espectáculos. Español. *Venciste, Monatkof*", *ABC*, 27 de enero de 1937, pp. 13-14.

SANTOS, Mateo, *Un ensayo de teatro experimental*, Caspe, Nueva Aragón, Consejería de Información y Propaganda del Consejo de Aragón, 1937.

SARTO, Juan del, "Los estudiantes de la FUE en la guerra actual. Sus actividades en el frente y la retaguardia", *Crónica*, 404 (8 de agosto de 1937), p. 2.

SIGUAN, Miquel, *Els estudiants catalans i la Guerra Civil*, Barcelona, Universitat de Barcelona, 1993.

SIRERA, Josep Lluís, "*¡Venciste Monátkof!*", *Stichomythia*, 10 (2010), pp. 119-121.

TOMÁS, Joan, "A proposit de *La dama boba*. García Lorca i el teatre clàssic español", *Mirador. Seminari de literatura, art i política*, 19 de septiembre de 1935, p. 5.

TUÑÓN DE LARA, Manuel, ed., *Historia de España, tomo IX, La crisis del Estado: dictadura, república, guerra (1923-39)*, Barcelona, Labor, 1982.

TUSSELL, Javier, "Estudio preliminar" a Luis Araquistáin, *Sobre la Guerra Civil y la emigración*, Madrid, Espasa-Calpe, 1983.

VÁZQUEZ, M., "Reportajes. La Barraca", *Boletín de la FUE*, 2 (15 de julio de 1937), p. 7.

VILLALTA, Miguel, "Forjador de pueblos. El hombre que la España obrera necesitaba: Caballero", *El Obrero. Órgano del Partido Socialista*, número extraordinario, 1 de mayo de 1937, s. p.

VILLARROYA, Joaquín Tomás, "La prensa de Valencia durante la Guerra Civil (1936-1939), *Saitabi: revista de la Facultat de Geografía i Història*, 22 (1972), pp. 87-121.

VIVÓ, Josep A. y María Fernanda Mancebo, "Análisis temático de la prensa de las Asociaciones Estudiantiles (publicaciones de la UFEH-FUE y la FNEC", en *Historia y memoria de la Guerra Civil. Encuentro en Castilla y León*, vol. 3, *Hemerografías y bibliografías*, ed. Julio Aróstegui, Valladolid, Junta de Castilla-León, 1988, pp. 259-278.

ZAVALA, José María, *La pasión de José Antonio*, Barcelona, Plaza y Janés, 2011.

Ilustración 15. Actuaciones de La Barraca en el frente. Extraída del artículo "Conversación con Carmen Resines, Efrén Arias y Luis Giménez-Cacho. La Barraca durante la guerra", en *FGL. Boletín de la Fundación Federico García Lorca*, 25 (1999), pp. 15-38.

Ilustración 16. Escudo de La Barraca. *La Hora. Diario de la juventud*, 13 de agosto de 1937, p. 9. Hemeroteca Municipal de Madrid.

Estampa

Nuestra colaboradora, Margarita Nelken, recorre los frentes con los héroes de la jornada: Líster y Rodríguez, jefe de su Estado Mayor.

—¡Ojalá vuelvan! Que, ¡hay que ver el material que nos traen!

Un soldado—un miliciano de ayer—completa con tono de sentencia las palabras del oficial:

—*Gente traída con engaños. Gente sin espíritu.* ¡Unos desgraciados!

Quien así habla es un campesino de mi Extremadura, o sea un hombre que ha sido más explotado que una bestia, y que ha llevado, desde niño, una existencia más dura que la de las bestias. El es quien llama "desgraciados" a los soldados de Mussolini.

Ya cerca de Trijueque, Pando, el comandante del batallón Thaelmann, nos explica:

—Por aquí no se veía el suelo de la carretera; todo eran cadáveres. Nosotros tuvimos pocas bajas; pero ellos, entre nuestra Artillería y nuestra Aviación, materialmente los segábamos. ¡Algo terrible! Luego, nuestra Sanidad hubo de funcionar sólo para los italianos; los supervivientes no pensaban más que en huir. Nos han dejado sus heridos y sus enfermos.

Hasta el 18 de julio Pando era el médico de Rascafría. Podía haber cumplido con su deber—magníficamente—en la retaguardia; pero desde el primer momento cogió un fusil.

He aquí la plaza—escombros y desolación—de Trijueque.

—Los italianos huían por todas partes—dícenos el comisario Santiago Alvarez, que parece un niño grande y es uno de los valores más positivos de la "reconquista"—. Después, los habitantes empezaron a salir de sus cuevas; nos abrazaban llorando. La ola de barbarie de la invasión fué algo dantesco...

Como la mayoría de los pueblos alcarreños, éste

Después de la huída, los italianos bombardearon estos pueblos con saña salvaje.

Por tierras de Guadalajara

En el nuevo frente, los muchachos de La Barraca representan sus entremeses.

Después de la huida de los "civilizadores"

Ilustración 17. Actuaciones de La Barraca en el frente. *Estampa*, 482 (17 de abril de 1937). Hemeroteca Digital de la Biblioteca Nacional de España.

Ilustración 18. Figurín de Don Pedro, interpretado por Luis Cernuda, para el montaje de *Mariana Pineda*.

Ilustración 19. Cartel de la función de *Mariana Pineda,* obra de Ramón Gaya.

Ilustración 20. Foto del pabellón español en la Exposición Internacional de París, 1937.

# El Teatro-Guiñol de las Milicias de la Cultura

En agosto de 1937 se inauguraba la revista *Armas y letras. Portavoz de las Milicias de la Cultura*, esto es, la organización que, integrada por miles de voluntarios, se propuso extirpar el analfabetismo de todas las secciones del ejército republicano[1]. Abría la publicación un editorial titulado "Nuestro propósito", en el que se hacía mención expresa a Jesús Hernández y su labor incansable en pro de la cultura al frente del Ministerio de Instrucción Pública: «Carne y hechura del pueblo, ha sentido como ninguno de sus predecesores la necesidad de satisfacer estas apetencias. Nada ni nadie podrá arredrarle en la labor emprendida, uno de cuyos primeros pasos fue la creación de las Milicias de la Cultura», en la idea de que «la República será tanto más gloriosa cuanto prefiera asentarse sobre la voluntad libre de unos ciudadanos conscientes a imponerse por la fuerza a unas masas aborregadas y abúlicas». Y, en efecto, a instancias de dicho Ministerio, y mediante decreto del 30 de enero de 1937, se instituyen las Milicias de la Cultura [Antón, 1937]. En su preámbulo

1. En ese mismo número se detallaban alguna de las actividades emprendidas en esta labor: «Ya han llegado a todos los frentes bastantes ejemplares de la *Cartilla Escolar Antifascista*. Se han enviado a todos remesas de material (cartillas, lápices, pizarras murales, etc.)» [Amo, 1937: 2].

aparecía reflejada la que era su misión principal: «Bajo el fuego mismo de la guerra, los órganos del gobierno legítimo de España han de preocuparse de dar instrucción a aquellos heroicos combatientes del pueblo a quienes un régimen de opresión privó de recibir las enseñanzas más elementales en la edad escolar» [*Gaceta de la República*, 2 de febrero de 1937, *apud* Cobb, 1995: 175][2]. Y así fue, aunque en muchas ocasiones los improvisados profesores eran simplemente aquellos que disponían de los rudimentos básicos del saber, quienes, a su vez, recibían también algo más de instrucción de los más cualificados [Fernández Soria, 2007: 99], en una situación extrema que situaba en el analfabetismo a más del sesenta por ciento de los combatientes. Contaron, como queda dicho, con el apoyo inestimable del Ministerio de Instrucción Pública, que los abasteció de material escolar y, sobre todo, subvencionó la *Cartilla Escolar Antifascista*, firmada por Eusebio Cimorra –frecuente colaborador de Altavoz del Frente y comunista profeso–, y de la que se llegaron a tirar ciento cincuenta mil ejemplares [Cobb, 1995: 56-57]. Servía no sólo como sencillo método de aprendizaje en la lectoescritura, sino también de soporte propagandístico, con un sesgo comunista que le fue duramente criticado y que se explica, en primera instancia, por quién fue su autor y, en segunda, por el también comunista Jesús Hernández, que dirigía el Ministerio que la financiaba. Algo más tarde aparecería, con la misma inclinación partidista, la *Cartilla Aritmética Antifascista*.

En esta labor de desarrollo integral de la cultura en el frente empezaban a cumplir lugar privilegiado las dos artes visuales (y colectivas) más importantes, a saber: el cine y el teatro[3]. Ya en el citado número uno de

2. Para un desarrollo detallado de cómo trabajaban los milicianos de la cultura remito al excelente trabajo de Fernández Soria [2007]. Como bien indica, cualquier marco servía para impartir los rudimentos más elementales, desde la sombra de los árboles hasta cementerios, aunque el espacio más habitual fue la trinchera.

3. En el editorial "La Conferencia Nacional de Milicias de la Cultura" [*Armas y letras...*, 2 (1 de septiembre de 1937): 2] se advertía del largo camino que quedaba por recorrer en este sentido: «queda aún el teatro y cine en organización como elementos divulgadores de unos conocimientos que al mismo tiempo que deleitan instruyen. Su desarrollo ha venido preocupando extensamente a la Inspección General. Es cierto que hoy funcionan algunos equipos. Pero de todas

*Armas y letras...* se describían las actividades realizadas por el «equipo de cinema» en diversos espacios del frente de Aragón, con «toda una serie de festivales en los que se proyectan, entre otras, la película soviética *Marinos de Cronstad*», con intermedios en los que se aprovechaba para lanzar las «consignas propias de las Milicias de la Cultura y [...] del Gobierno del Frente Popular», amén de charlas, a modo introductorio, impartidas por el inspector del frente y los comisarios de guerra [Vich, 1937: 7]. El autor de la crónica, Palerm Vich, inspector del frente, esgrime, con orgullo, una de las propuestas que, como se verá, queda concretada en apenas unos días: «En la actualidad estamos trabajando en formar un teatro de agitación para el frente», además de un abanico de variadas actividades que, al modo de Altavoz, van desde los festivales deportivos, a los concursos literarios, pasando por una sección de cartelería y el acopio, esmerado, de un fondo fotográfico de guerra.

Se apuntaba, en la contracubierta del tercer número de *Armas y letras* [1 de octubre de 1937], dentro del informe "Actividades de Milicias de la Cultura durante el mes de agosto", que «últimamente, y organizado el cuadro artístico de Milicias de la Cultura a base de guiñol, música y recitación, se dispone lo necesario para su salida a los frentes, realizadas previamente algunas representaciones en cuarteles de Valencia y hospitales, como el de Benicásim (Castellón), en las que se comprueba su grandiosa aceptación por los combatientes»[4]. En ese mismo número se consagra un extenso artículo a dicha formación, con el título "Nuestro teatro-guiñol ha iniciado, con gran éxito, sus actividades". La andadura del grupo había empezado, es cierto, el 27 de agos-

formas, convendría valorar su eficacia y, de dar resultado, intensificar su funcionamiento».

4. Una experiencia extraordinariamente atractiva que ha pasado desapercibida para los estudiosos del teatro durante la Guerra Civil, más allá de algún comentario espigado de Juan M. Fernández Soria en el marco de sus investigaciones sobre los procedimientos de educación en la España moderna: «A esto hay que añadir la difusión llevada a cabo por el teatro-guiñol de Milicias de la Cultura que recorre las trincheras y hospitales en viajes de propaganda cultural. Las farsas guiñolescas son muy adecuadas para todo tipo de comunicación, ya sea de temas higiénicos, políticos o culturales» [1991: 274].

to de 1937 en el cuartel del Almirante, Regimiento de Infantería número 9 (Valencia), a las ocho y media de la tarde, en un festival artístico organizado por las Milicias de la Cultura, «con la colaboración del Cuadro Artístico, recitadores, orquesta y coro que se disponen a salir para los frentes en viaje de propaganda cultural por las trincheras» [*ibidem*]. Antes de la exhibición artística propiamente dicha, se produjo la intervención de algunas autoridades, entre ellas de Luis Huete, inspector de frente de Milicias de la Cultura, que enmarcó la representación en la lucha del miliciano por erradicar la ignorancia y el analfabetismo; y así también la de Crescenciano Bilbao, subcomisario general de Guerra, quien hizo una arrobada defensa de los milicianos, por cuanto intervinientes activos en retaguardia y en vanguardia contra el fascismo.

Se reseña, después, la siguiente actuación, acaecida el día 19 de septiembre, en el Centro de Convalecencia de las Brigadas Internacionales, y de modo más específico en el Teatro Henry Barbusse, a las nueve de la noche. El auditorio, compuesto prioritariamente por «hermanos de otros países», pudo deleitarse con la recitación de algunos poemas a cargo de Concha Cervera, «magistralmente ilustrados por Álvaro Ponsá en un trasparente». Tal fue el éxito que, «a petición de los concurrentes, fue ampliado el repertorio con la admirable jota de *La Dolores*, y una preciosa *czarda* que el compañero violinista, Jesús Fernández, trenzó con insuperable maestría».

En el artículo reseñado del número de octubre se transcribe el "Programa del espectáculo que lleva a los frentes Milicias de la Cultura":

PRIMERA PARTE

1º. *Komintern*, por orquesta.

2º. Palabras de presentación.

3º. La orquesta interpretará: *Danza 5ª*, de Granados; *Danza del fuego* del *Amor Brujo*, de Falla.

4º. Farsa guiñolesca *Cuidado con Venus, Canuto*.

SEGUNDA PARTE

1º. Recital del romance *Soledad de Málaga*, de Prados.

2º. Farsa satírica *El Gil-Gil*, de Rafael Alberti.

3º. Romanza andaluza, de Sarasate; *Jota (Capricho)*, de J. Hierro. Violín solista, Jesús Fernández.

4º. *Los papaítos de Franco*, farsa revolucionaria, de Ortega Redondo.

Tercera Parte

1º. Recital del *Romance del Buque Rojo*, de Juan Gil-Albert.

2º. *El tomate guerrillero*, farsa revolucionaria de Ramón Gaya.

3º. La orquesta interpretará: *La Boda de Luis Alonso*, de Giménez.

4º. Himnos.

Respecto de los fragmentos estrictamente teatrales, la farsa *Cuidado con Venus, Canuto* es, a buen seguro, una adaptación para el formato guiñolesco de una de las famosas tiras cómicas que, publicadas en *La voz del combatiente*, tenían en Canuto, ese soldado «indisciplinado, sucio, descuidado, borracho, miedoso, imprudente [y] mal compañero», el ejemplo *ex contrario* para el buen hacer del luchador republicano. De su éxito da buena cuenta que se publicaran varias antologías por parte del Subcomisariado de Agitación y Propaganda del Comisariado General de Guerra: *Hay que evitar ser tan bruto como el soldado Canuto. Estupideces y desventuras de un soldado del Ejército del Pueblo* y *Hay que evitar ser tan bruto como el soldado Canuto. Nuevas peripecias y desdichas del popular soldado. Segunda parte*. La que formó parte del espectáculo pudo haber sido, casi con total seguridad, una mezcla de todas las que, publicadas en la referida «Segunda parte», se referían a los peligros que entrañaba para los soldados entregarse a los placeres sexuales, entendiéndose por éstos tanto los que consistían en una mera masturbación –*Al «solitario» se entrega / y llega el moro y le pega*– como los que conllevaban el enamoramiento –*Cae en las redes del amor / por ser un mal zapador*–. Entre ellas la titulada *Venus tiene consecuencias de amarga convalecencia*, constituida por seis viñetas que, al modo de las aleluyas, eran convenientemente glosadas, siempre mediante dos versos que riman en pareado. Decían como sigue:

1. Canuto, convaleciente,
de su último accidente,

2. encontróse una mañana
a «una buena ciudadana»

3. que con cara sonriente
 le habló cariñosamente.

4. Mas Canuto se acordó
 de lo que otra vez pasó.

5. Pero, aunque inválido estaba,
 ¡más que corría volaba! [1937: s. p.]

En el número 4-5 de *Armas y Letras*…, correspondiente a noviembre y diciembre de 1937, y publicado en Barcelona, hay un artículo titulado "Nuestro Teatro-Guignol" en el que se detallan las representaciones previstas de la formación. Como puede apreciarse, la actividad fue muy intensa, lo que delata un proceso de implicación profundo en el desarrollo de la propaganda:

ACTUACIONES

Valencia
Cuartel del Almirante. Regimiento de Infantería nº 9

Benicásim
Centro de Convalecencia de las Brigadas Internacionales. Teatro Henry Barbusse

Benisa
Centro de Convalecencia de las Brigadas Internacionales. Hospital

Alicante
Hospital Militar

FRENTE DE ARAGÓN

Barracas
Estado Mayor

Puebla de Valverde
Biblioteca Pública 82 Brigada

Mora de Rubielo
Izquierda Republicana
13 Cuerpo Ejército

Camarillas
Ayuntamiento
64 Brigada. Clases de delegados Políticos
Escuela de niños y población civil

En ese mismo artículo se reproducen las impresiones, manuscritas (y luego traducidas por la revista), de los miembros de las Brigadas Internacionales que asistieron al espectáculo de Benisa. Son las que siguen:

> Los camaradas de las Milicias de la Cultura realizan un magnífico trabajo cultural antifascista. Cada escena es una nueva demostración de su creencia en la victoria del pueblo español. ¡Vivan nuestros compañeros de lucha, los camaradas de las Milicias Culturales! [Tallendrof, del Batallón Tchapaieff, XIII Brigadas Internacionales].

> Milicias de la Cultura es un grupo de propaganda que hace honor a su nombre. Yo no creía posible que durante la guerra pudieran llevarse a cabo tales acciones culturales que tienen un valor político y artístico. Una de las más bellas impresiones que he tenido de España ha sido el espectáculo realizado por este grupo que he podido presenciar [Dora Kaiser, enfermera de las Brigadas Internacionales, Benisa].

> Hace años que no he oído música tan buena como hoy y nunca he visto un grupo que de esta manera una el arte a la propaganda. Un pueblo que en medio de la guerra organiza tales acciones culturales puede, debe vencer y vencerá [Dr. Kaiser, médico de las Brigadas Internacionales, Benisa].

Entre tanto comentario laudatorio, también quiso dejar su impresión el director de los hospitales militares, de apellido Hernández y con nombre ilegible [quizás Juan]:

> Con verdadera emoción se ha oído por los heridos de este Hospital la palabra y la música de este equipo de las «Milicias de la Cultura». Su actuación fina y certera siempre va cargada de intención [palabra ilegible] y de segura

eficacia en la elevación de la moral de nuestros heridos. ¡Gracias sinceras en nombre de todos! ¡Y una petición, camaradas de la «Cultura»! ¡Volved pronto y muchas veces! Así lo desean los que aquí esperan el momento de retornar al Frente... Alicante, 19 de octubre de 1937.

El Teatro-Guiñol tuvo un éxito poco previsible cuando se iniciaron sus actividades. Fernández Soria [2007: 102] apunta 68 representaciones, mientras que la crónica de *ABC* del 30 de enero de 1938 señala ya 78, un número que, junto a los otros que se aportan, podría haberse aumentado artificialmente por razones estrictamente propagandísticas.

## Bibliografía

AMO, Domingo, "Problemas de organización", *Armas y letras. Portavoz de las Milicias de la Cultura*, 1 (1 de agosto de 1937), p. 2.

ANÓNIMO, "La labor de las Milicias de la Cultura", *ABC*, 30 de enero de 1937, p. 3.

— "Nuestro propósito", *Armas y letras. Portavoz de las Milicias de la Cultura*, 1 (1 de agosto de 1937), p. 1.

— "Nuestro teatro-guiñol ha iniciado, con gran éxito, sus actividades", *Armas y letras. Portavoz de las Milicias de la Cultura*, 3, 1 de octubre de 1937, p. 7.

— "Nuestro Teatro-Guignol", *Armas y letras. Portavoz de las Milicias de la Cultura*, 4-5 (noviembre-diciembre de 1937), s. p.

— *Hay que evitar ser tan bruto como el soldado Canuto. Estupideces y desventuras de un soldado del Ejército del Pueblo*, s. l., Subcomisariado de Agitación Propaganda del Comisariado General de Guerra, s. a.

— *Hay que evitar ser tan bruto como el soldado Canuto. Nuevas peripecias y desdichas del popular soldado. Segunda parte*, Madrid, Comisariado General de Guerra (Inspección del Centro), Comisión de Propaganda, Ediciones La Voz del Combatiente, 1937.

— *Ministère de l'Instruction Publique de la République Espagnole. L'effort culturel du peuple espagnol en armes*, París, 1937.

Antón, Francisco, *El comisariado en el Ejército Popular*, Madrid, Partido Comunista, 1937.

Castro Marcos, Miguel de, *El Ministerio de Instrucción Pública bajo la dominación roja*, Madrid, Enrique Prieto, 1939.

Cimorra, Eusebio, *Cartilla Escolar Antifascista*, Madrid, Ministerio de Instrucción Pública, 1937.

Cobb, Christopher H., *Los milicianos de la cultura*, Bilbao, Universidad del País Vasco, 1995.

Fer, Juan, "Labor de Milicias de la Cultura en los frentes de guerra", *Blanco y negro*, 15 de agosto de 1938, pp. 15 y 35.

Fernández Soria, Juan Manuel, "Educación y extensión cultural en la España republicana (1936-1939)", en Rosa Calatayud *et alii*, *Cuestiones histórico-educativas. España. Siglos* XVIII-XX, Valencia, Universitat de València, 1991, pp. 241-277.

— "Iniciativas de alfabetización en la España republicana durante la Guerra Civil", *Trasatlántica de educación*, 2 (2007), pp. 94-111.

Gómez Díaz, Luis Miguel, *Teatro para una guerra (1936-1939). Textos y documentos*, Madrid, Centro de Documentación Teatral, 2006.

Llopis, Rodolfo, "Milicianos de la Cultura", *Adelante. Diario socialista de la mañana*, 13 de julio de 1937.

Vich, Palerm, "La cultura en los frentes. En el sector de Aragón se celebran varios festivales artísticos y musicales", *Armas y letras. Portavoz de las Milicias de la Cultura*, 1 (1 de agosto de 1937), p. 7.

Ilustración 21. Guiñol de las Milicias de la Cultura. *Armas y letras. Portavoz de las Milicias de la Cultura*, números 4-5 (noviembre de 1937). Biblioteca Nacional de España.

Ilustración 22. Guiñol de las Milicias de la Cultura. *Armas y letras. Portavoz de las Milicias de la Cultura*, 3 (1 de octubre de 1937). Biblioteca Nacional de España.

# PARTE SEGUNDA:
# LA ESPAÑA «NACIONAL»

# La Falange y el teatro: proyectos para una ideología común

## La Tarumba

Ya señalé más arriba la preeminencia de las actividades culturales de propaganda realizadas desde el bando republicano respecto de las del nacional. Y también cómo algunas de las empresas acometidas desde las filas azules tuvieron mucho de imitación, tardía eso sí, de aquellas otras que, con más urgencia –dada la inferioridad militar y la necesidad imperiosa de espolear los ánimos de los combatientes– habían sido emprendidas entre los republicanos. En este sentido, no debe sorprendernos que La Barraca desempeñara una función modélica para sus contendientes ideológicos y representara, qué duda cabe, uno de los ejemplos para ser seguidos. Es lo que pretende La Tarumba[1], que fue, sin duda, una de las

---

1. El grupo fue constituido por los falangistas Manuel Augusto García Viñolas, Manuel de la Corte y el pintor José Caballero, y contó con la participación de otro pintor, José Romero Escassi. Como ha señalado Javier Huerta Calvo, en su trabajo "Clásicos cara al sol, I" [2011], «es curioso que el nombre de «La Tarumba» procediera de una idea debida a un artista de izquierdas, el pintor Miguel Prieto,

apuestas más contundentes entre los sublevados, y no sólo por la solidez de la formación, sino también por ser artífice y emblema de las líneas maestras del teatro en el bando nacional, sobre todo gracias a su recuperación devota de los clásicos españoles. Luis Escobar, quien luego sería dirigente del Teatro Nacional de la Falange Española Tradicionalista y de las JONS, hace el panegírico de la formación dirigida por Manuel Augusto García Viñolas, en la que encontraba el espíritu clasicista acorde con «el momento que vivimos» [1938: 50], sin perder la ocasión para asaetear —y no era la primera [Peral Vega, 2006]— a La Barraca lorquiana —«artísticamente sigue en muchas cosas la línea de [ésta], a la que se podría impugnar (sigo hablando en el sentido artístico), no por lo que hizo, sino por lo que (contando con [las] subvenciones y facilidades que contaba) dejó de hacer» [*ibidem*: 51]—.

Resulta muy curioso que, aunque sea desde una perspectiva un tanto displicente, el que habría de ser director del María Guerrero explicite el magisterio de la formación lorquiana, máxime cuando allá por 1933, con ocasión de la visita de La Barraca a Albacete, se despachara a gusto y sin miramientos contra la formación teatral y su artífice, en un artículo de vergonzosa memoria titulado "La barraquera de un camarada. 'La Barraca'" [1933]; en él evidencia, de antemano, los prejuicios que le impidieron contemplar la actuación en todo lo que de bueno, y era mucho, tenía. El paso de La Barraca por tierras albaceteñas suponía, a los ojos de Escobar, una ocasión pintiparada para arremeter contra esta panda de «laicos», pues que así los tilda, antes de entrar a juzgar su maña en el arte de Talía. En primer lugar, no deja títere con cabeza respecto a la política de consentimiento económico –y también ideológico– del Ayuntamiento para subvencionar espectáculos de este cariz. Sin embargo, la herida supura de manera incontinente cuando se trata de acercarse al repertorio ofertado por la agrupación universitaria y a la manipulación izquierdista del arte lopesco. Y eso a pesar de que en ningún momento de su reflexión hace Escobar referencia explícita a *Fuenteovejuna* –la obra que, a la sazón, interpretaban los *barracos*–, en un ejercicio

que hacia 1934 había querido formar una compañía de guiñol junto a Federico García Lorca y Pablo Neruda, a quien parece se le ocurrió denominarlo así».

de distanciamiento consciente y, por qué no decirlo, de complicidad con el lector del *Diario de Albacete*, a buen seguro acostumbrado a las diatribas antirrepublicanas de su periódico local.

Dos cualidades singulares, destacadas por el propio Escobar, resaltaban de La Tarumba: «una, la de llegar esta compañía, no obstante el rigor artístico a que nunca renuncia, a los frentes y dar en las poblaciones de retaguardia funciones gratuitas para los heridos de guerra; otra, es la de que los muchachos que componen La Tarumba, se bastan a sí mismos, y así, aquellos que después en la escena vemos representar como consumados actores, son los que horas antes han descargado el camión y montado la escena, y esas muchachas, bellas y frágiles, a las que se creía divas caprichosas, son las mismas que hacen los baúles y planchan los vestidos» [1938: 50]. La Tarumba, constituida inicialmente en Huelva ["Información de teatros y cinematógrafos...", *ABC*, Sevilla, 18 de diciembre de 1936: 15], se especializó, ya lo hemos dicho, en el teatro clásico español: los entremeses de Cervantes —entre los que montó, con incuestionable rigor, *El retablo de las maravillas* y *Los dos habladores*—, muy bien acompañados por la Orquesta Bética de Cámara, que supo integrar los irreverentes juegos cervantinos con música de Mozart, Boccherini y hasta Falla ["La Tarumba y la Bética de Cámara en el Coliseo", *ABC*, Sevilla, 11 de febrero de 1937: 12]; pero también *La guarda cuidadosa*, del propio Cervantes —con ocasión de la clausura en Segovia del II Congreso Nacional de las secciones femeninas de la Falange [enero de 1938]—, y *El degollado fingido*, de Lope de Vega, «cuya primorosa versión escénica deleitó poderosamente a los espectadores» ["Informaciones de teatro y cinematógrafos...", *ABC*, Sevilla, 8 de diciembre de 1937: 24], así como el auto sacramental de Calderón de la Barca *La cena del rey Baltasar* o el anónimo auto del siglo XVI *Las bodas de España*, obra que, además de mostrar una cuidada selección del repertorio, resultó enormemente aplaudida al «haber incorporado al desenlace el clásico madrigal de Cetina, matizado su dulce apasionamiento por su seductora melancolía» [*ABC*, Sevilla, 8 de diciembre de 1937: 24][2]. Y

2. En su por otro lado ejemplar libro *Teatro y fascismo en España. El itinerario de Felipe Lluch* afirma Víctor García Ruiz lo que sigue, a propósito de las «Fiestas de la

todo ello pasando por una sorprendente puesta en escena del *Auto de los Reyes Magos*, «al que han dado la hechicera añadidura de viejos romances de Navidad y tiernas canciones de Nochebuena, terminando con las ingenuas y graciosas danzas, auténticamente interpretadas, clásicas de los pastores de Herrera» ["Informaciones de teatros y cinematógrafos...", *ABC*, Sevilla, 2 de enero de 1938, p. 21][3]. Si la elección y los ingredientes apuntados resultaban, *per se*, suficientemente atractivos, había que añadir un «escenario giratorio» que iba generando, para sorpresa de los asistentes, los diversos espacios de la representación ["La Tarumba. Teatro de la Falange", *Vértice*, 4 (abril de 1938)].

Las puestas en escena de La Tarumba tuvieron —no se oculta a nadie a estas alturas— mucho de propaganda de la causa nacional y, de forma más específica, de la Falange Española Tradicionalista y de las JONS, prueba de lo cual era la dramatización recurrente de «romances patrióticos» firmados por Rafael Duyos, que contribuían «a realzar el contenido espiritual de la fiesta, remozo reverente de puras glorias de la Patria» ["Informaciones de teatros y cinematógrafos...", *ABC*, Sevilla, 31 de diciembre de 1936: 16]. Se trataba de culminar los espectáculos de forma grandilocuente, uniendo pequeñas dramatizaciones de los romances con la audición de los himnos de Falange y España. Del repertorio de «La Tarumba» formaban parte, con total seguridad, el romance «Presente» y el «Romance de Luis Platero», con un estilo que recuerda, de forma meridiana, el del malogrado García Lorca —presente en estas palabras a su pesar— en su *Romancero gita-*

Victoria» en las que participó el director teatral: «El texto actualiza la *Farsa sacramental de las Bodas de España* [...], y que el grupo nacionalista La Tarumba [...] había representado en algún momento previo a la primavera del 38, puesto que el número de abril de la revista falangista *Vértice* reproduce tres fotografías de un montaje de *Las Bodas de España* y la divisa del grupo, absolutamente barraqueña» [2010: 268]. En efecto, como demostramos en el cuerpo del texto, aduciendo prensa coetánea, esa representación databa de algunos meses antes. No le falta razón al profesor de la Universidad de Navarra al aducir lo «barraqueño» de la divisa «tarumbera», influencia que se extiende, como abordamos nosotros, en la condición y características de sus montajes teatrales.

3. Fotografías de estos montajes están reproducidas en el número 9 de la revista *Vértice* (abril 1938).

*no*: «¡Silencio! ¡Se para el aire! / ¡La luna también! ¡Silencio! / Todo parece que está / metido dentro del sueño... / Hay un no sé qué en el aire / que trae no sé qué recuerdos... /» [1939: 48][4]. La elección del romance como forma de expresión —por mucho que, en los dos casos expuestos, sean romances dramatizados— es justificada, no sin fuertes dosis de populismo, por el propio Duyos en el prólogo a sus *Romances de la Falange. Primer pliego*:

> Los grandes movimientos de los pueblos no son obra solamente de los políticos, de los agitadores y de los hombres de acción; que obras tales otros hombres iguales las destruyen con armas parejas. Por eso nunca ha sido reflejo máximo de una gran revolución un discurso elocuente, ni un libro de doctrina, ni un código de leyes. Las grandes revoluciones se hacen con el fuego y con el grito de auténticas ansias populares. Y de ahí que su más alta fórmula de expresión es la que siempre ha cristalizado las preocupaciones anónimas y entrañables del pueblo: la canción, con su música y con su letra. Que en España tenía que ser letra de romance.

De la unión indisoluble entre La Tarumba y los preceptos ideológicos de la Falange hablan bien los preliminares que adosa Duyos a la escenificación del primero de los apuntados, pues «este romance, con el que comienza el poema dramático [...] más que prólogo de *¡Presente!*, encierra dimensiones inaugurales para todo el Teatro de Falange, que ahora nace... Quizás más doctrinal que lírico; pero tenía que ser así... El pueblo, los pueblos, el mundo entero, necesitan saber el por qué [*sic*] de la guerra y el por qué [*sic*] de la revolución...» [1937: 17]. Las palabras

4. Parte de dicho romance dramatizado —con el título de «Romance Azul»— se reproduce en el número 5 (septiembre de 1937) de la revista *Vértice*, con una pequeña nota informativa que reza como sigue: «Incorporado al Teatro de Falange "La Tarumba". Del repertorio de propaganda de Falange de José González Marín en América. Original del camarada Rafael Duyos, de la bandera de Marruecos». En ese mismo número de la revista aparece la reproducción del «Escenario para el pliego de romances, nº 3», que nos habla de un cuidado estético esmerado, toda vez que se evita la mímesis realista para crear una escena evocadora, casi surrealista (silueta y espejo incluidos), con proporciones alteradas y funciones distorsionadas (puerta, espejo, árbol, ancla).

ampliaban su eco con una delantera de escena en que se veían «*unas inmensas cortinas azules, con un yugo y cinco flechas —en rojo—, yugo y flechas que colgaban del escudo de Isabel y Fernando* [...]. *Un falangista, vestido con el mono de guerra, sale a decir el Prólogo...*» [*ibidem*].

Entre finales de 1937 y principios de 1938 la propaganda fascista, bastante desatendida hasta ese instante, cobra cuerpo. La Tarumba, como órgano privilegiado de este entramado, recorre, en un esfuerzo titánico, buena parte de la España nacional, en su objetivo último de diseminar un ideario centrado en los valores –sobre todo los religiosos– de la España eterna. Basten los apuntes que siguen para demostrar hasta qué punto las actividades se intensifican de manera exponencial en una operación de apuntalamiento ideológico de una superioridad militar suficientemente demostrada a estas alturas de la guerra. Así, la agrupación actúa en el Lope de Vega de Sevilla el 1 de enero de 1938, con un programa intenso en el que, además de *La guarda cuidadosa*, de Cervantes, se representó el *Auto de los Reyes Magos* y *Las bodas de España*; tan sólo unos días después, el 23 de enero, copa la clausura del Segundo Consejo de la Sección Femenina de Falange Española Tradicionalista y de las JONS, en el Teatro Juan Bravo de Segovia ["Clausura del segundo Congreso...", *Hoja oficial del lunes*, 49 (24 de enero de 1938): 4] con la representación, una vez más, de *Las bodas de España* ["Segundo Consejo Nacional de la Sección Femenina", *Labor*, 322 (13 de enero de 1938): 7; "Mujeres Nacional Sindicalistas", *Imperio*, 373 (13 de enero de 1938): 3]. Sin dilación, la formación falangista pone rumbo a Ávila, ciudad que la acoge, con devoción inusitada, en su Teatro Principal la tarde del 24 de enero. Los cronistas locales ponen de manifiesto la capacidad de La Tarumba para servir «el vino rancio y riquísimo de nuestro teatro del siglo XVI en cristales nuevos» y, sobre todo, la vigencia, tanto entre los doctos como entre las clases menos ilustradas, del auto sacramental ["Éxito magnífico de «La Tarumba» en el Teatro Principal", *Diario de Ávila*, 25 de enero de 1938: 4]. La función constituye, en todos los sentidos, un ejemplo del esquema propagandístico que guiaba al grupo andaluz. Los primeros acordes buscaban la comunión con un público ávido de solazarse, inmerso como estaba en una sangrienta guerra, en el humor burdo de los entremeses. Recurrir a *La guarda cuidadosa* de Cervantes tiene mucho de allanamiento del terreno para, una vez ganado el espectador a la causa, acceder a las disquisiciones teológicas de *Las bodas de España*. Si, como queda apuntado, el auditorio entusiasta del Consejo de la Sección Femenina no requería un ejercicio activo de propaganda, las tornas cambiaban ante el dispar público abulense, razón por la cual no debe sorprender que el fin de fiesta estuviera reservado al *Pliego de romances*, «una sucesión de canciones, poesías y bailes populares, yuxtapuestos y que, sin guardar nexo entre sí» [*Diario de Ávila*, 25 de enero de 1938: 4], constituían una exaltación sin fisuras de una España común. Sin descanso posible, La Tarumba emprende rumbo a Cáceres, donde actúa en el Teatro Norba, el 26 de enero. El órgano extremeño para la difusión del ideario falangista, *La Falange. Semanario de Falange Española Tradicionalista y de las JONS*, refrenda las características básicas de la agrupación, a saber, su especial atención a «todas las manifestaciones espirituales de la sociedad para imbuir a ésta de aquellos principios españolitas» y el extremado cuidado de sus producciones, sustentadas en su «admirable preparación artística» y la «rigurosidad histórica con que presenta el teatro clásico» ["Finaliza el II Congreso...", 177 (24 de enero de 1938): 4]. Pero la continuación natural y culminación de todas las iniciativas emprendidas por «La Tarumba» llegarían con una experiencia integral de teatro clásico a cargo de Luis Escobar y que constituye nuestra próxima parada en el camino.

## Teatro nacional de la Falange Española Tradicionalista y de las JONS

En su número del 15 de junio de 1938, el diario granadino *Patria: diario de Falange Española Tradicionalista y de las JONS* transcribía, *ad pedem litterae*, la resolución tomada el día anterior, en Burgos, por el ministro de Interior, Ramón Serrano Súñer, en lo relacionado con la celebración de las fiestas del Corpus Christi:

> Artículo primero.- Se restablece la conmemoración teatral del Corpus Christi y se confía la misma al departamento de teatro del Servicio Nacional de Propaganda.

Artículo segundo.- Se designa la ciudad de Segovia como sede para la celebración de los Autos Sacramentales.

Artículo tercero.- El Servicio Nacional de Propaganda establecerá en dicha ciudad una junta permanente encargada de arbitrar las medidas para la conmemoración teatral del Corpus Christi en distintas ciudades españolas.

Artículo cuarto.- Todos los años se premiará el mejor Auto Sacramental presentado en el concurso, cuyas bases establecerá el Servicio Nacional de Propaganda.

Artículo quinto.- Para asegurar la exactitud dogmática y la dignidad teológica de la representación, se someterán ambas al criterio de las autoridades eclesiásticas. [2]

En riguroso cumplimiento de lo establecido, y habida cuenta de la necesidad de recurrir, en este año primero, a un auto tradicional, Dionisio Ridruejo –director general de Propaganda– había encargado a Luis Escobar la dirección del auto sacramental *El hospital de los locos* para ser representado[5] en «el hastial de poniente» [Marqués de Lozoya, 1938: 3] de la catedral de Segovia como telón de fondo, en lo que habría de convertirse en el paradigma de la propaganda de los sublevados. Ninguna fuente mejor que el propio Ridruejo, por los detalles precisos que aporta, en sus *Casi unas memorias*. Además del tino de Escobar en su propuesta, los recuerdos del poeta conforman

5. Antonio Tovar, en su artículo "Los autores sacramentales, fiesta de la primavera", publicado en *Y. Revista de la mujer nacionalsindicalista*, aprovecha el histórico estreno de *El hospital de los locos* para ratificar a Ridruejo como el padre de idea tan pertinente: «Si hiciera falta alguna vez un gran tomo donde pedantemente se demostrara todo esto, no habría más remedio que escribirlo, aunque lo mejor sería hacer una demostración a la española, vivificando y resucitando los viejos autos, y que el día del Corpus, en un atrio de catedral –la idea es, desde años, de Ridruejo– la poesía calderoniana desplegase sus galas sobre un público de canónigos, labradores y soldados, sobre ese público entusiasta que fue, y es, el pueblo de España, para que otra vez volviera a ser enseñada la ciencia primaveral y profunda» [1938: 13]. Algunos meses después, como se verá a continuación, el periódico francés de corte franquista, *Occident. Le bi-mensuel franco-espagnol*, dedicará un artículo a la formación falangista ["La rénovation du théâtre national", 32 (10 de febrero de 1938): 12), gracias al cual sabemos que las gradas colocadas para contemplar la representación albergaron a cerca de tres mil personas.

una prueba más de una propaganda poco definida, sobre todo en el terreno teatral:

> En cuanto al teatro, todo lo que podíamos hacer era mantener una «Compañía Nacional». Con gran sentido práctico pensó Luis Escobar que lo que más urgía no era realizar mis grandes proyectos de organización, sino, sencillamente, empezar por hacerlo de modo diferente a como lo hacían las compañías comerciales que, entonces, además, estaban a un nivel muy pobre. Para empezar aceptó una idea mía –un tanto efectista– de volver a representar autos sacramentales tomando las grandes portadas catedralicias como escenarios. Así, la primera Compañía Nacional se estrenó representando un auto sacramental –*El hospital de los locos* de Valdivielso– en la fachada occidental de la catedral de Segovia, que abre su triple puerta y dispara su torre frente a un espacio cerrado que llaman, por definición, «el enlosado».
>
> Fue Pedro Pruna el que se encargó de la parte plástica del asunto. Dibujó figurines y organizó la luminotecnia. Nada más. El decorado se limitó a una tarima de poca área y a una reja simulada. Lo demás lo daba la catedral de sobra [2012: 363].

La representación fue un rotundo éxito, tal y como se colige de los arrobados comentarios que proliferaron en prensa[6]; así, el firmado por el marqués de Quintanar, preñado de un halo poético que deja conducirse, a partes iguales, por los versos de Valdivielso y la arquitectura devota que les servían de marco:

> [...] El Alma vacila, cae. Las rejas del *Hospital* se cierran detrás de ella, pero el Ángel de la Inspiración sabrá violentar su fortaleza y abrir al Alma el luminoso sendero de la Gloria. La Catedral se abre, encendida y sonora. El *Aleluya*,

6. Un anónimo cronista del *ABC* Sevilla, con retórica hiperbólica, se servía de los autos para emparentar la cruzada del Caudillo con la legendaria labor de conquista y evangelización de otros tiempos, si remotos en el tiempo, vivificados por el imaginario nacional: «España, bajo la égida de nuestro españolísimo Caudillo, ha vuelto a reencontrarse, y de ello da claro testimonio –uno más entre tantos– el restablecimiento de esta tradición popular de los autos sacramentales que presidió, desde los pórticos de nuestros templos milenarios, los mejores días del imperialismo español, evangelizador y universalista» ["Ante la solemnidad del Corpus Christi", 15 de junio de 1938: 12]".

> de Haendel, brota de pináculos y de gárgolas, de cresterías y de cornisas. Voltean las campanas y coros invisibles cantan la devolución a la Iglesia de su tesoro en peligro. [...] Y el Auto Sacramental con su evidente alegoría: el Alma, España, en trance de perderse a fuerza de locuras, y la inspiración histórica salvándola y restituyéndola al trono del Altísimo [1938].

Pero, sobre todo, el de Agustín de Foxá para la revista *Vértice* [julio 1938], por cuanto recreación viva de la jornada *sacramental* segoviana –«porque las ideas abstractas del Auto Sacramental andan hoy por la calle»– y por cuanto correspondencia explícita entre el conflicto escénico y la lucha cainita que late al fondo –«en Segovia se presiente Madrid; llega hasta aquí el aliento de la ciudad cerrada. El mismo aire filtrado en el pulmón sano del Guadarrama, el mismo cielo azul, alto y frío»–. A los figurines que se reproducen en la revista –creados para la ocasión por el pintor Pedro Pruna[7]–, cabe unir la precisa descripción del conde de Foxá, gracias a la cual podemos reconstruir la intensidad del momento y, ante todo, la compenetración entre la arquitectura sacra y los versos de Valdivielso, hasta al punto de poder afirmar que la catedral de Segovia se convirtió en un personaje, y no precisamente secundario, del auto; las puertas del templo se abren en el momento culminante de la acción para representar el triunfo de la palabra divina frente a las fuerzas opresoras del mal, todo lo cual queda refrendado con «una enorme sombra blanca, proyectada, [que] lame la alta torre y toca las campanas que repican alborozadas a gloria». La alegría del autor de *Madrid, de corte a checa* es también la alegría global de una ideología, tintada de azul, que se ha visto corporeizada en la magnificencia de las tablas, «porque anoche a siete kilómetros de las trincheras de los enemigos de Dios hemos visto subir al Alma a las campanas y repicar por la alegría del Corpus».

Más singular que los anteriores es el testimonio del marqués de Lozoya, partícipe del montaje como encargado de recitar un prólogo

7. Luis Escobar contó con colaboradores de excepción: además de Pruna, el escritor Antonio de Obregón, el pintor Pancho Cossío y el escultor Emilio Aladrén, antaño amante de García Lorca.

preparado para la ocasión[8], «cuya misión es imponer al público en el sentido difícil de algunos pasajes» [Marqués de Lozoya, 1938c]. En la crónica, previa al estreno, que él mismo[9] realiza para el periódico *Labor* se apuntan algunas de las características mayores de este enorme esfuerzo por devolver al teatro «su sentido nacional», y cuyo fin último está más próximo al de una «ceremonia religiosa» que al de un «espectáculo profano» [1938b: 3]. La elección de la ciudad castellana no era, en ningún caso, arbitraria, pues, como bien apunta el susodicho relator, «en ninguna otra ciudad de Castilla la fiesta del Corpus cuenta con más viejo y glorioso pasado» [*ibidem*]. La magnificencia, ya apuntada, del marco arquitectónico se vio incrementada con la participación de «cerca de trescientas personas, entre actores, músicos, pintores, etc....» ["El pujante renacer de nuestro Teatro Nacional", *Labor*, 418 (15 de diciembre de 1938): 3], y una atmósfera sonora y lumínica sin precedentes, soportada, sobre todo, en la participación de «coros numerosos» que permitieron al espectador deleitarse ante un espectáculo tan integral como doctrinariamente dirigido, en el objetivo final de que «toda Castilla se vuelque en Segovia y que, unidos en un mismo fervor religioso y patriótico, volvamos a la tensión imperial que inflama en una especie de locura colectiva a nobles y plebeyos, a indoctos y letrados, en los días optimistas y triunfales del quinientos» [*ibidem*]. Un espectáculo total basado no sólo en el texto sino en todos y cada uno de sus elementos, «el oro brillante del retablo, la luz de los ventanales, que se quiebra en los recamados de las vestiduras litúrgicas, la música del órgano, el canto del pueblo...» [Marqués de Lozoya, 1938c], hasta tal punto que calificarse podría como «gran función catedralicia», pues que el templo hace innecesaria la existencia de «escenario alguno». A fin de recuperar algo de lo que fue, recurrimos al testimonio de este cronista de excepción:

---

8. Véase "Teatro Nacional de Falange Española...", *Imperio*, 497 (15 de junio de 1938): 2.
9. El propio marqués publica, en *Y. Revista de la mujer nacional sindicalista*, en marzo de 1938, un artículo titulado "Segovia. Escenario real" [1938a], que antecede a otro de Luis Escobar sobre La Tarumba. Con fotografías de Segovia como telón de fondo, desarrolla la relación de afecto entre Isabel, la reina católica, y la ciudad castellana, en cuya iglesia de San Miguel había sido coronada en 1474.

> [...] Surge el tropel liviano y gritador de los locos: Luzbel, la Gula, la Carne, el Mundo, la Envidia y sus compañeros, entre una luminosa algarabía de colores. Una sombra blanca, que es el alma, sale a escena asediada por sus astutos enemigos: el Engaño, la Culpa, el Deleite, que al cabo consiguen encerrarla entre las rejas del Hospital de los Locos. Un golpe de luz proyecta ahora la atención del pueblo hacia la torre, desde cuyo ventanal la Razón se lamenta del extravío funesto de su amiga. A su llanto acude el Ángel de la Inspiración, el cual penetra entre las rejas el Hospital donde los locos gritan, ríen, cantan y chillan, y consigue llevarla hasta la Cátedra de San Pedro, donde se purifica con la penitencia. Todo esto en versos hermosísimos, de los mejores que en la lengua castellana se han escrito. En el momento triunfal en que el Alma, redimida, sube hacia Cristo, un inmenso canto de amor y de gloria surgirá de la Catedral, toda ella fantásticamente iluminada; sus puertas abiertas dejarán ver el interior, deslumbrante de luces, lleno de armonías de órgano. Un volteo de campanas divulgará por la ciudad y por los campos la obra nueva. Se elevarán entonces las voces de un coro –la masa Coral de Bilbao– y altavoces escondidos por todas partes harán que la Catedral cante toda por sus torrecillas y sus cresterías, sus gárgolas y sus pináculos. Hasta que, apagadas todas las luces que constituyen su única vestidura, volverá a su sueño secular de piedra, de que los magos del Teatro de la Falange la han arrancado por unos momentos [1938c].

Casi dos décadas después, el periodista José Luis Quintanilla recordaría, de la mano del propio Luis Escobar, aquella experiencia única, por ser el bautizo teatral del marqués de las Marismas ante un público heterogéneo que llenaba, a rebosar, la plaza del Enlosado de la ciudad castellana:

> Empieza la acción. Los espectadores van de sorpresa en sorpresa. Jamás habían presenciado un espectáculo de tanta altura artística. Más de cien personas intervienen en la representación. Se ha hecho digno uso de casullas y capas pluviales del siglo XIV, amén de otros atributos pertenecientes a la Catedral de Segovia. Incluso hasta los mismos canónigos participan en el auto sacramental. Una ovación unánime, clamorosa, señala el éxito [Quintanilla, 1957: 8].

Y es que, no lo olvidemos, en la representación «catedralicia» de *El hospital de los locos* quedaban plasmadas, en perfecta síntesis, las dos señas de identidad del arte vanguardista y, más específicamente, de su vertiente fascista, a saber: la deshumanización y la técnica, tal y como ha demostrado, con brillantez, Mechthild Albert a propósito, fundamentalmente, de la narrativa de Tomás Borrás [2005: 381-382]. Un binomio aplicable, sin fisuras, a la fastuosidad escénica en que se recreó el numeroso público, el cual pudiera haber suscrito la frase de Fadrique –uno de los protagonistas de *Checas de Madrid* (1939)–, por mucho que pronunciada en un contexto del todo opuesto al de nuestro relato: «¡Qué difícil es no creer en Dios!». Siguiendo con la simbología fascista, e intentando explicar la elección de Segovia como marco de la escena –más allá de la ya señalada tradición de la ciudad castellana en la celebración del Corpus Christi–, creo que debemos pensar en la predilección que dicha estética tuvo por la devastación. Como bien apunta la profesora Albert, Madrid «es campo de batalla y escenario del horror, transformándose tras la destrucción en un bello paisaje de ruinas» [2005: 391-400], sobre el que, añado yo, volcar un fértil proceso regenerativo que partiera de cero. Ya había señalado Foxá que las trincheras apenas se encontraban a siete kilómetros de distancia; pero apenas unos kilómetros después se encontraba la línea de combate de la sierra de Madrid. La capital, ahora destruida por las bombas sublevadas, se convertía así en un lienzo en blanco, de inevitable atractivo estético, una especie de edificio en ruinas sobre el que proyectar un futuro distinto, perfectamente acabado, «una lógica política que ve la destrucción de Madrid como condición para la fundamentación fascista de una nueva España» [Albert, 2005: 397]. La proximidad de Segovia le otorgaba, así, un valor simbólico añadido. Su catedral, esbelta y enaltecida por los versos de Valdivielso, aquellos que hablaban de redención del Alma, a través de la Razón (cruzada azul), frente a la Locura (la República y sus huestes), se alargaba ante la proximidad, casi palpable, de Madrid, fecundada ahora con la sombra de las torres cristianas, metonimia de una patria cubierta por el manto de la fe. Al mismo tiempo, Segovia era una ciudad milenaria y levítica, amén de ser el lugar escogido por Isabel la Católica para su coronación, que bien podría erigirse en primer símbolo de esa España imperial y tradicionalista enarbolada por los sublevados.

Lo cierto es que el éxito de la propuesta otorga consistencia a un proyecto surgido, creemos, sin una intención, al menos original, de perpetuarse en el tiempo. O dicho de otra forma: la repercusión obtenida en Segovia da carta de naturaleza al Teatro Nacional de Falange; como así advertiría tiempo después *C.* para *La Vanguardia Española*, con motivo de su llegada a Barcelona, «de los autos sacramentales realizados –para buscar la sugestiva tradición– en las plazas de Segovia, en un día del Corpus, se ha pasado, en ascensión rápida, a la estructura de una verdadera compañía» [*C.*, 1939: 12].

Sin embargo, *El hospital de los locos* adquirió su definitiva condición ejemplar luego de su exhibición ante el Pórtico de la Gloria, en la plaza del Obradoiro de Santiago de Compostela el 26 de julio de 1938, ante «varios miles de personas» y la concurrencia de «los embajadores de Italia, Portugal y Japón, [y] el Cuerpo Consular de Alemania, en representación de su embajador» [*Siul*, 1938: 9]. Las celebraciones del día de Santiago, patrón de España, imprimían al acto una carga ideológica añadida que no pasó por alto a *Siul*, el más destacado cronista del evento para las páginas del *ABC* en su edición sevillana: «Santiago de Compostela, ámbito de la Hispanidad. Y cuando la Hispanidad aflora en una de las coyunturas históricas con jerarquía de génesis de una edad nueva o renacida, Compostela recibe en su concha peregrina y misionera el agua caudal fundadora» [*ibidem*]. Como había sucedido con Segovia, la catedral adquirió una función simbólica que trascendía la de mero soporte arquitectónico y se abría a la dimensión evangélica de la cruzada que se estaba librando en suelo patrio: «Porque hasta anoche este monumento español tradicionalista de la fe hispánica misionera y evangélica no lo vimos encenderse de resplandores de luz nueva, de luz actual, de luz que por ser civilización y cultura tiene que acudir a cantar en el Pórtico de la Gloria del Señor» [*ibidem*]. Tal es así que el proteico Fernández Flórez no se arredraba a la hora de afirmar haber vivido «uno de esos [días] [...] que fijan sus imágenes en el museo de nuestra memoria» [1938: 4]. Y a fe que debió de ser inolvidable para aquellos que lo presenciaran, ya en anuencia ya en callada oposición, prueba de lo cual fue la decisión de llevar idéntico espectáculo a Roma, a fin de que fuera presenciado por los maestros españoles que residían en la capital del amigo Estado fascista ["El intercambio cultural España-Italia", *ABC*, Sevilla, 18 de diciembre de 1938: 8] en la primavera del año venidero.

Sabemos, por noticias indirectas, que el espectáculo fue repuesto en septiembre de ese mismo año, y con efecto idéntico, en el atrio de la catedral de San Esteban, en Salamanca ["El pujante renacer de nuestro Teatro Nacional", *Labor*, 418 (15 de diciembre de 1938): 3; "Teatros, cinematógrafos y conciertos en España...", *ABC* (13 de abril de 1939)], ocasión para la que «se facilitaron entradas gratuitas a los heridos de los Hospitales militares y a los asistidos en "Auxilio Social"». Eugenio D'Ors, responsable de Bellas Artes, se dolía de no haber podido asistir a la función de regreso de una gira por diversas ciudades de Andalucía ["Por los Ministerios...", *Pensamiento alavés*, 1745 (26 de septiembre de 1938): 3].

Más allá de esta puesta en escena de *El hospital de los locos*, el Teatro Nacional de Falange realizó una prolija labor, con un repertorio más amplio, por diversas ciudades españolas. El 16 de noviembre recalaba en Zamora para representar en su Teatro Principal *La verdad sospechosa* de Ruiz de Alarcón ["Informaciones de teatros y cinematógrafos", *ABC*, 16 de noviembre de 1938: 20]; el 7 de diciembre la agrupación llega a Burgos para el estreno, en su Teatro Principal, de *La vida es sueño*, de Calderón de la Barca. A partir de los lacónicos juicios vertidos en prensa, poco podemos inferir de las características reales del montaje, si no es la calidad de una formación nutrida de «excelentes actores» y, como es obvio, la defensa del producto patrio, «que no tenía nada que envidiar a las [versiones] realizadas en los mejores teatros del mundo» ["Presentación del Teatro Nacional de Falange...", *ABC*, Sevilla, 8 de diciembre de 1938: 14]. Algo más extensa es la información referida a los asistentes. La plana mayor de la cúpula nacional se encontraba en la sala con vistas a sustentar la joya más brillante de la propaganda nacional: Carmen Polo de Franco, Sánchez Mazas y Serrano Súñer, entre otros muchos. Entre los días 8 y 12 de febrero de 1939, y en continuación de una gira de la que, a buen seguro, se nos escapa alguna fecha, realiza siete funciones en Logroño. Sabemos que allí representó *La verdad sospechosa*, *La vida es sueño*, *Las bodas de España*, *Los dos habladores* y *Pliego de romances* [Martínez López, 2007].

Mucho más importante, con todo, que la actuación del Teatro Nacional de Falange en ciudades que, desde el principio de la contienda, habían sido afectas al golpe de estado militar, es su aterrizaje en Barcelona, muy poco después de que la ciudad condal –bastión fundamental de la resistencia republicana– cayera definitivamente el 26 de enero de 1939. En este sentido, parece evidente que la agrupación más importante, entre las teatrales, de la zona nacional actuó como avanzadilla amable, por mucho que marcada ideológica y estéticamente, de la represión franquista, y, claro está, como pilar de su propia propaganda. Testimonio indirecto de ello es el artículo –"La rénovation du théâtre national"– que le dedica *Occident. Le bi-mensuel franco-espagnol*, en su número 32, publicado el 10 de febrero, precisamente en el mismo número que se ocupaba de la toma de Barcelona por las tropas franquistas. Se trata de una presentación de corte general en la que no se escatiman halagos ni tampoco soportes ideológicos para la formación: «Valdivielso [...], Cervantes, Calderon [*sic*], Lope de Vega et, demain, d'autres gloires encore de notre ciel tragique sont ainsi redevenus familiers au public espagnol du XX siècle qui est agréablement surpris de retrovuer en ces génies d'un glorieux passé national les preuves de l'inébranlable solidité de la race, de sa fermeté patriotique, de l'enracinement de ses essentielles croyances» [1939: 12]. Tampoco faltan declaraciones de Escobar al periódico francés en las que insiste en la dimensión religiosa de *El hospital de los locos* y la comunión devocional de un público que se reencontraba con unos valores que le habían sido arrebatados: «[Notre peuple] ne s'est pas moins ému sous l'effet de la puissance dramatique de cette composition où s'exprime si bien la foi de notre race» [*ibidem*]. Y, aun más, con no disimulada implicación en la doctrina teológica por él orquestada: «quiconque a assisté à la représentation de Segovie, au moment final surtout, quand les portes du vieil édifice érigé par ce Juan Gil de Ontanon [*sic*], qui est aussi l'architecte de la *Catedra Nueva* salmantine, s'ouvrirent et que l'on vit le cortège vivant des ministres de l'Église catholique venir chercher l´âme rédimée et rachetée, l'assistance, sans aucune exception, tomba à genoux et adora son Dieu» [*ibidem*]. Una doctrina asumida como ingrediente consustancial al arte dramático y exagerada a sabiendas del servicio propagandístico que se rendía a la causa franquista: «d'autres représentations encore ont renouvelé cette conviction que notre peuple avait véritablement la comprehension innée des choses divines, et j'ajouterai qu'à l'une d'elles trois musulmans qui faisaient partie de l'assitance se sentirent touchées par la grâce et demandèrent, le lendemain, le baptême, qui les fit entrer dans le giron de notre mère l'Église» [*ibidem*].

Así, y aunque la presentación oficial en Barcelona se realizó en el Teatro Tívoli el día 24 de febrero, la prensa local llevaba bastantes días esgrimiendo sus grandezas. Del día 15 data un primer artículo[10] titulado «El Teatro Nacional de la Falange se presentará en Barcelona», publicado en *La Vanguardia* –rebautizada como *La Vanguardia Española*–, al que sucede, al día siguiente, uno más, con el lacónico título de «El Teatro Nacional de la Falange»; en este último, se sitúa la labor de los de Escobar «a la altura de las mejores compañías profesionales de Europa» [*ibidem*: 12] y se ensalza la condición coral de un grupo sin puntos débiles: «No hay aquí primeros actores, o, por decir mejor, todos son primeros actores que pueden desempeñar el papel de protagonistas aun cuando en una obra determinada tengan a su cargo un papel insignificante» [*ibidem*]. Como antesala de su bautismo escénico en la recién conquistada villa, el día 23, *C.* firma una interesante crónica, también en el rotativo barcelonés, que delata, incluso en su título, la importancia no sólo artística sino también ideológica del envite: «Un noble intento de arte. Mérito y significado del Teatro Nacional de la Falange». La nobleza reside, a ojos del plumilla, en la «lección» moral que ofrece, unida a su «limpieza de modos, [...] de respeto y cultivo cuidadoso para las joyas famosas de nuestro idioma» [*C.*, 1939a: 12].

La formación que simbolizaba «las nuevas rutas de España» ["Esta tarde se presentará en el Tívoli el teatro Nacional de Falange", *La Vanguardia Española*, 24 de febrero de 1939: 3] inaugura su periplo barcelonés con el estreno de *La verdad sospechosa* en la noche de ese mismo día 24, con un elenco actoral compuesto como sigue: *Don Garcio*, Carlos Muñoz; *Letrado*, Manuel Boa; *Don Beltrán*, José Signo; *Tristán*, Luis S. de la Calzada; *Jacinta*, Ángela Pla; *Isabel*, Mercedes Manera; *Lucrecia*, Alicia M. Valderrama; *Don Juan de Sosa*, José María Seoane; *Don Félix*, Juan de las Cuevas; *Don Sancho*, Fernando Moraleda; *Don Juan de Luna*, José Álvarez; *pajes*, Joaquín Díaz Flecha y Emilio

10. Se reproducirá íntegramente en el número correspondiente al 19 de febrero [12].

Castrense. La función propagandística del Teatro Nacional de Falange, no obstante su evidente calidad artística, es considerada por *F. C.* en su detallada crónica del estreno, al hablar, sin ambages, de «carrera» y de «trajín escénico» por la «España liberada» [1939a: 12] y, sobre todo, cuando explicita el «trascendental significado político» de la «jornada teatral de anoche» [*ibidem*]. El periodista no deja pasar la oportunidad para significarse respecto al *enemigo*, para distanciarse de él en el uso del arte, con la intención de ostentar, en definitiva, una superioridad que, si mentirosa desde la imparcialidad histórica, cumplía, en el aquí y el ahora, un elemento añadido de ratificación ideológica y moral:

> Nunca como ahora el arte puede ser un exponente de normalidad. [...] Y entiéndase que, para los españoles que seguimos y obedecemos a Franco, normalidad no es vivir y actuar de modo que nos parezca ajena o lejana la convulsión dramática de la lucha. Es algo más ambicioso. Normalidad es aprovechar la coyuntura moral e histórica para renovar todos los valores, para cambiar costumbres, desechar amaneramientos, abolir vicios, crear marcas, buscar nivel europeo, consagrar ansias interceptadas [*ibidem*].

Y tampoco se desaprovecha la ocasión para atentar contra las numerosas –y muy dignas– muestras de teatro revolucionario de las que fue testigo la Barcelona republicana [Foguet i Boreu, 1999], manifestación, al cabo, de un rencor inmisericorde, de impronta más ideológica que estética, que relega a lo anecdótico los que fueron intentos por explorar las posibilidades de una escena implicada y combativa:

> Se hizo, concretamente, en Barcelona, un teatro político, del peor gusto, de la más baja rasante. Y ahora se les dice a los que sufrieron un hedor insoportable de todos estos retornos y de todas estas incorporaciones a lo estúpido y a lo pedante, que en el teatro, como en todo, nosotros, los que hemos venido a realizar la gran fusión moral, después de la sutura física y marcial que se encomendara a las bayonetas, hemos subido, desahuciando lo torpe y lo extraño, y buscando la riqueza y la luz en nuestra propia tradición clásica [*ibídem*].

Como puede observarse existe en el discurso de *F. C.* una oposición diametral a cualquiera de los intentos de renovación estética del teatro contemporáneo, una afirmación vigente, por la vía de la negación, en el elogio que vierte sobre Luis Escobar, cuya formación «no ha querido acudir al recurso fácil de los vanguardismos impresionantes», decantándose por el teatro clásico, eso sí, bien salpimentado, en los entreactos, y como un brindis a esa no-modernidad tan añorada por el cronista, con «una banda de Falange [que] interpretó composiciones populares, y los himnos del Movimiento y el Himno Nacional» [*ibídem*].

Más interesante me parece el artículo que el día 26 de febrero publica, en idéntico medio, José-Vicente Puente, con el título de «La devolución de actualidad a nuestro teatro clásico». Abunda su autor en el progresivo enclaustramiento padecido por el drama siglodorista en las últimas décadas, cada vez más abandonado por el público, hasta tal punto que «se había olvidado completamente su existencia y quedaba reducido a servir de pasto a los aficionados o a las veladas ñoñas de carácter benéfico, donde se recitaba algún trozo, nunca la obra entera» [1939: 3]. En esta especie de recuento de agravios, se refiere, obviamente, al aún cercano tricentenario de la muerte de Lope de Vega, en el que, a su parecer, «no pasarían de tres o cuatro funciones las de homenaje al Fénix de los Ingenios» [*ibidem*]. Resulta muy significativo cómo Puente obvia cualquier alusión a la recuperación que de los clásicos hicieron algunas de las más notables figuras de la intelectualidad republicana, desde Cipriano de Rivas Cherif a Federico García Lorca, cuyo teatro, todo él, puede analizarse *sub especie clasica*. Y aún más sorprende el olvido si tenemos en cuenta que, ya en período de guerra, aquellos montajes de estirpe republicana, distantes ya en el tiempo, seguían provocando a las muy aceradas plumas de José María Pemán y Concha Espina [García Santo-Tomás, 2000; Peral Vega, 2006]. La intención no parece ser otra que la de hacer tabla rasa y colocar al Teatro Nacional de la Falange, tan *barraquil* en su génesis, como pilar estético y moral del teatro venidero, sin vigas de apoyo en un pasado desdibujado, muy premeditadamente, entre brumas.

Pocos son los detalles, sin embargo, que hemos podido recuperar de la representación de *La verdad sospechosa*, al fin una comedia de enredo en la que «la agudeza de ingenio, la variedad riquísima del matiz, la soltura del verso y la gracia [...] llegan a [su] conjunción más atrayente». Más cercano al patrón de la nueva España era, sin duda, el segundo de los programas exhibidos en el Tívoli, a partir del 27 de febrero, y compuesto por el auto sacramental *Las bodas de España* como pieza central de la velada, a la que antecedía, como preludio, *Los dos habladores*, el entremés atribuido a Cervantes, al cual, a su vez, con una estructura espectacular que recordará a la pergeñada por La Tarumba, sucedía el *Segundo pliego de romances*, también anunciado como nuevo atractivo de la compañía entre las páginas del *ABC*: «Un nuevo espectáculo de bases tradicionalistas y folklóricas» ["Teatros, cinematógrafos y conciertos en España...", 13 de abril de 1939]. Dicho espectáculo está basado en una «recopilación o antología» de José Caballero ["Teatros. Teatro Nacional de Falange", *La Vanguardia Española*, 26 de febrero de 1939: 5], «con la intervención de Rafael M. Romarate, verdadero mago de la luminotecnia» [*ibidem*], en la que los «muchachos de la Falange cantan y bailan con el estilo que requiere cada una de las piezas ensambladas» ["En el Tívoli. Nueva exhibición afortunada del Teatro de la Falange", *La Vanguardia Española*, 1 de marzo de 1939: 12].

El 3 de marzo se ofrecía al público del Tívoli *La vida es sueño*, puesta en escena para la que Escobar volvía a confiar en los figurines y decorados de Pedro Pruna. En los papeles principales: Blancas de Siles, como Rosaura; José María Seoane, como Segismundo; Luis Jiménez, como Rey Basilio; y Manuel Ros como Clarín. La inmortal obra de Calderón sirve para cerrar el periplo de la compañía en Barcelona el día 9 de marzo, con doble función. En la de noche, el fin de fiesta fue copado por el referido *Segundo pliego de romances*, que contó en esta representación de despedida con los divos María Espinalt y Pedro Terol ["En el Tívoli. Despedida del Teatro Nacional de Falange...", *La Vanguardia Española*, 9 de marzo de 1939: 6], intérpretes, respectivamente, de una *Serranilla*, compuesta y estrenada para la ocasión –a partir de unos versos del Duque de Rivas–, por Fernando Moraleda, y de una asturianada [*F. C.*, 1939b: 12].

El periplo catalán del Teatro Nacional de la Falange se cierra en Reus, ciudad conquistada por las tropas nacionales el 15 de enero de

1939, apenas unos días después de abandonar Barcelona. Interpretaron, en varias jornadas y siempre en el Teatro Fortuny, *La verdad sospechosa* y *La vida es sueño* ["Notas de la región", *La Vanguardia Española*, 23 de marzo de 1939: 10]. Tan sólo unos días antes del final definitivo de la contienda, en concreto el 23 de marzo, llega la compañía a Palma de Mallorca, con un repertorio idéntico que exhibieron en el Teatro Principal de la capital balear ["Información nacional. Baleares", *La Vanguardia Española*, 24 de marzo de 1939: 8].

Si, como hemos visto, durante la contienda bélica, el Teatro de la Falange ocupó un lugar destacado como vía de transmisión de los valores nacionales, su importancia, tras la consumación de la victoria, no hubo de menguar. Buena prueba de ello es la intensificación de actividades que la formación protagoniza durante la primavera y el verano de 1939. No es un hecho arbitrario si tenemos en cuenta, entre otros argumentos indirectos, la conferencia que Rafael Sánchez Mazas pronunció en el Frontón-Cinema de Zaragoza el 8 de abril de 1939, apenas una semana después del fin oficial de la guerra. Por encima de la defensa de la Falange y el Caudillo, se refiere explícitamente a la condición ejemplar de los *autos sacramentales*, piezas a cuya lectura, según la relación anónima publicada en el *ABC* Sevilla ["Habla un consejero nacional", 9 de abril de 1939: 10], instó Sánchez Mazas, pues «registran el buen espíritu español de la época; son un teatro mucho más antiguo, pero a la vez más moderno que el resto de los escritos teatrales de Europa». Aunque eran importantes por el momento en que se pronunciaban, dichas declaraciones no resultaban, más bien al contrario, originales. En casi idénticos términos se había expresado, dos años atrás, Gonzalo Torrente Ballester en su ensayo "Razón y ser de la dramática futura" –publicado en *Jerarquía* 2 (1937)–. Se decantaba Torrente, sin paliativos, por el teatro heroico nacional –tanto vale decir el drama siglodorista– y, de forma más específica por el auto sacramental[11], ya que «donde hemos logrado figuras de tanta universali-

---

11. La defensa del auto sacramental como expresión máxima de la idiosincrasia del pueblo español se encuentra también en el citado artículo de Antonio Tovar: «Los personajes del auto demuestran la capacidad metafísica de un pueblo que había

dad como don Juan o Segismundo, no podemos limitarnos a lo estrictamente nacional. Bien está, y es necesario, un drama español para hombres, para los hombres todos. Y eso sólo se logra sumergiéndose en lo eterno humano, para encontrarnos allí con el tema eterno, con el Misterio» [*ibidem*: 73]. Y no sólo por la adecuación de la religiosidad inherente al auto con la cruzada histórica que se emprendía, sino por constituir una vuelta del teatro a «su esencia originaria y permanente», esto es, la representación de la vida humana «como fenómeno religioso», hasta el punto de descartar, por impostadas, la catarsis clásica y la ejemplaridad setecentista francesa, en favor de una equivalencia entre teatro y liturgia sagrada, asumiendo el primer elemento del binomio no como diversión sino como *devoción*.

Siguiendo, en consecuencia, los dictados ideológicos del Movimiento, el Teatro Nacional de la Falange continúa decantándose por el auto sacramental. Y lo hace con la urgencia de quienes persiguen erigirse en pilares culturales de la nueva España. No ha de sorprendernos, en este sentido, que Luis Escobar eche mano de las obras cuyo efecto ya había probado, de manera sobrada, durante la guerra. Y ninguna mejor que la ya largamente comentada *El hospital de los locos*, elegida para su reposición en la sala Capitol de Madrid el 22 de mayo de 1939, obra que, a los ojos de Araujo Costa, encarna «la más genuina tradición dramática española, a la vez popular y selecta, como expresión de un sentimiento religioso que da a esta especie de teatro carácter de alta cultura» [1939a: 29]. Sin embargo, si algo sorprende al cronista es la condición «moderna» del espectáculo, pues se observa en él un marcado objetivo de conquistar un «arte total» que, con impronta wagneriana, integre cada una de las disciplinas intervinientes, desde la música hasta la pintura. Escobar testimonia, y sigo con Araujo Costa,

creado la teología de la Contrarreforma y que no se asombraba de ver en un tablado al Rigor y la Muerte alrededor del Príncipe, el Placer y la Inocencia, la Envidia y la Pereza, la Gentilidad y el Judaísmo, San Agustín, las Sibilas y Santo Tomás, Nabucodonosor, la Idolatría y el Arcángel Gabriel acompañados de hebreos y asirios, la Sabiduría, la Prudencia y la Templanza, la Culpa, el Demonio, el Deseo, el Amor, el Lucero de la noche y el del día, la Malicia y hasta Asia, Europa y un África "a lo moro", con turbante y la cara tiznada» [1938: 12-13].

una bien asumida influencia de Diaghilev y Max Reinhart, amén de una cuidada atención a la tradición renacentista y barroca tanto española como europea, resultado de la cual es una función que no tiene empacho en definir como «música para los ojos» [1939b: 19] y en la que, producto de esta armonía sinestésica, se «realza el decorado, los trajes, las actitudes de los intérpretes, lo bien cuidado de la máquina o lo maravilloso, las intervenciones angélicas en planos superiores que traen a la memoria las estructuras de las tablas primitivas [de] un Fra Angélico [y] un Benozzo Gozzoli...» [*ibidem*]. Y a fe que la grandilocuencia escultórica de las catedrales de Segovia y Santiago fue bien suplida, ahora en una sala más convencional, gracias a elementos *externos* que permitieron a los espectadores adentrarse en la atmósfera de devoción *espiritual* y *artística* que se requería. En este sentido hay que entender la música que, interpretada en directo por la Masa Coral y la Orquesta Clásica, servía de antesala a la función propiamente dicha: el *Mesías*, de Haendel; la *Cantata 140*, de Bach, y la *Gallia*, de Gounod, a cargo de la soprano Consuelo Obregón.

A la capital española habría de volver el grupo durante el mes de julio, luego de «una importante jira [*sic*] artística por tierras de Andalucía, donde ha representando en magníficos escenarios naturales, como el palacio de Carlos V, de Granada, y las catedrales de Cádiz y de Málaga» ["Teatros, cinematógrafos y conciertos en España...", *ABC*, 15 de julio de 1939: 21], concebida, qué duda cabe, como refrendo a la labor propagandística orquestada desde Falange. No faltaba a la verdad el anónimo cronista de *ABC*, puesto que el día 8 de junio el Teatro Nacional de la Falange presentaba en el Gran Teatro Falla de Cádiz *La vida es sueño*[12]. De dicha representación nos queda una crónica anónima publicada en el *Diario de Cádiz* ["Gran Teatro Falla...", 9 de junio], en la que se destaca, sobre cualquier otro aspecto, la escenografía del primer cuadro y las actuaciones de Blanca Si-

12. En su número correspondiente al 6 de junio de 1939 el *Diario de Cádiz* anunciaba la representación «próximamente», y en el Gran Teatro Falla, de *La verdad sospechosa*, a cargo del Teatro Nacional de la Falange. Deduzco, sin certeza documental al respecto, que dicha puesta en escena hubo de producirse el día 7.

los, en el papel de Rosaura, y José María Seoane como Segismundo. El día 10, y con el atrio de la catedral de Cádiz como fondo, en la plaza de Silos Moreno, los versos de Valdivielso y *El hospital de los locos* volvían a adquirir renovado protagonismo ["Llegada a Cádiz de los aviadores italianos…", *ABC Sevilla*, 11 de junio de 1939: 8]. La celebración del Corpus Christi cimentaba, más si cabe, la puesta en escena, anunciada de manera insistente en la prensa local los días previos al evento: «Si modernas costumbres alteraron en algunos detalles su modalidad, no por eso perdió el Corpus gaditano ninguna de sus esencias; y este año se ofrece también la celebración de un 'Auto Sacramental' que será interpretado ante la fachada de nuestra Basílica» ["Corpus Christi", *Diario de Cádiz*, 8 de junio de 1939: 1]. Especialmente significativo es el artículo publicado en el mismo diario, el día 7 de junio, con el título "Origen y significado de los 'Autos Sacramentales'", una transcripción de la conferencia pronunciada por Francisco Padín ante el micrófono de Radio Cádiz. Se trataba de una documentada disertación sobre el subgénero dramático y una defensa de su actualidad, frente a las voces que lo tildaban de teatro rancio, sólo digno de subsistir entre los papeles mortecinos de archivos y bibliotecas, además de una defensa de España por cuanto única tierra fértil sobre la que podría haber nacido la que considera expresión máxima de la teatralidad:

> ¿Y por qué el «auto sacramental» ha nacido en España? ¡Ah! España, país esencialmente católico; país defensor acérrimo de la Eucaristía, siempre y en todo momento lo demostró. Por eso, cuando las doctrinas calvinistas y luteranas negaron la presencia real de Jesucristo en la Sagrada Forma, fue entonces cuando España, la España imperial, la España católica tenía por fuerza que demostrar al Mundo entero su repulsa, su enérgica protesta. Y lo hizo, aprovechándose de un instrumento popular: el teatro. Crea entonces el «auto sacramental», «destinado a exponer mediante una acción alegórica el dogma de la presencia eucarística» [Padín, 1939: 2].

En la argumentación de Padín, la vigencia del auto sacramental no sólo estriba en la eternidad inherente a la palabra de Dios, sino en el paralelismo que existe entre aquella España imperial que, en su oposición a las doctrinas centroeuropeas, concibió una exposición simbólica de la Eucaristía, y la que nace, casi de forma mesiánica, en 1939:

> España marcha triunfal por unos derroteros que la conducirán como antaño a las altas cimas del Imperio; de aquel Imperio cuando todo en Europa se modelaba con normas españolas. España en estos momentos reconstructivos, vuelve los ojos a su pasado, a su tradición gloriosa pero sin olvidar tampoco que vivimos en el siglo xx [*ibidem*].

Si la representación de *El hospital de los locos* se había revestido de toda clase de boato, dos circunstancias más vinieron a rodearla de una importancia magnífica. En primer lugar, su condición de fin de fiesta a un día en el que se había despedido a los aviadores italianos intervinientes en el conflicto bélico; en segunda instancia, el encendido pregón que José María Pemán pronunció, a través de las ondas de Radio Cádiz, a modo de *introito* a las celebraciones del Corpus, la noche previa a la puesta en escena[13]:

> Que nuestra verdad se rodee de todo lo mejor de los estilos. No más flores de talco en nuestros altares, no más prosa amasacotada [*sic*] en nuestros devocionarios.
>
> Esa verdad de estilo y de tradición la representa el Teatro Nacional de la Falange en los Autos sacramentales. [...] Venid a gozar viendo cómo Dios ha vuelto a España y cómo todo lo bello ha vuelto a Dios.

Entre los días 16[14] y 19 de junio, y en el palacio de Carlos V de la Alhambra, el Teatro Nacional de la Falange recurría, una vez más, a *El hospital de los locos*, los dos primeros días, y a *La verdad sospechosa*, el último, dentro de los festejos que el ayuntamiento de Granada organi-

---

13. También en el *Diario de Cádiz*, el 11 de junio de 1939, fue publicada la conferencia que el director de la Biblioteca Provincial, Rafael Picardo, había pronunciado el día 7 del dicho mes en Radio Cádiz dentro de las actividades de propaganda para la puesta en escena de *El hospital de los locos* ["El Auto Sacramental"].
14. Se anunciaba la representación para el día 15, pero fue suspendida «a causa del mal tiempo» [*Patria*..., 16 de junio de 1939: 3], por lo que finalmente acaeció, con enorme éxito, la noche siguiente.

zó con motivo del Corpus Christi ["La representación del Auto Sacramental *El hospital de los locos...*", *Patria...*, 16 de junio de 1939: 5]. Se trataba de una celebración espoleada, a bombo y platillo, en la prensa falangista local desde semanas antes, con un marcado sentido de renacimiento de las señas identitarias robadas por las hordas rojas, de ahí que el extenso programa no sólo se compusiera de teatro, sino también de música, interpretada los días 14 y 16 de junio por el Orfeón Donostiarra, y de baile, con un «Festival de Danza y cantos populares». Todas estas manifestaciones de *arte patrio* se desarrollaron en el palacio de Carlos V, convertido para la ocasión en emblema arquitectónico y metonimia histórica de un pasado triunfante y, ahora, redivivo, pues entre sus «piedras imperiales volverán a sonar las viejas voces de la España Católica» ["Los Autos Sacramentales en el Palacio de Carlos V", *Patria...*, 13 de junio de 1939: 4]. En esta línea de reposición, con el teatro como principal artífice, cabe entender artículos como el firmado por Adolfo Chércoles Vico, para quien «vuelve la tradición después de los años en que el laicismo cerril proscribió todas las manifestaciones del culto» [1939: 4], y otras tantas afirmaciones similares, aun cuando anónimas, vertidas desde la misma tribuna: «el Auto Sacramental [...] es la gran interpretación literaria, alegórica y visual del misterio de la Eucaristía» y «género literario tan característicamente nacional que ningún pueblo puede ofrecer nada que se le asemeje» ["El Teatro Nacional de la Falange representará esta noche en Carlos V...", *Patria...*, 15 de junio de 1939: 2], amén de expresión artística en la que quedaban condensadas, «vital y profundamente [...] la auténtica esencia de nuestro pueblo» [*ibidem*]. No se pierde tampoco la oportunidad, una vez más, y tomando el auto como estandarte de otras muchas iniciativas, de hacer evidente la labor magistral que Falange desarrolla en la armazón ideológica del renacido imperio; «haz espléndido de tradiciones que, engarzadas en el yugo y las flechas, reanima y potencia» la agrupación política ["El Teatro Nacional de la Falange alcanza un gran éxito en Carlos V", *Patria...*, 17 de junio de 1939: 5].

Unos días después, el 24 y el 25, la formación triunfaba en Málaga; el primero de los días, y en el Teatro Cervantes, con la representación de *La verdad sospechosa*, «el éxito artístico más grande que espectáculo alguno haya conseguido en dicho Coliseo» ["El Teatro Nacional de la Falange triunfa en Málaga", *Patria*..., 25 de junio de 1939: 4]; al día siguiente, y en el atrio de la catedral, con *El hospital de los locos*. Respecto de la primera de las funciones, quizás sea la crónica de L. Trescastro para el *Diario Sur* malagueño la más perfilada de todas cuantas conservamos sobre la puesta en escena del texto de Ruiz de Alarcón. Destaca el crítico la contención del dramaturgo, muy apartada del tropel de fábulas insustanciales que, pese a una poesía bien hilvanada, llenaron los escenarios españoles del seiscientos; pero sobre todo singulariza la propuesta por el aire pantomímico que irradiaba la acción, con un peso muy evidente de la *commedia dell'arte* italiana, no sólo en la configuración de los tipos sino en el donaire y la agilidad con que se movían en las tablas, «tan fina y alegremente. Tan deportivamente» [Trescastro, 1939a]. Sin embargo, el plato fuerte lo constituía *El hospital de los locos*, representada, como queda dicho, el domingo 25 con «la puerta principal de la Basílica» [Trescastro, 1939b] como escenario. Una elección la de esta pieza justificada por el periodista local en tanto «transición entre la 'comedia a lo divino' y el auténtico auto sacramental», capaz de despertar, de forma sencilla, un haz de sugerencias en el auditorio a partir de la contraposición entre el «Bien y el Mal; [el] Día y [la] Noche; [la] Carne y [el] Espíritu» en un ejercicio de virtuosismo –acompañado, como apoteosis, por el *Aleluya* de Haendel– que acaba con el triunfo de la Gracia y la Divinidad, fuerzas todas ellas ejemplarmente encarnadas por esta «muchachada admirable del Teatro Nacional de la Falange, cuya gracia escénica escapa a toda ponderación» [*ibidem*].

Así pues, y tras el exitoso periplo andaluz, el carro de la farándula comandado por Escobar regresaba a Madrid para el estreno de *La cena del rey Baltasar*, de Calderón de la Barca, en el Paseo de los Reyes del Parque del Retiro. La conmemoración del levantamiento, ahora ya victorioso, bien valía un despliegue de medios inaudito, máxime si tenemos en cuenta la desolación que llenaba el país. La escenografía y los figurines corrieron a cargo de Víctor Cortezo –quien «ha levantado tablado al amor de los árboles del paseo de los Reyes» [Arozamena, 1939: 13]–; la música, por su parte, fue compuesta, exclusivamente para la producción, por Fernando Moraleda; se incluyó, además, una coreografía original de Nadine Lang y una grandiosa luminotecnia diseñada por Francisco Benito Delgado [Martínez Cachero, 2000: 304]. Muy curiosa es la crónica que el ya citado Luis Araujo Costa hace de la pieza para el *ABC*, pues obvia cualquier alusión a las características del próximo montaje para rendirse a la más ortodoxa de las predicaciones doctrinarias, comenzando por las muy recomendables características del auto sacramental –«donde se lleva a la consideración del pueblo la presencia real de Cristo en el pan y el vino consagrados»– y terminando con la inevitable alusión al salvajismo de los *rojos* a propósito de las fuentes documentales sobre el *Libro de Daniel*, donde se inserta el relato del rey Baltasar: «Podría disertar largamente sobre el asunto y exponer los últimos descubrimientos de los asiriólogos y exégetas. [...] Tengo a la vista el *Kaulen*, el *Riessler* y el *Schuster-Holzammer*, que los rojos me dejaron al saquear mi modesta biblioteca». Pero si queremos hacernos una impresión viva de cómo fue la puesta en escena nada mejor que acudir al pormenorizado relato que nos ofrece Samuel Ros en el número 25 de *Vértice*, correspondiente a septiembre de 1939. Comienza el escritor falangista por establecer una sugerente relación entre guerra y teatro, a su juicio unidos por ser ambos, res bélica y arte de Talía, enemigos mortales del silencio: «el espectáculo y la batalla merecen su nombre cuando vencen al silencio por haberse ordenado con todos sus elementos hasta el milagro de convertir uno lo múltiple; así un ejército es victorioso cuando es igual a uno de sus soldados y un espectáculo está conseguido cuando es síntesis de las artes». Ahora que los cañones habían dejado de sonar y el silencio tétrico de la paz se había impuesto, la guerra cedía todo su protagonismo al teatro, en tanto compendio de «pintura, música y poesía» y síntesis mayor de las artes. Y es el Teatro Nacional de la Falange quien estaba llamado a copar este *ruido elocuente* de la nueva realidad española, precisamente con el que era, a los ojos de Ros, su «espectáculo mejor», y no sólo por los versos de Calderón de los que se nutría, «templo de la divina justicia» y «gran monumento de la cultura católica», escritos con ánimo de «avisar a los que profanan las cosas sagradas y a los que comulgan en pecado mortal». El escenario se asentó, como queda dicho, en uno de los extremos del citado Paseo de las Estatuas –tanto vale decir de Reyes– del Retiro, un nuevo espacio emblemático que sumar a las catedrales de Segovia y

Santiago de Compostela. No se trataba ya de impregnar representación y marco de un sentido *transcendente* –Dios (catedral), Hijo (verso), Espíritu Santo (cruzada bélica)–, sino de –y adviértase la nada despreciable sutileza de la ecuación– llevar el *auto sacramental* a un espacio civil –El Retiro, impregnado, por obra y gracia de los versos calderonianos, de un valor religioso–, en el que los grandes reyes castellanos –que flanqueaban el *camino de perfección* hacia la escena (hacia el Sacramento)– auspiciaban, de forma simbólica, la victoria del Bien (Dios) contra el Mal (Baltasar), y colocaban, por ende, al garante de dicha victoria –Francisco Franco– al mismo nivel de Uno y otros.

Y digo bien al apuntar, haciendo míos los asertos de Ros, que no sólo en los versos de poeta áureo estribaba la grandilocuencia de la velada, sino sobre todo en el espectáculo visual hábilmente orquestado por Luis Escobar, y que nosotros podemos inferir, aún hoy, gracias a la reproducción minuciosa que *Vértice* hace de los figurines de Cortezo y, también, de las fotografías que, firmadas por Paniagua, llenan cuatro páginas de la mencionada revista. Más allá de la calidad y el cuidado esmerado en la confección de los figurines, cabe señalar la disposición de la escena, concebida como un conjunto orgánico, en tres niveles, que establecía una jerarquía visual para el espectador en virtud de la cual la parte alta del escenario era alcanzada al final de la representación. Las tres hornacinas que lo integraban pasaban a estar ocupadas por Daniel, la Muerte y el propio rey Baltasar; la parte media quedaba reservada al banquete que Idolatría y Vanidad ofrecen al monarca; la parte inferior, la más próxima a los espectadores, servía de inicio a la representación, cuando Baltasar reniega de las enseñanzas de los episodios bíblicos de Noé y la Torre de Babel.

Menos de un mes después, la formación llega al palacio de San Telmo de San Sebastián para la representación del también auto *El casamiento engañoso* [*ABC*, 15 de agosto de 1939: 18], firmado por uno de los mentores de la recuperación de esta forma dramática, Gonzalo Torrente Ballester. De la caracterización de los actores tenemos memoria viva gracias a las fotografías que Willy Koen captó para la revista *Vértice*, en el ya citado número de septiembre de 1939.

Pero ya era tiempo de paz. O de paz forzada y dolorosa. Y momento también de que esta «muchachada» se integrara en un circuito algo más profesional que tendría en el Teatro María Guerrero de Madrid su santo y seña. Sin embargo, ésa es otra historia, la de la negra posguerra, con sus grises teatrales –los de Felipe Lluch, Cayetano Luca de Tena y, claro, el propio Escobar, entre otros–, una historia, por lo demás, ya contada y muy bien contada [Aguilera Sastre, 1993; García Ruiz, 2010; López Baltés, 2011].

## La Sección de Arte del S.E.U. de Sevilla

Aun cuando resultara muy difícil rebasar la altura artística y el éxito de las representaciones antes descritas, lo cierto es que no fueron los únicos intentos de revitalizar para la escena española el auto sacramental: la Sección de Arte del S.E.U. de Sevilla estrenó *La cena del rey Baltasar*, de Calderón de la Barca, como tributo a las fiestas granadinas del Corpus en 1938 (patio renacentista del Alcázar de Carlos V de La Alhambra), espectáculo que habría de ser repuesto, al aire libre, durante el mes de agosto en el jardín de los lotos del parque de María Luisa, en Sevilla ["Informaciones de la España liberada…", *ABC Sevilla*, 25 de junio de 1938]. Respondía, todo ello –ya lo hemos visto–, a un plan conjunto orquestado por Serrano Súñer, a través de la Subdirección de Prensa y Propaganda como medio de adoctrinamiento colectivo. El nexo de unión entre los experimentos de Falange antes referidos y éste que nos ocupa se hace evidente en la prensa falangista de Granada, y de forma más concreta entre las páginas de *Patria*, con referencia explícita a la orden de dicho ministerio en la que «se restablecía oficialmente la celebración teatral del Corpus Christi con la representación de Autos Sacramentales que brindan al pueblo grave enseñanza, arte depurado y honesto esparcimiento» ["La representación de los Autos Sacramentales…", 22 de junio de 1938: 5]; y así también con la inclusión, en idéntico diario, de un anónimo artículo titulado "Autos Sacramentales", en el que, a propósito de la función ofrecida por los jóvenes del S.E.U., se emparenta, en un alarde de retórica fatua, el género dramático áureo con la esencia más profunda del espíritu español: «latido y flor auténtica de la vida ibérica», «caracteres de nuestra alma», «quizá lo más destacado de nuestra existencia haya sido, y sea, la encendida creencia en la unidad entre lo humano y lo divino, entre la materia y el espíritu, entre lo cotidiano y lo maravilloso» ["Perfil. Autos Sacramentales", 24 de junio de 1938: 3]. Tanto es así que los cronistas de Falange, más atentos a las cuestiones ideológicas que a las estrictamente teatrales, no se arredran a la hora de calificar la labor desempeñada por estos jóvenes como «Misión Imperial» [*Patria*, 23 de junio de 1938: 3] y de emparentarla con la palabras del *Ausente*, José Antonio Primo de Rivera, guía en una victoria que no sólo se mide en el presente sino, sobre todo, en la «encumbración [*sic*] secular de nuestro hoy naciente imperio» a través de las «ciencias y las letras» [*ibidem*].

Se trataba de un montaje programado para las once menos cuarto de la noche del 23 de junio[15], y cuyos detalles se ofrecen por extenso en el artículo "Vida sindical. Teatro. Ensayos del S.E.U." [*Haz*, 11 de noviembre de 1938], una especie de declaración de principios sobre las intenciones del grupo, decidido a generar en la psicología colectiva del pueblo –que no debe confundirse con la plebe, de acuerdo a los experimentos marxistas– «el entusiasmo por lo dramático, o al menos la inquietud». Para ello no hay mejor comienzo, a los ojos del anónimo autor, que los clásicos españoles, banco de aprendizaje necesario y prueba contrastada del alcance que puede alcanzar un drama de valores genuinos. No le duelen prendas en tirar por tierra dos de los más interesantes caminos dramáticos de la modernidad, a saber «el Teatro de masas de la clase marxista» y un «Teatro de minorías, político, llamado de vanguardia, en el que siguen cosechando fracasos sus favoritos judíos y admiradores franceses», el primero por obviar el verdadero sentido del pueblo y el segundo por cuanto manifestación de un teatro falto de vigor y de nervio que, «como droga», sirve para «envenenar subconscientes débiles». Obviando estos juicios, tan injustos

15. Del esfuerzo realizado por Falange para la recepción masiva del espectáculo es buena prueba el servicio de autobuses habilitados para la subida al palacio y el hecho de que «los espectadores de los pueblos cercanos [tuvieran] a la terminación [...] un servicio de tranvías» ["En la mañana de ayer llegaron a esta ciudad...", *Patria...*, 23 de junio de 1938: 4].

como marcados ideológicamente, el relato pormenorizado de la puesta en escena habla, por sí solo, de un grupo de entusiastas jóvenes que no sólo creían en el poder regenerador del drama sino también en la necesidad de la conjunción de diversos estímulos artísticos como elementos coadyuvantes al éxito global del espectáculo. Aprovecharon, en consecuencia, el imponente decorado al aire libre que les ofrecía la Alhambra, sumando a los ingredientes previos –«un aroma penetrante de madreselvas»– los creados para la ocasión –«unos jardines iluminados árbol por árbol indirectamente por medio de enormes focos de colores disimulados en el follaje que daban a cada copa de cada palmera una tonalidad distinta; con pequeñas bombillas instaladas debajo del agua dimos tonos diversos a los múltiples surtidores que corrían aquella noche inolvidable»–. Los tapices antiguos que colgaban de las columnas enmarcaban la actuación de los intérpretes, cuyas palabras recibían estímulos sonoros y visuales diversos: desde una música cambiante, que se iba adecuando al tono del texto –Schubert, Grieg, Godefroid, Chopin– hasta palabras que se proyectaban cinematográficamente al tiempo que eran proferidas –«Mane-Techel-Fares»–. Un derroche, en fin, de imaginación y genio en que se mezclaba, naturalmente, la escena, la música, la danza, el canto, y que pretendía hacerse aún más sólido con tragedias griegas y, también, con textos coetáneos, tal el caso de *El falangista caído*, «escrito por un camarada del S.E.U. de Madrid» y cuyo estreno se anunciaba.

No obstante la magnificencia artística de la puesta en escena, tanto por el marco natural que la albergaba como por la destreza en la interpretación del auto, el espectáculo multidisciplinar programado por el S.E.U. sevillano para tan reseñado evento supuso una conjunción ejemplar de arte popular, sagrado y culto, en sus más diversas manifestaciones: musicales, corporales y teatrales. Más expresivo que nuestras palabras es el programa del acto que reproducimos íntegramente a continuación:

Hoy 23 de Junio de 1938, a las
10 y – de la noche, en el
Palacio de Carlos V
La Sección de Arte del
S.E.U. de Sevilla
Pondrá en escena el siguiente programa:

I

1º. Sinfonía por la Banda Municipal.
2º. Presentación.
3º. El Orfeón del S.E.U. de Sevilla, bajo la dirección del notable violinista y compositor camarada Luis Lerate, interpretará:
*La Bañeza*- (Popular)
*Ávila*- (Popular)
*Los Pastores*- (Popular)
*Asturias*- (Popular)
*Si tarda en venir a verme*- Lerate

II

1º. Intermedio por la Banda Municipal.
2º. El Teatro Universitario del S.E.U. de Sevilla pondrá en escena el Auto Sacramental de Calderón de la Barca

*La Cena del Rey Baltasar*

III

1º. Intermedio por la Banda Municipal.
2º. PLÁSTICA ANIMADA- Por las alumnas de la clase de gimnasia rítmica, con el siguiente programa:
*Marcha Militar*. . . . . . . . . Schubert.
*Vals número 15*. . . . . . . . . Brahms.
*Rousseau*. . . . . . . . . . . . . . Godesrold.
*Mazurka en sí bemol*. . . . . Chopin.
*Minueto*. . . . . . . . . . . . . . Lerate.
[Al piano la camarada Purificación de la Torre]
Himnos por el Orfeón

["Hoy 23 de junio de 1938…", *Patria…*, 23 de junio de 1938: 2].

Una conjunción, la de lo sagrado y lo popular, también palpable en el programa anunciado para la noche del 24 de junio, luego prorrogado a la noche del 25, a tenor de la enorme aceptación pública de la que gozó. Si en la primera de las propuestas primaba el lenguaje simbólico del auto, siempre al servicio de la fe cristina como valor prioritario en la concepción de la lucha contra el enemigo, para las noches ulteriores se prefirió dejar paso a la comicidad sencilla de uno de los entremeses cervantinos, *El juez de los divorcios*, como plato principal de la velada, sin perder en ningún momento la consabida alternancia de música –popular y culta–, poesía, danzas regionales y teatro. Es de notar, no obstante el éxito obtenido, que la velada cervantina recabó una atención mucho menor que la calderoniana, toda vez que la impronta ideológica falangista quedaba muy mermada en el desfile disparatado del entremés:

I

1º. Sinfonía por la Banda Municipal.
2º. Recital de poesías por la camarada Eulalia de los Santos.

II

1º. Sinfonía por la Banda Municipal.
2º. Recital de piano por la notable concertista de cámara Purificación de la Torre, con el siguiente programa:
*Vals en sí menor* (Chopin)
*Fantasía improntu [sic]*
*Sonatas en fa mayor y do mayor* (Scarlatti)
*Danza número 12* (Granados)
*Rapsodia húngara número 11* (Liszt)

El Orfeón del S.E.U. de Sevilla cantará las si guientes composiciones:
*El Amor con su poder* (Lerate)
*A volar, pajarillos, a volar* (Paiau)
*Tres hojillas verdes* (Popular)
*León* (Popular)

III

1º Sinfonía por la Banda Municipal.
2º El Teatro Universitario pondrá en escena el entremés de Cervantes

*El juez de los divorcios*

3º Las alumnas de la clase de gimnasia rítmica interpretarán

Bailes regionales

Galicia-Aragón-Cataluña-Córdoba-Sevilla

["Hoy 25 de junio de 1938...", *Patria...*, 25 de junio de 1938: 3].

## El Retablo: teatro de la Falange de Cáceres

Escasea la documentación relativa a esta empresa pergeñada por la Delegación Provincial de Prensa y Propaganda, más allá de la que puede extractarse de las páginas del semanal cacereño *La Falange*, desde una primera noticia aparecida el 10 de enero de 1938, hasta su desaparición documental allá por mayo de ese mismo año, y las muy espigadas que encontramos en *Extremadura. Diario Católico*. De la magnitud de la propuesta da fe la declaración de intenciones que se hace, desde la primera plataforma, en la primera de las fechas aducidas, en virtud de la cual El Retablo de la Falange tomaría como base «la obra de los clásicos españoles y de aquellos autores modernos que encarnan el espíritu de esta hora» ["Idea en marcha...": 4]. Si, a estas alturas de la exposición, El Retablo parecería una simple proyección de otras iniciativas tomadas en otros puntos de la España nacional, algunos aspectos, en ningún sentido desdeñables, la singularizan: en especial, su atención, incluso cuando el proyecto no estaba más que en estado embrionario, a las «artes fónicas», la «música» y la «poesía», disciplinas todas ellas concebidas como los pilares en los que asentar «una masa coral» como «complemento de nuestro teatro». Drama clásico y dimensión coral remiten, qué duda cabe, a una concepción espectacular de la puesta en escena muy similar, *mutatis mutandis*, a la que, bajo la tutela, entre otros, de Rivas Cherif, se desarrolló en tiempos de la Segunda República. Una empresa, en suma, para las que se sabían necesarias muchas manos, razón por la cual ya desde estos primeros hilvanes de la trama se apela a la colaboración de «todos aquellos camaradas, de la sección masculina, Seu. Sem. Cons., Cadetes, Flechas, y demás de segunda línea, así como las camaradas de la Sección Femenina» [*ibidem*].

Los detalles del proyecto quedaban perfilados, y siempre dentro del semanario *La Falange*, en el número siguiente ["Delegación Provincial de Prensa y Propaganda" (17 de enero de 1938)]. En primer lugar, con una orientación que se dibuja, sin reparos, con trazos de «españolismo y catolicismo», piedras angulares que justifican la decantación por la producción de los siglos XVI y XVII, ya que nuestro teatro clásico «guiará y educará mejor el gusto de las gentes, haciéndoles penetrar, en ameno divertimiento, en el espíritu de la España Imperial que renace» [*ibidem*]. Como queda apuntado, el Retablo abre su abanico a aquellos autores de la modernidad que, ajenos a corrientes tales como el «judaísmo y la masonería», han sabido rescatar los valores eternos en la modernidad. Entre ellos, y no hay sorpresas al respecto, se citaban los sempiternos nombres de Pemán y Marquina, a los que se añadía el extremeño Gabriel y Galán, asumido como autor «permanente» del repertorio, aun cuando era estrictamente poeta, pues algunas de sus composiciones «serán escenificadas con toda propiedad, y desde luego formarán el programa preferente de nuestros recitales» ["Delegación Provincial de Prensa y Propaganda", *La Falange*, 24 de enero de 1938: 3].

En la configuración del corpus se atendía a diversos géneros, desde la comedia al auto sacramental, con una especial atención a los autores regionales, a saber «Torres Naharro, Diego Sánchez [de Badajoz], Micael de Carvajal, Huertas y otros dignos de ser recordados», y siempre bajo la supervisión de una comisión –denominada «Servicio»– que, estricta con los niveles de calidad, supiera adecuar el repertorio, por fuerza limitado, a «nuestras efemérides históricas y nuestras fiestas permanentes de Falange» [*ibidem*].

La parte musical de El Retablo, entendida como un activo complementario a la vertiente dramática, constaba de una parte sinfónica y otra coral, dirigidas ambas por Eugenio Pita Gandarias, si bien, dada su importancia en la configuración de la propuesta dramática, la vertiente coral disponía de un director técnico: el músico José García Crespo, cuya labor requería, ya en los estadios iniciales del proyecto, de una selección concienzuda y de un proceso de hibridación armónico de música clásica y folklórica de la región cacereña, siempre con vistas a su inserción escénica.

Tras un proceso de selección que se nos antoja, a falta de documentación precisa, bastante arduo, la prueba de fuego llegó el 8 de mayo de 1938, en primera instancia para la «Masa Coral» de El Retablo, con ocasión de la visita a Cáceres de Pilar Primo de Rivera, que fue recibida en la catedral de Santa María. La composición elegida para tan señalada fecha fue *Bendita sea tu pureza* ["Rendido homenaje de Cáceres a Pilar Primo de Rivera", *Extremadura. Diario Católico*, 10 de mayo de 1938: 4], dedicada a la Virgen de la Montaña, patrona de la Ciudad ["La visita de Pilar Primo de Rivera a Cáceres", *La Falange* (18 de abril de 1938): 4; Rina Simón, 2012: 88]. La pieza fue interpretada «a cuatro voces», después de una «concienzuda preparación [...] desde hace tiempo para obtener un estimable resultado» ["Preparativos finales para la vista de Pilar Primo de Rivera a Cáceres", *Extremadura. Diario Católico*, 5 de mayo de 1938]. De la parte teatral para este primer día de visita se ocupó el Cuadro Artístico de la Falange de Alcántara, que ofreció, siempre en honor de Primo de Rivera, una velada en el Gran Teatro con la representación de *Una mujer como tú*, firmada por el autor falangista Juan Villarroel, a buen seguro un panegírico a la hermana del *Ausente*. El sesgo laudatorio de la función explica el ejercicio panfletario a mayor gloria de Falange que centró los entreactos, momentos en los que Juan Solano, poeta local, recitó varias composiciones de su autoría insertas en el poemario *Glosario del Himno Azul*, que, como indica su propio título, está compuesto por una serie de poemas que «glosan», con manifiesta impericia, cada uno de los versos del "Cara al sol". Como muestra el poema que explica aquel proverbial «Con la camisa nueva»:

> Vestidos de azul los torsos,
> va el cortejo.
> El color de los montes lejanos,
> pinceladas de cumbres y de cielos.
> Vibración de la campiña dilatada,
> tono de los mares inmensos:

fondo y retablo
de las sublimes tragedias de los griegos.
Me he vestido de azul. Mírame, madre.
Me voy con el cortejo.
No llores. Pon en mi camisa nueva
un beso.
Me voy por los caminos de la gloria,
con mis compañeros.
Esta camisa azul, antes guardada,
la ha desdoblado el tiempo,
con puntas de inquietud,
de sangre y de acero.
Esta camisa va a ponerse vieja
por los nuevos senderos.
Vestidos de azul los torsos,
va el cortejo.
Y va camino de la gloria
que es una escala entre la tierra y el cielo [Solano, 1938: 27].

La visita de Pilar Primo de Rivera tuvo un efecto inmediato. Sus a buen seguro buenos informes respecto de la labor de El Retablo no tardaron en cosechar recompensa. Así, el asentamiento definitivo de la formación llegaba a finales de mayo, luego de su aprobación por Luis Escobar, «jefe nacional de Teatro del Ministerio del Interior» ["*El Retablo*, Teatro de la Falange en Cáceres autorizado por la Jerarquía", *La Falange*, 23 de mayo de 1938: 4], y la declaración expresa de aceptación por parte de la jerarquía falangista respecto de «la orientación dada a nuestro Teatro, que denominaron EL RETABLO, autorizando este título, y a la vez concediéndonos el derecho a llevar la denominación de Teatro de la Falange» [*ibidem*]. Desde las mencionadas jerarquías se instaba, incluso, a «la formación de un archivo folklórico del que se remitirá copia al Ministerio del Interior» a partir de una «labor investigadora [conducente] a la conservación de la cantera popular en sus costumbres, bailes, cantos y hasta trajes típicos». Pero quizás en la feliz noticia, propiciada por el asentimiento de Luis Escobar, estaban también las limitaciones al proyecto. Sin que podamos afirmar con rotundidad nuestra hipótesis, intuyo que el director del Teatro Nacional de la Falange no estaba muy dispuesto a que un grupo tutelado por la misma formación política pudiera ocupar algunos de los terrenos por él explorados, de ahí que se insista, ya desde la propia aceptación de sus actividades, en la vertiente de conservación de las tradiciones folklóricas y no en la teatral. No desde otro punto de vista puede entenderse el desierto documental que, precisamente a partir de dicha resolución afirmativa, se proyecta sobre El Retablo de la Falange, de cuya trayectoria sólo hemos podido encontrar un testimonio. Se trata de los festejos asociados a la onomástica del Caudillo en Cáceres, a raíz de los cuales la formación actuó, acompañada de los Coros Infantiles, en una velada de cuyo contenido sólo hemos podido documentar la exhibición de unos «entretenidos juguetes cómicos, en los que se portaron los intérpretes como consumados artistas» ["La fiesta onomástica del Caudillo en Cáceres", *Extremadura. Diario católico*, 5 de octubre de 1938].

## Algunas reflexiones sobre el repertorio

No creo que haga falta insistir en las motivaciones que guiaron a la intelectualidad falangista en la recuperación del *auto sacramental* como género privilegiado para el adoctrinamiento de la nueva España. Pero sí, por el contrario, en las piezas elegidas. ¿Por qué éstas y no otras? ¿Por qué, sobre todo, un corpus tan apartado del canon más convencional?

La primera elección que nos sorprende es la *Farsa sacramental de «Las bodas de España»*, una pieza anónima del siglo xvi, más por la rareza del texto que por su contenido, en todo punto adecuado a los intereses de los grupos falangistas que lo pusieron en escena, a saber, La Tarumba y el Teatro Nacional de la Falange. Y es que quizás en ninguna otra pieza teatral se expresaba con una nitidez tan extrema la lucha que se estaba entablando en España y los soportes sobre los que quería levantarse una nueva realidad política. En *Las bodas de España* se plantean, en clave alegórica, los esponsales que ha de entablar nuestro país, mediante una estructura de desfile a dos que, supervisada por Europa y el Tiempo, va mostrando a los espectadores las virtudes y defectos de aquellos que la pretenden. Sucesivamente asistimos a la presentación de credenciales realizada por la Ignorancia y la Guerra, y, después, el Hambre y la Tristeza, todas ellas figuras alegóricas que, en su referencialidad más cruenta, formaban parte de la realidad más inmediata. La nueva España las desprecia, puesto que es mucho más halagüeño el paisaje que se dibuja, en un futuro que explica la pregunta retórica –o no tanto– que se formula la Tristeza:

> ¿Habrá algún hombre nacido,
> tan poderoso y valido,
> que por arte, fuerza y maña,
> se haya de mí defendido? [1865: 74]

Aunque gestado en unas coordenadas temporales que nada tenían que ver con las que vivía la España de la Guerra Civil, lo cierto es que no resulta difícil plantearse la carga intencional que, a buen seguro, los actores de Falange imprimían a esta, en apariencia, inocente pregunta, de respuesta clara para los muchos, sobre todo en el caso del Teatro Nacional, que asistieron a las representaciones: Francisco Franco.

El desfile acaba con la llegada de la Fe y el Amor Divino. La primera certifica que ningún lugar como España alberga dignidad tan singular como para ser fecundado por el segundo, afirmación ante la cual la pretendida no puede por menos que rendirse, sin dilación, a tan elevado pretendiente:

> Sacro y soberano Amor,
> tu sierva soy, mi señor:
> haz de mí tu voluntad,
> que con perfecta humildad
> rescibiré tu favor.
> Sólo una merced te pido:
> que, si tú fueres servido,
> me des tus manos benditas,
> y que, señor, no permitas
> que yo merezca tu olvido [1865: 75].

España, ahora bendecida por el Amor Divino, puede correr deprisa hacia un futuro de redención. Así las cosas, la Ignorancia, la Guerra, el Hambre y la Tristeza reniegan de su condición como pretendientes y asumen la nueva de criados, al servicio de la nueva pareja. O dicho de otro modo: todos estos personajes, propios de la lacerante realidad de la guerra, no son sino un mal necesario para la llegada a un nuevo puerto, con vientos favorables guiados por la Fe, personaje cuya última intervención redunda en la interpretación apuntada:

> La Guerra en Paz quedará,
> y esta oliva tomará,
> para en señal que hoy se ha dado
> Dios en manjar, y ha quitado
> la guerra del mundo ya.
> El hambre quede en Hartura,
> la Tristeza en Alegría,
> y la Ignorancia en Cordura.
> ¡Ropa fuera, gente mía!
> ¡Quitad la ruin vestidura! [1865: 75].

Algo similar puede apuntarse respecto de *El hospital de los locos*, como se ha dicho, pieza mayor en el establecimiento de la propaganda nacional a partir del montaje del Teatro Nacional de la Falange, capitaneado por Luis Escobar. Rodeado por una lucha fratricida que se prolongaba ya más allá del año, no había de resultar muy complejo para el espectador entender el sentido metafórico de los versos de Valdivielso, pues que en ellos se presenta una Locura que todo lo domina y bajo cuya tiranía se encuentran, entre otros, el Mundo y el Género Humano, pero también la Razón, domeñada por la Culpa y el Engaño, y el Alma, arteramente encadenada al Deleite, y contagiada, también, por los cantos de sirena de la Carne y la Gula. En ellos ese mismo espectador, devoto a una causa que entendía como una cruzada frente al laicismo, es posible que viera una alusión a la Segunda República:

> Es la Gula la enfermera,
> y la Carne la doctora,
> que, cual médico ignorante,
> la manda que beba y coma.

Es el Mundo boticario,
que las píldoras le dora,
dándole agua del olvido
de sus fingidas redomas.
Ella, cual simple cordera,
lleva arrastrando la soga,
y con ir al matadero,
repite en voces sonoras:
¡Vida, vida, vida bona!
¡Vida, vámonos a Chacona! [1971: 68].

Pero al fin la Inspiración intercede y pone al Alma en la correcta senda, aquella que supervisa la Sabiduría apoyada en el báculo de la Iglesia:

Será el médico divino
la misma Sabiduría,
que dio vida, cuerpo y sangre,
para hacer las medicinas.
Es la botica la Iglesia,
llena de drogas divinas,
de aromas, simples, compuestos,
de yerbas, flores y epítimas,
de esmeraldas, de rubíes,
de topacios, margaritas,
de jacintos, de bezares,
de perlas y piedras finas.
[...] ¡Ánimo, esposa de Dios!
Que Él mismo a buscarte me envía,
y Él mismo vendrá a buscarte,
como a la oveja perdida [1971: 73-75].

En este sentido parece clara la metáfora de España como un Alma encerrada en el hospital de la Locura y rodeada de malos consejeros, que es despertada de su letargo por la Inspiración –tanto vale decir causa nacional– para recobrar la razón perdida. Y es San Pedro quien la recibe en el hospital divino, antesala de lo porvenir. España es, así, siguiendo con el juego simbólico, curada por el padre de la Iglesia: «*Tocan chirimías y córrese una cortina, y aparece CRISTO, NUESTRO*

*SEÑOR, y del pecho le salen siete cintas encarnadas, que dan en siete cajas como de botica»* [1971: 79]. Todos de rodillas escuchan sus palabras, todas las cuales, ahora sí, cobran pleno sentido en la España del 37, por cuanto emparentan la sangre derramada por Cristo para liberar a los hombres de su segura condenación con la que han vertido los españoles sublevados para sanar a España de un destino parejo:

> Vertí para tu rescate
> el tesoro de mis venas;
> sangre di, lágrimas pido,
> lágrimas tus ojos viertan:
> tu amor del cielo me trujo,
> tu amor me dejó en la tierra,
> tu amor me hirió en el madero,
> que heridas de amor son éstas [1971: 79].

Por último, es de notar la recurrencia a *La cena del rey Baltasar*, como se ha visto estrenada por La Tarumba, el Teatro Nacional de la Falange Tradicionalista y de las JONS y el S.E.U. sevillano. En los versos de Calderón encontraron estas formaciones un refuerzo al sentido de la Guerra Civil como cruzada religiosa. Baltasar, ejemplo de rey soberbio –y correlato de la España descarriada–, renuncia a Dios hasta el punto de considerar su poder por encima del divino: «[...] porque vea que no tiene fuerza la mano de Dios» [1996: 512]. El rey encuentra su correctivo en Daniel, quien, a su vez, recurre a la Muerte como aliada. No es difícil, en este sentido, establecer una equivalencia entre esta última y la propia Guerra, máxime cuando en cena servida por la Idolatría y la Vanidad –figuras alegóricas que explican la sinrazón del combate entre hermanos–, es el propio rey quien bebe del vaso ponzoñoso preparado por la Muerte. Continuando con el juego de correspondencias, la Guerra (o la Muerte, pues lo mismo da) cabría ser entendida como el recurso necesario para sacar a los gobernantes –rey Baltasar en Calderón, gobierno de la República en España– de una alocada soberbia que, apartada de la senda de Dios, sólo conduce a la propia muerte. La sentencia de Baltasar, herido ya de muerte, cabría ser entendida en la misma clave de interpretación:

¡Al que los vasos profana
divinos, postra severo,
y el que comulga en pecado
profana el vaso del templo! [1996: 539].

## Bibliografía

AGUILERA SASTRE, Juan, "Felipe Lluch Garín, artífice e iniciador del teatro nacional español", en *Historia de los teatros nacionales 1939/1962*, ed. Andrés Peláez, Madrid, Centro de Documentación Teatral/Ministerio de Cultura, 1993, pp. 41-67.

ALBERT, MECHTHILD, ed., *Vencer no es convencer. Literatura e ideología del fascismo español*, Madrid/Frankfurt, Iberoamericana/Vervuert, 1998.

— *Vanguardistas de camisa azul*, Madrid, Visor Libros, 2003.

ALEGRE, Carlos, "La Tarumba", *Diario de Ávila*, 22 de enero de 1938, p. 4

ANÓNIMO, *Farsa sacramental de "Las bodas de España"*, Biblioteca Virtual Miguel de Cervantes, Instituto Cervantes, <http://www.cervantesvirtual.com/obra-visor/farsa-sacramental-de-las-bodas-de-espana-manuscrito--0/html/>.

— *Farsa sacramental de Las bodas de España*, en *Autos sacramentales desde su origen hasta fines del siglo XVII*, ed. Eduardo González Pedroso, Madrid, M. Rivadeneira/Biblioteca de Autores Españoles, 1865, pp. 71-75.

— "Información de teatros y cinematógrafos. Función a favor de la Casa del Flecha", *ABC Sevilla*, 18 de diciembre de 1936, p. 15.

— "Informaciones de teatros y cinematógrafos. Coliseo: «La Tarumba» en el beneficio de la Casa del Flecha", *ABC*, Sevilla, 31 de diciembre de 1936, p. 16.

— "La Tarumba y la Bética de Cámara en el Coliseo", *ABC*, Sevilla, 11 de febrero de 1937, p. 12.

— "El Teatro Universitario", *Yugo y flechas*, 166 (3 de marzo de 1937), p. 3.

— "Informaciones de teatros y cinematógrafos. Coliseo España: «La Tarumba» por la Navidad en el Frente", *ABC*, Sevilla, 8 de diciembre de 1937, p. 24.

— "Informaciones de teatros y cinematógrafos. Lope de Vega: «La Tarumba»", *ABC*, Sevilla, 2 de enero de 1938, p. 21.

— "Una idea en marcha. El teatro de la Falange", *La Falange. Semanario de Falange Española Tradicionalista y de las JONS*, 175 (10 de enero de 1938), p. 4.

— "Segundo Consejo Nacional de la Sección Femenina", *Labor*, 322 (13 de enero de 1938), p. 7.

— "Mujeres Nacional Sindicalistas", *Imperio. Órgano de Falange Española Tradicionalista y de las JONS*, 373 (13 de enero de 1938), p. 3.

— "El Consejo Nacional Femenino de FET y de las JONS", *Pensamiento Alavés*, 1537 (15 de enero de 1938), p. 1.

— "Delegación Provincial de Prensa y Propaganda", *La Falange. Semanario de Falange Española Tradicionalista y de las JONS*, 176 (17 de enero de 1938), p. 4.

— "II Congreso Nacional de la Sección Femenina de Falange España Tradicionalista y de las JONS", *ABC*, Sevilla, 23 de enero de 1938, p. 11.

— "El Congreso de la Sección Femenina de Falange Española Tradicionalista y de las JONS", *Imperio. Órgano de Falange Española Tradicionalista y de las JONS*, 382 (23 de enero de 1938), p. 1.

— "Clausura del segundo Congreso de las secciones femeninas de FET y de las JONS", *Hoja oficial del lunes* (La Coruña), 49 (24 de enero de 1938), p. 4.

— "Finaliza el II Consejo de nuestras Secciones Femeninas", *La Falange. Semanario de Falange Española Tradicionalista y de las JONS*, 177 (24 de enero de 1938), p. 1.

— "Delegación Provincial de Prensa y Propaganda", *La Falange. Semanario de Falange Española Tradicionalista y de las JONS*, 177 (24 de enero de 1938), p. 3.

— "*La Tarumba*, teatro de FET y de las Jons [*sic*] en Cáceres", *La Falange. Semanario de Falange Española Tradicionalista y de las JONS*, 177 (24 de enero de 1938), p. 4.

— "Éxito magnífico de 'La Tarumba' en el Teatro Principal", *Diario de Ávila*, 25 de enero de 1938, p. 4.

— "Un notable discurso de Fernández Cuesta", *Imperio. Órgano de Falange Española Tradicionalista y de las JONS*, 383 (25 de enero de 1938), p. 4.

— "Noticias de la España Roja", *Imperio. Órgano de Falange Española Tradicionalista y de las JONS*, 405 (26 de febrero de 1938), p. 4.
— "En el día de San José", *La Falange. Semanario de Falange Española Tradicionalista y de las JONS*, 185 (21 de marzo de 1938), p. 1.
— "La Tarumba. Teatro de la Falange", *Vértice*, 4 (abril de 1938), s. p.
— "Ayer, en el Teatro Principal", *Imperio. Órgano de Falange Española Tradicionalista y de las JONS*, 436 (3 de abril de 1938), p. 3.
— "La visita de Pilar Primo de Rivera a Cáceres", *La Falange. Semanario de Falange Española Tradicionalista y de las JONS*, 189 (18 abril de 1938), p. 4.
— "Esta noche, a las 11, en el Teatro San Fernando…", *ABC*, Sevilla, 29 de abril de 1938, p. 9.
— "La visita de Pilar Primo de Rivera a Cáceres", *Extremadura. Diario Católico*, 2 de mayo de 1938, p. 4.
— "El gran acontecimiento de la semana próxima. La visita de Pilar Primo de Rivera a Cáceres", *Extremadura. Diario Católico*, 3 de mayo de 1938, p. 4.
— "Preparativos finales para la visita de Pilar Primo de Rivera a Cáceres", *Extremadura. Diario Católico*, 5 de mayo de 1938.
— "Rendido homenaje de Cáceres a Pilar Primo de Rivera", *Extremadura. Diario Católico*, 10 de mayo de 1938, p. 4.
— "*El Retablo*, Teatro de la Falange en Cáceres autorizado por la Jerarquía", *La Falange. Semanario de Falange Española Tradicionalista y de las JONS*, 195 (23 de mayo de 1938), p. 4.
— "La Loa Eucarístico-Misional constituyó anoche un éxito que honra a Vitoria", *Pensamiento Alavés*, 31 de mayo de 1938, p. 4.
— "Ante la solemnidad del Corpus Christi", *ABC*, Sevilla, 15 de junio de 1938, p. 12.
— "Teatro Nacional de Falange Española Tradicionalista y de las JONS", *Imperio. Órgano de Falange Española Tradicionalista y de las JONS*, 497 (15 de junio de 1938), p. 2.
— "El día del Corpus, feriado a todos los efectos", *Patria: diario de Falange Española Tradicionalista y de las JONS*, 15 de junio de 1938, pp. 1-2.
— "Se restablece la conmemoración del Corpus Christi", *Azul. Órgano de Falange Española de la JONS*, 526 (15 de junio de 1938), p. 15.

— "Un Auto Sacramental en Segovia", *Azul. Órgano de Falange Española de la JONS*, 529 (18 de junio de 1938), p. 7.
— "El Cuadro Artístico del S.E.U. de Sevilla llegará hoy", *Patria: diario de Falange Española Tradicionalista y de las JONS*, 22 de junio de 1938, p. 2.
— "La representación de los Autos Sacramentales en el Palacio de Carlos V", *Patria: diario de Falange Española Tradicionalista y de las JONS*, 22 de junio de 1938, p. 5.
— "Hoy 23 de junio de 1938, a las 10 y 3/4 de la noche, en el Palacio de Carlos V…", *Patria: diario de Falange Española Tradicionalista y de las JONS*, 23 de junio de 1938, p. 2.
— "Misión imperial del S.E.U.", *Patria: diario de Falange Española Tradicionalista y de las JONS*, 23 de junio de 1938, p. 3.
— "En la mañana de ayer llegaron a esta ciudad los camaradas del S.E.U. de Sevilla", *Patria: diario de Falange Española Tradicionalista y de las JONS*, 23 de junio de 1938, p. 4.
— "Perfil. Autos Sacramentales", *Patria: diario de Falange Española Tradicionalista y de las JONS*, 24 de junio de 1938, p. 3.
— "La presentación del Cuadro de Arte del S.E.U. de Sevilla en Carlos V alcanzó un éxito brillante y merecido", *Patria: diario de Falange Española Tradicionalista y de las JONS*, 24 de junio de 1938, p. 5.
— "Informaciones de la España liberada. Granada. La Octava del Corpus en Granada", *ABC*, Sevilla, 25 de junio de 1938, p. 14.
— "Fiesta de Arte, en honor de los heridos, celebrada en el Palacio de Carlos V", *Patria: diario de Falange Española Tradicionalista y de las JONS*, 25 de junio de 1938, p. 2.
— "Hoy 25 de junio de 1938, a las 10 y 3/4 de la noche, en el Palacio de Carlos V…", *Patria: diario de Falange Española Tradicionalista y de las JONS*, 25 de junio de 1938, p. 3.
— "El arte del S.E.U. de Sevilla triunfa nuevamente en el Palacio de Carlos V", *Patria: diario de Falange Española Tradicionalista y de las JONS*, 26 de junio de 1938, p. 2.
— "Por los Ministerios. A su regreso de Sevilla el jefe de Bellas Artes, señor D'Ors, hace unas interesantes manifestaciones a la prensa", *Pensamiento alavés*, 1745 (26 de septiembre de 1938), p. 3.

— "La fiesta onomástica del Caudillo en Cáceres", *Extremadura. Diario católico*, 5 de octubre de 1938.
— "Informaciones de teatros y cinematógrafos", *ABC*, Sevilla, 16 de noviembre de 1938, p. 20.
— "Plástica. *El hospital de los locos*, auto sacramental del maestro Josef de Valdivielso", *Vértice*, 16 (noviembre de 1938), s. p.
— "Presentación del Teatro Nacional de Falange Española Tradicionalista y de las JONS, en Burgos", *ABC*, Sevilla, 8 de diciembre de 1938, p. 14.
— "El pujante renacer de nuestro Teatro Nacional", *Labor*, 418 (15 de diciembre de 1938), p. 3.
— "El intercambio cultural España-Italia", *ABC*, Sevilla, 18 de diciembre de 1938, p. 8.
— "La rénovation du théâtre national", *Occident. Le bi-mensuel franco-espagnol*, 32 (10 de febrero de 1939), p. 12.
— "El Teatro Nacional de la Falange se presentará en Barcelona", *La Vanguardia Española*, 15 de febrero de 1939, p. 12.
— "El Teatro Nacional de la Falange", *La Vanguardia Española*, 16 de febrero de 1939, p. 12.
— "El Teatro Nacional de la Falange se presentará en Barcelona", *La Vanguardia Española*, 19 de febrero de 1939, p. 12.
— "Esta tarde se presentará en e Tívoli el Teatro Nacional de Falange", *La Vanguardia Española*, 24 de febrero de 1939, p. 3.
— "Teatros. Teatro Nacional de Falange", *La Vanguardia Española*, 26 de febrero de 1939, p. 5.
— "En el Tívoli. *La vida es sueño*, de Calderón, uno de los más resonantes éxitos del Teatro Nacional de Falange", *La Vanguardia Española*, 2 de marzo de 1939, p. 3.
— "En el Tívoli. Despedida del Teatro Nacional de Falange y dos acontecimientos líricos para el sábado y el domingo próximos", *La Vanguardia Española*, 9 de marzo de 1939, p. 6.
— "Notas de la región", *La Vanguardia Española*, 23 de marzo de 1939, p. 10.
— "Información nacional. Baleares", *La Vanguardia Española*, 24 de marzo de 1939, p. 8.
— "Habla un consejero nacional", *ABC*, Sevilla, 9 de abril de 1939, p. 10.

— "Teatros, cinematógrafos y conciertos en España y en el Extranjero. Informaciones teatrales. Teatro oficial de Propaganda. Un recuerdo a María Mayor. El teatro en provincias. Cartelera madrileña", *ABC*, 13 de abril de 1939, p. 27.

— "Falange Española Tradicionalista y de las JONS. Festival de la Juventud Femenina de FET y de las JONS de Buenavista", *ABC*, 16 de mayo de 1939, p. 11.

— "Telefonía sin hilos", *ABC*, 21 de mayo de 1939, p. 16.

— "Las Fiestas del Corpus", *Diario de Cádiz*, 3 de junio de 1939, p. 1.

— "El Teatro Nacional en Cádiz. Resurgimiento espiritual de España en el Arte", *Diario de Cádiz*, 6 de junio de 1939, p. 1.

— "Corpus Christi", *Diario de Cádiz*, 8 de junio de 1939, p. 1.

— "Gran Teatro Falla. Teatro Nacional de la Falange. *La vida es sueño*, de Calderón de la Barca", *Diario de Cádiz*, 9 de junio de 1939, p. 3.

— "Un «pregón» de Pemán sobre Autos sacramentales", *Diario de Cádiz*, 10 de junio de 1939, p. 1.

— "Los autos sacramentales. Esta noche se representa *El Hospital de los Locos*", *Diario de Cádiz*, 10 de junio de 1939, p. 1.

— "El Auto Sacramental", *Diario de Cádiz*, 11 de junio de 1939, p. 2.

— "El auto sacramental del maestro Valdivieso [*sic*] titulado el [*sic*] *Hospital de los locos* fue interpretado en Cádiz ante numerosa concurrencia", *Diario de Cádiz*, 11 de junio de 1939, p. 3.

— "Llegada a Cádiz de los aviadores italianos que regresan a su patria", *ABC Sevilla*, 11 de junio de 1939, p. 8.

— "Los Autos Sacramentales en el Palacio de Carlos V", *Patria: diario de Falange Española Tradicionalista y de las JONS*, 13 de junio de 1939, p. 4.

— "Fiestas del Santísimo Corpus Christi", *Patria: diario de Falange Española Tradicionalista y de las JONS*, 14 de junio de 1939, p. 2.

— "Fiestas del Corpus de Granada", *Patria: diario de Falange Española Tradicionalista y de las JONS*, 14 de junio de 1939, p. 5.

— "El Teatro Nacional de la Falange representará esta noche en Carlos V, en función de gala, el Auto Sacramental *El hospital de los locos*", *Patria: diario de Falange Española Tradicionalista y de las JONS*, 15 de junio de 1939, p. 2.

— "La representación del Auto Sacramental *El hospital de los locos* tendrá lugar esta noche", *Patria: diario de Falange Española Tradicionalista y de las JONS*, 16 de junio de 1939, p. 3.
— "El Teatro Nacional de la Falange alcanza un gran éxito en Carlos V", *Patria: diario de Falange Española Tradicionalista y de las JONS*, 17 de junio de 1939, p. 5.
— "El Teatro Nacional de la Falange triunfa en Málaga", *Patria: diario de Falange Española Tradicionalista y de las JONS*, 25 de junio de 1939, p. 4.
— "*El Hospital de los locos* por el Teatro Nacional de la Falange", *Hoja oficial del lunes* (Málaga), 118 (26 de junio de 1939).
— "Teatros, cinematógrafos y conciertos en España y en el Extranjero. Teatro Nacional de la Falange ET [*sic*] y de las JONS", *ABC*, 15 de julio de 1939, p. 21.
— "Teatros, cinematógrafos y conciertos en España y en el Extranjero", *ABC*, 21 de julio de 1939, p. 13.
— "Teatros, cinematógrafos y conciertos en España y en el Extranjero. Estreno en los «cines». Informaciones musicales. Guía del espectador. Cartelera madrileña", *ABC*, 15 de agosto de 1939, p. 18.
ARAUJO COSTA, Luis, "Teatros, cinematógrafos y conciertos en España y en el Extranjero. El maestro José de Valdivielso, en el Teatro de la FET y de las JONS", *ABC*, 20 de mayo de 1939a, p. 29.
— "Teatros, cinematógrafos y conciertos en España y en el Extranjero. El Teatro Nacional de Falange Española Tradicionalista y de las JONS en el Capitol. *El hospital de los locos*", *ABC*, 23 de mayo de 1939b, p. 19.
— "Teatros, cinematógrafos y conciertos en España y en el Extranjero. Informaciones teatrales. *La cena del Rey Baltasar*. Guía del espectador. Cartelera madrileña", *ABC*, 19 de julio de 1939c, p. 20.
AROZAMENA, "Notas teatrales", *ABC* (21 de julio de 1939), p. 13.
*C.*, "Un noble intento de arte. Mérito y significado del Teatro Nacional de la Falange", *La Vanguardia Española*, 23 de febrero de 1939a, p. 12.
— "En el Tívoli. Nueva exhibición afortunada del Teatro de la Falange", *La Vanguardia Española*, 1 de marzo de 1939b, p. 12.
CALDERÓN DE LA BARCA, Pedro, *Autos sacramentales, I*, ed. Enrique Rull Fernández, Madrid, Biblioteca Castro, 1996.

Chércoles Vico, Adolfo, "Estampas del Corpus Christi", *Patria: diario de Falange Española Tradicionalista y de las JONS*, 10 de junio de 1939, p. 4.

*D.*, "Noticias de la región. Reus", *La Vanguardia Española*, 23 de marzo de 1939, p. 10.

Duyos, Rafael, *Romances de la Falange: primero y segundo pliegos*, prólogo de Vicente Genovés Amorós, Valencia, Ediciones Vuelo, 1939.

Escobar, Luis, "La barraquera de un camarada. La Barraca", *Diario de Albacete*, 20 de julio de 1933.

— "«La Tarumba». Teatro de la Falange", *Y. Revista de la mujer nacional sindicalista*, 2 (marzo de 1938), pp. 50-51.

*Faro*, "El Teatro Nacional de Falange", *La Vanguardia Española*, 24 de marzo de 1939, p. 8.

*F.C.*, "Anoche, en el Tívoli. Presentación del Teatro Nacional de la Falange. *La verdad sospechosa*, de Alarcón", *La Vanguardia Española*, 25 de febrero de 1939a, p. 12.

— "Nuevos modos de hacer arte escénico. Despedida y triunfo del Teatro Nacional de Falange", *La Vanguardia Española*, 11 de marzo de 1939b, p. 12.

Fernández Flórez, Wenceslao, "Un día en Compostela", *ABC*, Sevilla, 17 de agosto de 1938, pp. 3-4.

Foxá, Agustín de, "Segovia y su Auto Sacramental. *Hospital de los locos*", *Vértice*, 12 (julio de 1938), s. p.

García de Castro, Rafael G., "Los Autos Sacramentales", *Patria: diario de Falange Española Tradicionalista y de las JONS*, 16 de junio de 1938, p. 15.

García Ruiz, Víctor, "Un poco de ruido y no demasiadas nueces: los autos sacramentales en la España de Franco (1939-1975)", en *Divinas y humanas letras. Doctrina y poesía en los autos sacramentales de Calderón*, coords. Ignacio Arellano, Carmen Pinillos, Blanca Oteiza y Juan Manuel Escudero, 1997, pp. 119-165.

— "«La guerra ha terminado», empieza el teatro. Notas sobre el teatro madrileño y su contexto en la inmediata posguerra (1-IV a 31-XII-1939)", *Anales de la literatura española contemporánea*, vol. 22, 1/2 (1997), pp. 513-535.

— *Teatro y fascismo en España. El itinerario de Felipe Lluch*, Madrid/ Frankfurt, Iberoamericana/Vervuert (Col. La Casa de la Riqueza, 17), 2010.

GARCÍA SANTO-TOMÁS, Enrique, *La creación del Fénix. Recepción crítica y formación canónica del teatro de Lope de Vega*, Madrid, Gredos, 2000.

GUIRAO GODÍNEZ, Ginés, *La vida cultural en una ciudad castellana de la retaguardia franquista: Ávila*, Madrid, Universidad Complutense de Madrid, tesis doctoral, 2004.

HARDISSON PIZARROSO, Julio, "La Falange infantil", *Arriba España. Contribución a la revolución nacionalsindicalista*, 9 (7 de noviembre de 1936), p. 6.

HUERTA CALVO, Javier, "Clásicos cara al sol, I", en *Jornadas de teatro del Siglo de Oro. XXIV y XXV. In memoriam Ricard Salvat*, ed. Elisa García-Lara y Antonio Serrano, Almería, Instituto de Estudios Almerienses, 2011, pp. 219-236.

*Juan de Yepes*, "Lo eterno de España", *Diario de Ávila*, 26 de enero de 1938, p. 2.

LANGA NUÑO, Concha, "El teatro en la Sevilla de la Guerra Civil, 1936-1939", en *El teatro de humor en la guerra y la posguerra española (1936-1948)*, eds. Marieta Cantos Casenave y Alberto Romero Ferrer, Cádiz, Universidad de Cádiz/Fundación Pedro Muñoz Seca, 2001, pp. 237-251.

London, John, "Drama in the Spanish Civil War: Was there *teatro de urgencia* in the Nationalist Zone?", en David George and John London, eds., *Spanish Film, Theatre and Literature in the Twentieth Century: Essays in Honour of Derek Gagen,* Cardiff, University of Wales Press, 2007, pp. 205-236.

LÓPEZ BALTÉS, Blanca, *Historia de la dirección escénica en España: Cayetano Luca de Tena (1941-1991)*, Madrid, Universidad Complutense de Madrid, 2011 [tesis doctoral inédita].

LÓPEZ LEBRÓN, Yolanda, Silvia Ossorio Franco y Maribel Rodríguez Román, "La cartelera gaditana durante los años de la Guerra Civil española (1936-1939)", en *El teatro de humor en la guerra y la posguerra española (1936-1948)*, eds. Marieta Cantos Casenave y Alberto Romero Ferrer, Cádiz, Universidad de Cádiz/Fundación Pedro Muñoz Seca, 2001, pp. 207-218.

Martínez Cachero, José María, *El canto de las sirenas (Páginas de investigación y crítica)*, vol. I, Oviedo, Universidad de Oviedo, 2000, vol. I.

Martínez López, María Isabel, "La cartelera teatral en Logroño: 1936-1939", *Revista Stichomythia*, 5 (2007), pp. 101-132.

Marqués de Lozoya, "Segovia. Escenario real", *Y. Revista de la mujer nacional sindicalista*, 2 (marzo de 1938a), pp. 46-49.

— "En la festividad del Corpus. Autos sacramentales en Segovia", *Labor*, 366 (16 de junio de 1938b), p. 3.

— "El Auto de *El Hospital de los locos* en Segovia", *Extremadura. Diario Católico*, 17 de junio de 1938c.

— "Corpus popular y corpus cortesano", *Y. Revista de la mujer nacional sindicalista*, 17 (junio de 1939), pp. 6-7.

Marqués de Quintanar, "Fiesta del Corpus, frente a los rojos", *ABC*, Sevilla, 15 de junio de 1938, pp. 3-4.

Moreno Cantano, Antonio César, ed., *Propagandistas y diplomáticos al servicio de Franco (1936-1945)*, Gijón, Ediciones Trea, 2012.

*M.R. de R.*, "De sociedad. Ecos diversos", *ABC*, 10 de mayo de 1939, p. 15.

Ortega, Teófilo, "Romances en prosa de nuestra guerra. España: una Catedral", *Azul. Órgano de Falange Española de la JONS*, 527 (16 de junio de 1938), p. 13.

Padín, Francisco, "Origen y significado de los 'Autos Sacramentales'", *Diario de Cádiz*, 7 de junio de 1939, p. 2.

Peral Vega, Emilio, "De reyes destronados. La figura del rey en el teatro clásico durante la Segunda República", en *El teatro clásico español a través de sus monarcas*, ed. Luciano García Lorenzo, Madrid, Fundamentos, 2006, pp. 351-377.

Puente, José Vicente, "La devolución de actualidad a nuestro teatro clásico", *La Vanguardia Española*, 26 de febrero de 1939, p. 3.

Quintanilla, José Luis, "Luis Escobar y su gran aventura del teatro", *ABC*, 10 de mayo de 1957, pp.8-9.

Ramírez de Arellano Oñate, Ana María, "*Nueva España*: literatura y prensa (1938-1939)", *Argensola: revista de Ciencias Sociales del Instituto de Estudios Altoaragoneses*, 97 (1984), pp. 123-160.

Ramos, José Ignacio, "Informaciones y noticias varias del extranjero. *ABC* en Buenos Aires. *La Santa Hermandad*", *ABC*, Sevilla, 21 de noviembre de 1937, p. 19.

RIDRUEJO, Dionisio, *Casi unas memorias*, Barcelona, Península 2012.

RINA SIMÓN, César, *La construcción de la memoria franquista en Cáceres. Héroes, espacio y tiempo para un nuevo estado (1936-1941)*, Cáceres, Universidad de Extremadura, 2012.

ROS, Samuel, "Un auto de Calderón en los Jardines del Retiro y en el Año de la Victoria", *Vértice*, 25 (8 de septiembre de 1939).

SAINZ RODRÍGUEZ, Pedro, "Se crea la Comisaría General de Teatro Nacionales...", *Pensamiento Alavés*, 9 de noviembre de 1938, p. 4.

SÁNCHEZ DEL ARCO, M., "Informaciones de teatros y cinematógrafos. Teatro en la guerra", *ABC*, Sevilla, 8 de marzo de 1938, p. 17.

*S.E.M.*, "El Teatro y la Escuela", *La Vanguardia Española*, 1 de marzo de 1939, p. 3.

*Siul*, "Los hombres y los días. Una luz nueva en el Pórtico de la Gloria", *ABC*, Sevilla, 27 de julio de 1938, p. 9.

SOLANO, Juan, *Glosario del Himno Azul*, Badajoz, Gráfica Corporativa Badajoz, 1938.

TOVAR, Antonio, "Los autos sacramentales, fiesta en primavera", *Y. Revista de la mujer nacionalsindicalista*, 5 (junio de 1938), pp. 12-13.

TRANCHE, Rafael R. y Vicente Sánchez-Biosca, *El pasado es el destino. Propaganda y cine del bando nacional en la Guerra Civil*, Madrid, Cátedra/Filmoteca Española, 2011.

TRESCASTRO, L., "Escenario. Presentación del Teatro Nacional de la Falange Española Tradicionalista y de las JONS, con la comedia de D. Juan Ruiz de Alarcón *La verdad sospechosa*", *Diario Sur*, 25 de junio de 1939a.

— "Escenario. En la noche del domingo, en el atrio de la Catedral, el Teatro Nacional de la Falange Española Tradicionalista y de las JONS, representó el auto sacramental *El Hospital de los Locos*", *Diario Sur*, 27 de junio de 1939b.

VALDIVIELSO, José de, *El hospital de los locos. La serrana de Plasencia (autos sacramentales)*, ed. Jean-Louis Flecniakoskca, Salamanca, Anaya, 1971.

GRANADA.—En el marco incomparable del Imperial Palacio de Carlos V, el Teatro nacional de Falange Española Tradicionalista y de las J. O. N. S. ha representado, durante las fiestas de Primavera, "El hospital de los locos", de Josef de Valdivieso.

La actualidad teatral

PALMA DE MALLORCA.—El insigne poeta D. José María Pemán, con los ilustres actores María Guerrero y Fernando Díaz de Mendoza, que actualmente realizan una brillante campaña artística en la capital de las Baleares.

Una escena del último cuadro de "La Santa Virreyna", comedia de D. José María Pemán, estrenada en Palma de Mallorca, con gran éxito, por la compañía de María Guerrero y Fernando Díaz de Mendoza. (Fotos Ribas.)

Ilustración 23. Actuación del Teatro Nacional de Falange en el Palacio de Carlos V (Granada). ABC, Madrid, 26-06-1239.

# Teatro Ambulante de Campaña (T.A.C.): implicación con voz femenina

Singular, por desconocida, es la experiencia desarrollada por el Teatro Ambulante de Campaña (T.A.C.[1]), una agrupación nacida en Zaragoza ["Un teatro ambulante de campaña", *La Prensa*, 5 de junio de 1937:4] por iniciativa del Quinto Cuerpo del Ejército, que pretendía llenar de representaciones el escaso tiempo de ocio que pudiera quedar en el frente, con «un camión para los trastos, un autobús para los cómicos, y tierra adelante allá, hacia donde los soldados luchan» [Sevillano, 1937], y cuyo fin último no era otro que llevar un poco del aliento de la retaguardia a la vanguardia guerrera. Dirigida por José Antonio Álvarez, tenía en la «belleza morena y alegre» de María Paz Molinero su principal atractivo. Su deambular, hacia octubre de 1937, había sido ya largo: desde Aragón, «el heroico valladar de España, donde se estrelló la ola roja», hasta los frentes de León y Asturias, lugares todos ellos en los que exponían su humilde espectáculo utilizando la batea del camión como tablado y una vieja gramola y un piano que servían para llenar de himnos, flamenco y

1. Siglas que remedan la onomatopeya de un disparo.

jotas el espacio sonoro. El T.A.C. aporta dos novedades sustanciales respecto de experiencias similares: en primer lugar, una formación con enorme presencia femenina, sobre todo en lo que a la sección estrictamente teatral se refería, y, en segundo término, un acopio de lenguajes escénicos que hablan de la versatilidad y entusiasmo de sus intérpretes. Y es que a los géneros musicales apuntados se unían números de saltimbanquis, títeres y *clowns*, «con sus chistes gruesos», y hasta una parte lírica interpretada a dúo por un barítono y un tenor, «que entonan romanzas amorosas», y que culmina con el gran ilusionista «que hace sus prodigiosos juegos de manos» [Sevillano, 1937]. No faltaba, claro está, la parte estrictamente teatral –con una obrita de repertorio y un entremés clásico– y los consabidos versos y cantos patrióticos.

Si bien no son muchos los testimonios conservados en torno a la labor del T.A.C., sí contamos con algunos bien expresivos de cuál fue su caminar por «tierras reconquistadas», admitiendo la terminología empleada por Sánchez del Arco en una extensa crónica que publicara *ABC* [Sevilla, 2 de octubre de 1937: 14], referida en esta ocasión a una actuación del grupo en un «pueblucho perdido entre los riscos de León». Incluso nos informa, con alguna curiosidad jugosa en el relato, de la composición de las diversas secciones antes apuntadas: «[...] los *clowns* Carbi, Guerrita y Colella, el ilusionista Florence, unos saltadores, un acto de concierto dirigido por el maestro Borobia, con los cantantes Plácido Domingo, Ángel Soler y Manuel Esclapés, y después, ¡los cómicos!» [*ibidem*]. El atento lector se habrá sorprendido con el primero de los cantantes mencionados, Placido Domingo Ferrer, que, en efecto, fuera padre de nuestro intérprete lírico más internacional. Pasa, después, a hacer relación de aquellos que integraban la *troupé* teatral: «María Paz Molinero, Luisa Quintana, Mercedes Vecino, Luisa Albiac, Pilar Ibáñez, Carmen López, Mercedes Francés, Blanca Ibáñez y Carmen López...», entre las mujeres de «ojos bonitos [y] unas bocas jóvenes y sonrientes». Mismo detalle en la relación de los actores, caracterizados éstos por «sus arengas y sus chistes», a saber: «José Antonio Álvarez, Manuel Serrano, Luis Porredón, Antonio Garisa, Ángel Soler, Miguel Santibáñez, Plácido Domingo, Carlos Ibáñez, Ramón G. Teruel, Enrique Busquets...», todos ellos hacedores –como queda dicho– de géneros populares que oscilaban entre los pasos cómicos, el entremés y la zarzuela.

Para Sánchez del Arco el más noble objetivo entre los buscados por el T.A.C. es traer ilusión a los soldados –primero los del Quinto Cuerpo del Ejército y, ahora, los del Octavo–, pues en «el laurel de las batallas [...] el gracioso hace estallar la metralla de sus chistes...», para transfigurar en «sainete», al menos sea por unos instantes, las escenas del gran drama en que consiste la guerra; nada reconforta más que «la risa estrepitosa de los soldados». La labor del T.A.C. pretende servir, al fin, de estímulo para empresas similares en el frente del sur, bajo la hipotética protección de Queipo de Llano, de ahí que se apele a esos futuribles cómicos en la labor de una España nueva: «vosotros, compendio y breve crónica de los tiempos, tenéis la palabra. Y la acción» [*ibidem*].

Sabroso es el artículo que Luis Escobar dedica a la formación en el *ABC* [Sevilla, 16 de noviembre de 1937: 3], una crónica viva acompañada por tres fotografías. Más que hacer recuento de las múltiples actividades desarrolladas por el grupo, interesa a Escobar señalar la representación de «entremeses de nuestros clásicos» y, en consecuencia, entroncar la labor de «esta compañía nómada», y «cuyo escenario se monta sobre el mismo camión que lo transporta», con la de Lope de Rueda y Torres Naharro. Una relación nada inocente si tenemos en cuenta que en ellos ve el germen de «nuestro inmortal teatro» y, por tanto, el T.A.C. habrá de ser también, *mutatis mutandis*, un eslabón de la cadena que llevará a la regeneración del teatro nacional, una empresa difícil a la que están llamadas formaciones como La Tarumba, citada explícitamente por el cronista, en la creencia, propia de una *cruzada*, de que «Dios da el arte a los pueblos que ama».

La primera actuación de la que tenemos constancia documental data del 24 de julio de 1937, en el Teatro Circo de Zaragoza, con la puesta en escena de *Los caballeros*, de Quintero y Guillén –pieza principal, como se verá, en el repertorio de la formación– y un fin de fiesta lírico, dirigido por el maestro Borobia, al que siguió un concierto de piano de Pilar Ortigosa ["En el Teatro Circo", *Heraldo de Aragón*, 25 de julio de 1937: 2]. Tal y como ha demostrado María Isabel Martínez López, el Teatro Ambulante de Campaña actuó también en Logroño [2007]. Se trataba de una doble función –el 8 de agosto de 1937– en el Teatro Bretón de los Herreros, integrada por la ya citada *Los caballeros*, y *Wu-Li-Chang*, adaptación de Federico Reparaz para el drama de Vernon y Owen. El acontecimiento fue anunciado por la prensa local desde días antes. El *Diario de La Rioja* dedica al grupo un artículo, no firmado, el 6 de agosto, con el título "El Teatro Ambulante de Campaña y su próxima actuación en Logroño". Se trata de una descripción encomiástica de la labor emprendida por este grupo de jóvenes en la que se destacan, ante todo, su valentía para llevar a los soldados el necesario aliento para seguir en la lucha con ánimo imperturbable y, también, la versatilidad de sus escenarios, mayoritariamente en el frente pero también en la retaguardia, pues la propaganda no conoce límites en la empresa común de la victoria, para la que no hay lenguaje escénico del que pueda prescindirse, desde «la greguería del circo» a la «distracción del cinematógrafo» pasando por la eterna «belleza del teatro»:

> El TAC, nacido de la necesidad de proporcionar a nuestros soldados y milicianos unos momentos de esparcimiento, a los que son tan acreedores, no reconoce límite ni distancias y se asoma a todos los horizontes y llega a todos esos pueblos de la vanguardia en los que los soldaditos descansan por breves horas de la calma angustiosa del parapeto y del fragor terrible del combate.
>
> Otras veces, el TAC monta su tinglado en los Hospitales de Sangre y sus actores se asoman a las candilejas ante los heroicos heridos de guerra.
>
> Entre unas y otras actuaciones el TAC hace un alto en estas ciudades de la retaguardia y trabaja ante vosotros como ahora lo va a hacer en Logroño. Para que con vuestra presencia rindáis homenaje de adhesión a los combatientes y con vuestra aportación económica contribuyáis al sostenimiento de su obra de hermandad.

Aun cuando la actuación en Logroño, como parte de la retaguardia, supusiera un cierto apartamiento respecto de la impronta clásica de la formación, lo cierto es que denota la versatilidad de sus espectáculos, todos ellos concebidos, ya lo hemos dicho, como síntesis de diversos lenguajes escénicos. A fin de ofrecer un cuadro vivo de ello, reproducimos a continuación el programa de la velada:

Ningún placer en la retaguardia
sin algún sacrificio por la vanguardia

Saludo a Franco:
¡Arriba España!

T.A.C.
(Teatro Ambulante de Campaña)
Domingo, 8 de agosto de 1937 Siete tarde. Diez y media noche.

Dos funciones a beneficio del
Teatro de Vanguardia
en el

Teatro Bretón de los Herreros

Tarde
*Los Caballeros*
Comedia de Quintero y Guillén

Noche
*Wu-Li-Chang*
Drama de Vernon y Owen

Acto de Concierto. Con intervención del recitador Ángel Soler y los cantantes Manuel Esclapés, Plácido Domingo y Mercedes Vecino.

Presentación del T.A.C., por el periodista Luis Monreal.

En el artículo que sirve de marco al programa –"El T.A.C. (Teatro Ambulante de Campaña en Logroño)" [7 de agosto de 1937: 4]– se insiste, casi de manera machacona, en la imperiosa urgencia de asistir al espectáculo como único modo de conseguir fondos que, después, puedan ser reinvertidos en la calidad de las funciones ofrecidas ante los soldados en el frente: «Sería indigna de la España que nace la retaguardia que puede ayudar con su dinero si avara o egoísta en gastarlo sólo en distraerse no pensara en los que a aquellas mismas horas en que ella se divierte están dando su sangre por la Patria». Termina la breve crónica con un "Breviario del T.A.C." en el que, bajo forma de máximas, se reproducen algunas de las líneas maestras de su poética, entre las que sobresale la consideración del soldado como un niño inocente que dulcifica el amargor de la lucha con el solaz del teatro. Pero más importante que la anterior es la evidente conciencia del T.A.C. de constituir una de las pocas apuestas entre los nacionales de un teatro de vanguardia guerrera: «España paseó por el mundo durante siglos las muestras de su Arte único y personalísimo. Le faltaba llevarlo a los campos de batalla... Y nació el T.A.C.». Razón no le faltaba al innominado periodista.

El día de la representación, y siempre desde las páginas del *Diario de La Rioja* ["Logroño responde magníficamente a la obra del T.A.C.", 8 de agosto de 1937: 6], se vaticinaba un éxito artístico y, también, un no menos notable triunfo en cuanto a la recaudación de fondos, puesto que fueron muchas las donaciones de aquellos que, no pudiendo asistir al teatro, habían querido participar. Acaba la crónica con otra muestra del "Breviario del T.A.C.": «El T.A.C. cumple una necesidad espiritual del combatiente»; «La guerra tiene momentos románticos, preñados de espiritualidad. Los combatientes y los pueblos de la vanguardia que han visto al T.A.C. podrán hablarle de esto».

En el Centro Documental de la Memoria Histórica se conserva, bajo la signatura PANFLETOS, 4251, un programa de mano referido a la actuación que, en el Teatro Principal de León, ofreció el grupo el sábado 18 de septiembre de 1937. Aunque la pieza principal de la función es la misma que la que realizaron en Logroño, conviene advertir de que en dicho programa se recalca que el T.A.C. venía directamente de actuar «en los frentes del 8º Cuerpo del Ejército», dato que demuestra la continua alternancia entre las representaciones en el frente y las que se realizaban en las ciudades conquistadas, con objeto estas últimas de recaudar fondos suficientes para continuar con la labor. Es lástima que no hayamos podido localizar testimonios directos sobre las puestas en escena al pie de las trincheras. Y, aunque, como queda dicho, la pieza central de la velada fue, una vez más, *Los caballeros*, la estructura varió ligeramente, pues el acto tuvo como antesala la recitación de *La alegría de España en las tierras redimidas*, a buen seguro un alegato poético a favor de la cruzada patriótica, a cargo de Luis Monreal, responsable de prensa y propaganda de la formación, y Tejada. El fin de fiesta quedaba reservado al «Gran acto de concierto y variedad», algo más prolijo que el reseñado para Logroño, puesto que, bajo la dirección de José Borobia, contó con la intervención de los cantantes y artistas Mercedes Vecino, María Paz Molinero, Plácido Domingo, Ángel Soler y Manuel Escalpés. En la parte inferior del programa una de las píldoras con que la agrupación instruía a su público: «Ningún placer en la retaguardia, sin algún sacrificio por la vanguardia».

Tan sólo disponemos de dos testimonios gráficos del T.A.C.: las ya mencionadas fotografías que acompañan la crónica de Escobar para *ABC* y un cartel propagandístico de la compañía firmado por *Germán*, a buen seguro de 1937. De las primeras podemos inferir cuál era el funcionamiento práctico de la formación, cuya exhibición pública dependía, en buena medida, de un enorme camión. Servía, obviamente, para transportar todos los artilugios propios del oficio teatral, pero también como apoyo para un bastante elaborado andamiaje que soportaba la escena toda. De esta forma, y a diferencia de otros grupos menores, el T.A.C. contaba con un escenario bastante digno, y de caja considerable y peine elevado, sobre el que se desarrollaban números de muy diversa condición. Prueba de esta versatilidad es, precisamente, el segundo de los testimonios aducidos. Se trata de un cartel publicitario en el que un bufón, un pierrot y una bailarina giran en torno a un soldado, cuyo rostro, lleno de alegría, comienza a adquirir, en una de sus mitades, la tonalidad de una máscara. Guerra y diversión unidos con espíritu circense.

## Bibliografía

Anónimo, "Un teatro ambulante de campaña", *La Prensa: diario republicano*, 5 de junio de 1937, p. 4.

— "Un teatro ambulante de campaña", *Pensamiento alavés*, 7 de julio de 1937, p. 3.

— "En el Teatro Circo", *Heraldo de Aragón*, 25 de julio de 1937, p. 2.

— "El Teatro Ambulante de Campaña y su próxima actuación en Logroño", *Diario de La Rioja. Periódico católico independiente*, 6 de agosto de 1937, p. 4.

— "El T.A.C. (Teatro Ambulante de Campaña) en Logroño", *Diario de La Rioja. Periódico católico independiente*, 7 de agosto de 1937, p. 4.

— "Logroño responde magníficamente a la obra de T.A.C.", *Diario de La Rioja. Periódico católico independiente*, 8 de agosto de 1937, p. 6.

— "Las funciones del T.A.C. en el Teatro Bretón constituyeron un gran éxito artístico y económico", *Diario de La Rioja. Periódico católico independiente*, 10 de agosto de 1937, p. 4.

ESCOBAR, Luis, "El Teatro Ambulante de Campaña. En la Cruzada, como en los gérmenes del Siglo de Oro", *ABC*, Sevilla, 16 de noviembre de 1937, p. 3.

MARTÍNEZ CACHERO, José María, "Talía en la Guerra Civil: sobre el teatro en la zona nacional", en *El canto de las sirenas (Páginas de investigación y crítica)*, Oviedo, Universidad de Oviedo, 2000, vol. I, pp. 295-318.

MARTÍNEZ LÓPEZ, María Isabel, "La cartelera teatral en Logroño: 1936-1939", *Revista Stichomythia*, 5 (2007), pp. 101-132.

SÁNCHEZ DEL ARCO, M., "¡Han venido los cómicos! Teatro en el teatro de la guerra", *ABC*, Sevilla, 2 de octubre de 1937, p. 14.

SEVILLANO, José, "La alegría en los frentes. El teatro ambulante de campaña", *La Ametralladora*, 39 (24 de octubre de 1937), s. p.

SOMELO FERNÁNDEZ, Mª Ángel, *El teatro en Logroño (1901-1950)*, Universidad de La Rioja, 2004, tesis doctoral inédita.

VÁZQUEZ ASTORGA, Mónica, "La Guerra Civil Española y el legado de José Borobio Ojeda", *Congreso La Guerra Civil española*, Madrid, Sociedad Estatal de Conmemoraciones, 2006, DVD.

Ilustración 24. Cartel de la formación, <http://arteinfo.es/subasta/?pagina-46 &id=21>.

Ilustración 25. Máxima del «Breviario del T.A.C. »., *Heraldo de Aragón*, 25 de julio de 1937, p. 2.

SEVILLA 16 DE NOVBRE. DE 1937 NUMERO SUELTO 15 CÉNTIMOS

# ABC

DIARIO ILUSTRADO. AÑO TRIGESIMO TERCERO. NUMERO 10.752

FUNDADO EL 1.º DE JUNIO DE 1905 POR D. TORCUATO LUCA DE TENA

EL TEATRO AMBULANTE DE CAMPAÑA

## EN LA CRUZADA, COMO EN LOS GERMENES DEL SIGLO DE ORO

Bajo los árboles, tristes ya del otoño, por caminos que ha encharcado la lluvia, un batallón de soldados regresa al pueblo después de ser relevados de la posición en la primera línea. Vuelven cantando y cantando se fueron; es la misma canción u otra tan semejante que se diría que entre ambas apenas si había mediado espacio y, sin embargo, en ese espacio cupieron la lluvia y la muerte.

Pero, ¡quién piensa en eso! La juventud tiene una alegría que ni aun la guerra empaña y además hay ante ellos varios días de descanso en el pueblo, cuyo empedrado desigual pisan ya las botas de clavos.

En la plaza, frente al Ayuntamiento, les espera una sorpresa: el Teatro Ambulante de Campaña ha montado su tinglado y los actores aguardan el momento de comenzar la tarea, que en este caso es como una labor sagrada. ¿Traer alegría? No es necesario, pero sí dar un motivo a la risa siempre dispuesta de los soldados.

En la representación entra la magia de un ilusionista, los juegos de unos payasos, las piruetas de unos saltadores, una parte de concierto, algún entremés de nuestros clá-[illegible] Esta compañía nómada, que no teme [illegible] aire libre, cuyo escenario se monta so-

EL ESCENARIO DEL T. A. C. SE MONTA SOBRE EL MISMO CAMION QUE LO TRANSPORTA

EN LA PLAZA DEL PUEBLO, EL TEATRO AMBULANTE DE CAMPAÑA HA [illegible]NTADO SU PEQUEÑO ESCENARIO

Ilustración 26. Actuación del T.A.C., *ABC*, Sevilla, 16 de noviembre de 1937.

# Teatro infantil y adoctrinamiento: dos experiencias pioneras

La propaganda política, de uno u otro signo, no renunció a proyectar sus tentáculos sobre los niños, pues se sabía en ellos una base maleable que estaba llamada a responsabilizarse de la España futura. Si en el bando republicano destacaron las diversas iniciativas proyectadas por Altavoz del Frente, en el nacional no faltaron empresas más o menos paralelas. Con todo, es de destacar el debate que en torno al adoctrinamiento de la infancia se suscita en la prensa falangista y de adscripción católica. Uno de los primeros testimonios en este sentido es el artículo de Julio Hardisson Pizarroso que con el título "La Falange Infantil" apareció publicado en el periódico canario *Arriba España. Contribución a la revolución nacionalsindicalista*[1], todo un alegato an-

1. Resulta muy curioso que esta misma publicación, auspiciada por la Falange Española, abra número, allá por abril de 1937, con un artículo de Luis Hurtado Álvarez titulado "Duelo por Federico García Lorca", en el que se lamenta, con acento lírico, por la muerte del granadino, pretendiendo, eso sí, negar lo innegable: «Yo afirmo, solemnemente, por nuestra amistad de entonces, por mi sangre derramada en la más altiva intemperie del campo de batalla, que ni la Falange Española ni el Ejército de España tomaron parte en tu muerte».

timarxista que fustiga a todos aquellos que, manchados por esta ideología, defienden una educación laica, cortina de humo tras la que se esconde el aniquilamiento de la conciencia infantil. Y en la misma línea, "Revolución y educación", publicado por *Aquí estamos... Órgano oficial de Falange Española de las JONS de Baleares* [6 (29 de agosto de 1936): 1], una especie de juicio sumarísimo a los maestros afectos a la causa republicana a los que se les llama, sin pudor y con todo descaro, «asesinos del alma», y con los cuales «los niños no pueden ni deben estar un día más». Una vez erradicados del mapa escolar patrio, los colegios serán dirigidos «por maestros cuyo historial sea nítido» y capaces, en consecuencia, de crear una «escuela donde se nutra al espíritu de verdad y de virtud» y donde «se enseñe a amar y a querer a esa madre Patria» [*ibidem*]. Un mensaje de odio al enemigo que se dirige, de forma cruenta, a los «balillas» (o «flechas»), los niños falangistas llamados a ocupar los cargos del partido único apenas unos años después: «Pensad que esta ola roja que ahora padecemos se está llevando lo más selecto de una generación y que vosotros tenéis el deber de sustituirla y de superarla» ["Palabras a los balillas", *Aquí estamos...*, 7 (5 de septiembre de 1936): 1]. A uno de esos retoños se le dedica un anónimo poema entre las páginas de dicha publicación que, con el título «Balilla de uniforme», constituye un alegato bélico para las generaciones más bisoñas:

> Balilla de uniforme,
> esperanza del suelo mallorquín
> que lanzas tus canciones
> como si fueran sones
> de un clarín.
> Balilla de uniforme...,
> que sientes palpitar tu corazón
> cuando ruge a lo lejos
> despertando mil ecos
> el cañón.
> Balilla de uniforme,
> que sientes por España un frenesí
> y marchas orgulloso
> con tu uniforme airoso

bordado de rubí.
Sigue el recto camino
con paso marcial,
que te marcan tus flechas el destino
hacia el nuevo ideal.
Balilla de uniforme…,
que no sueñas con trasgo ni dragón,
que cantas en tus juegos
con encendidos fuegos
tu canción.
Esperanza segura
de una España futura
que recuerda las gestas del ayer
y emprende nuevo vuelo
hacia el azul del cielo
a vencer.
En tu esbelta barquilla,
guiada por tu corazón ferviente,
estarás tú, Balilla…
Presente
[13 (17 de octubre de 1936): 7].

Y también a los padres, a quienes se espolea para que introduzcan en sus vástagos el deseo de una España heroica, simbolizada en el ejército nacional: «En el alma de los niños hay un atavismo militar que siempre los atrae a los desfiles en que marcialmente marchan las gloriosas tropas. […] Eso no es otra cosa que ansias de amor patrio contenidas» ["Milicias juveniles", *Aquí estamos…*, 9 (19 de septiembre de 1936): 6]. O, desde una perspectiva *ex contrario*, el extenso artículo, de autoría anónima, que con el título "La propaganda atea en el alma de los niños" fue publicado por el semanario *Miróbriga* [18 de septiembre y 2 de octubre de 1938].

Pero la expresión más acabada del adoctrinamiento falangista sobre los niños es, a no dudarlo mucho, la revista *Flechas. Semanario infantil de la Falange Española de las JONS de Aragón*, cuyo número primero abría con un editorial de título evidente, "*Flechas* de Aragón y de España…" [5 de noviembre de 1936], en el que se desarrolla toda una exposición de intenciones: «Aquí tenéis un periódico que os enseñará a cumplir vuestro deber de pequeños soldados de Falange y de España, y que sabrá también divertiros». Dentro del semanario había diversas secciones fijas, entre las que sobresale el cómic *Juanito es un flecha que el tiempo aprovecha*, expresión burda, y sin matices, de la adscripción a un ideario tan asumido como indiscutible para los infantes azules y en el que el niño Juanito canta, una vez tras otra, el "Cara al sol" mientras embadurna las paredes de una innominada ciudad de yugo y flechas. Pero también hemos de destacar la llamada «Página recreativa», sección en la que los flechas eran animados tan pronto a colorear el uniforme de un niño falangista como a resolver un jeroglífico sobre la España de Franco [1 (5 de noviembre de 1936): 7], cuando no a completar el himno de falange [2 (12 de noviembre de 1936): 8] o, en el peor de los casos, un «Laberinto», consistente en el escudo de la Falange, en uno de cuyos extremos aparece dibujado un «flecha» y, en el opuesto, una bandera de España; en la parte inferior, una pregunta que insta a los lectores a resolver el enigma: «¿Qué camino tomará el 'Flecha' para poder recoger la bandera?» [4 (29 de noviembre d 1936): 10]. Junto al adoctrinamiento más o menos lúdico, convivía otro más directo, compuesto por artículos en los que se explicaba, siempre con un lenguaje adaptado, las bases ideológicas del movimiento falangista; así, el firmado por *Arra* con el título «Un yugo y cinco flechas» [4 (29 de noviembre de 1936: 11], donde se explica la razón de dicha simbología: «Significa la unión de los pueblos de España para formar la patria Una, Grande y Libre; significa el comienzo del primer Imperio de España». Y también, claro está, buenas dosis de un revisionismo histórico, sin una mínima conciencia crítica, centrado en las grandes hazañas conquistadoras del ya muy remoto imperio español: "Recordando fechas gloriosas. Conquista de Granada" [8 (27 de diciembre de 1936): 11] y "Pizarro y la conquista del Perú" [11 (17 de enero de 1937): 11], por poner solo dos ejemplos.

Un proyecto similar es el encarnado por la revista también llamada *Flechas*, editada en San Sebastián entre 1937 y 1939. Presenta una estructura y una estética muy similares a la de su homónima aragonesa, con secciones más o menos fijas, que fueron variando con el paso de los meses, tal el caso del tebeo, en forma de aleluyas, "El flecha llamado Edmundo vence siempre a todo el mundo". Destaca, sin embargo, y una vez más, el ejercicio de historicismo acrítico representado por la sección, esta sí fija en la mayor parte de la pequeña historia de la publicación, "Precursores de la Falange". Se trataba de pequeños perfiles biográficos dedicados a las grandes figuras de la historia patria –Vasco Núñez de Balboa [5 (21 de febrero de 1937)], Francisco Pizarro [7 (7 de marzo de 1937)], San Francisco Javier [22 (20 de junio de 1937)]–, en todos los cuales los diversos plumillas –desde *Rojo y Negro* hasta *El pobrecito hablador*– veían las semillas del renacer hispánico que, ahora, con la Falange como guía, se atisbaba. Otra de las características peculiares de la publicación vasca estribaba en la activa participación de los propios «flechas», concebidos no sólo como receptores de la propaganda sino también como intervinientes en su elaboración. Un ejemplo curioso de lo dicho es el poema que Luis M. García, perteneciente a la sección de Flechas de Figueras (Asturias), dedica al recién caído general Mola. Basten, como botón de muestra, los versos finales de la composición:

> Tranquilos los españoles
> porque has muerto con honra,
> por el alma de tu cuerpo
> a Dios rogamos por él.
> No te olvidamos, no, no,
> has muerto cumpliendo un deber,
> has muerto por España y por Dios
> [23 (27 de junio de 1937)].

Por lo que se refiere específicamente al teatro, es de destacar el artículo de José V[icente] Puente para la revista *Vértice*, que puede calificarse, sin equivocarnos, como un ajuste de cuentas contra las iniciativas que habían copado el arranque del siglo, tal el caso de la llevada a cabo en 1909 por Jacinto Benavente –todavía fiel seguidor de ideales progresistas– y que, con el nombre de "Teatro de los Niños", acogió en su seno a autores que, años después, estaban llamados a espolear la causa de la España azul, Eduardo Marquina, entre otros. Arremete, en consecuencia, no sólo contra la inercia de llevar a los niños a espectáculos zarzueleros y comedias finas «de ambiente agradable» [1937] que nada aportan a su psicología, sino sobre todo contra la creación de un drama específicamente infantil «en que se escenificaban cuentos y leyendas», tendencia que, a ojos del crítico, tan sólo provocaba un aburrimiento soberano en los pequeños y que «ni siquiera servía para distraerles de su letargo». Aboga, en contraposición, por un teatro lleno de dinamismo, fuerza y contraste que establezca, de forma no forzada, una relación entre el mundo referencial de los niños y el espectador natural de este teatro. Juicios, todos ellos, más o menos loables si no fuera por la conclusión a la que se precipita Puente, en virtud de la cual defiende la existencia de un teatro bélico que sirva para instruir a los pequeños en los nuevos valores de la patria:

> La España nueva es Imperial y Azul. La España nueva no es para los que ahora estamos en lucha, sino para esas promesas de hombres que alzan al cielo la punta de sus falsos fusiles y saludan ya, firmes y quietos brazo en alto y canción en los labios, la aurora nueva del sacrificio de sus hermanos mayores. Hay que empezar a pensar que pronto la guerra será un pasado y que la imagen viva que hoy les entra por los ojos se les borrará en la pizarra húmeda de sus recuerdos. Para que sepan lo que es esta gesta imperial e imponderable, primera misión que tiene el teatro infantil es llevar a sus corazones la existencia de la guerra. Primera misión, pues, que tenemos en este terreno, es hacer un teatro infantil de la guerra, para el Imperio y para el futuro.

A un mes de la resolución final de la guerra, *S.E.M.* publicaba un extenso artículo en *La Vanguardia Española* titulado "El Teatro y la Escuela" [1 de marzo de 1939], con ocasión de la prolongada estancia del Teatro Nacional de la Falange en Barcelona. Insiste el crítico en la pertinencia de rescatar el maridaje entre uno y otra, pues en el primero, sobre todo en su vertiente clásica, reside una virtud pedagógica que puede ayudar a la segunda en el adoctrinamiento de las nuevas generaciones en los valores genuinamente españoles, aquellos que se basan en «nuestro siglo Imperial» [*ibidem*].

Son pocas, sin embargo, las experiencias de teatro infantil que hemos podido documentar entre las realizadas en el bando sublevado. Pero tampoco fueron muchas, en rigor, las desarrolladas entre los republicanos[2]. A la ya aducida de «El Titiribí», dentro del cuadro de actividades de Altavoz del Frente –véase capítulo 1–, hay que añadir al grupo Máximo Gorki, fundado por las Juventudes Sociales Unificadas e integrado por «niños de nueve a trece años, los cuales interpretan, con gran acierto, estampas revolucionarias, llenas de una savia de enseñanza en la que el niño no puede quebrar su imaginación con sentidos perjudiciales al desarrollo de su inteligencia; al mismo tiempo hacen sainetes líricos, recitales poéticos, canciones infantiles, diálogos...» [Lamata, 1937b]. Dirigida por el «camarada Fresnedo», la agrupación se singularizó por recitar, siempre con fuertes dosis dramáticas, poemas de Federico García Lorca. Fausto Lamata, cronista para *Mundo Gráfico*, refiere la «honda emoción al oír a este niño que sólo en el balcón mira al cielo donde clarea la noche y murmura a media voz el romance de la luna: 'La luna vino a la fragua / con su polisón de nardos. / El niño la mira, mira. / El niño la está mirando'» [*ibidem*].

Entre los nacionales, una de las iniciativas más importantes fue el Teatro Escolar Juan de la Cueva. Se especializó en espectáculos –la mayor parte de ellos musicales– dirigidos sobre todo, aunque no exclusivamente, a un público infantil, al que además se ofrecía de ordinario proyecciones de filmes. De su creación e inauguración se nos da cuenta detallada en el artículo "Sevilla al día", firmado por *Simplicisimo*: «Producto de la incansable actividad de la Comisión gestora es la creación del Teatro Escolar Juan de la Cueva. El valioso nombre que lo rotula y las manos a que ha ido confiada su dirección –no es cosa de que nos pongamos ahora a elogiar al padre Mañes– señalan un camino de

2. En conjunto, también se observa una superioridad del lado republicano sobre el nacional por lo que se refiere a iniciativas relacionadas con la infancia, si bien es este un tema sobre el que queda mucho por investigar. Una de las más bellas –por poner tan sólo un ejemplo de los muchos que podrían aducirse– es la «Exposición Infantil de Dibujos Antifascistas», organizada por Cultura Popular en Valencia, allá por la primavera de 1937. Especialmente significativo el que servía para anunciar el evento, realizado por un muchacho evacuado de Madrid, y que representaba «una madre con un niño en brazos, rodeada de dos pequeños más, que corre horrorizada por la calle, mientras unos aviones negros vuelan en torno a ella» [Lamata, 1937a].

triunfo a la nueva institución, y de una instrucción deleitosa y sana a los pequeños espectadores» ["Informaciones y noticias varias de Sevilla", *ABC*, Sevilla, 31 de enero de 1937: 15]. Se trataba de un organismo que, amén de su dirección en manos eclesiásticas, delataba un parentesco evidente con la línea ideológica de la Falange Española, como así se deja ver en la interpretación del himno de dicha formación en la mayor parte de sesiones vespertinas por él acometidos [*ABC*, Sevilla, 2 de diciembre de 1937: 22; 10 de marzo y 26 de mayo de 1938, entre otros]. Unos actos en los que, a mayor gloria del bando golpista, se recurría a muy diversos modos de expresión –teatro, cine, conferencia, música– a fin de que los maleables espíritus de los infantes se afanaran, sin grieta, en los ideales de la España eterna. El ejemplo más significativo quizás lo constituya la "Semana patriótica", reseñada por extenso el 28 de noviembre de 1937 en las páginas del *ABC* sevillano y que, pese a la longitud de la cita, reproducimos íntegramente a continuación:

> En el teatro infantil ha sido esta semana de verdadera exaltación patriótica.
>
> El martes día 23 las niñas que en Villaverde del Río dirige la maestra nacional señorita Rita García Sarmiento representaron dos cuadros dramáticos y una preciosa zarzuela con las que entusiasmaron extraordinariamente a los quinientos niños que abarrotaban el teatro, los cuales además aplaudieron con frenesí el apropósito en que se comparaba la guerra actual a la conquista de Sevilla, cuyo aniversario se conmemoraba. Es verdad que las niñas trabajaron como verdaderas artistas.
>
> En la segunda velada musical del jueves los niños se manifestaron como hombrecitos españoles, cediendo satisfechos y con agrado sus asientos que ya habían ocupado a las doscientas niñas que llegaron con algún retraso y quedando ellos en pie distribuidos por los pasillos que ofrecían por su animación y alegría el aspecto de solemnidad grandiosa.
>
> Atentísimos escucharon la conferencia en que se les hizo la exaltación de la región aragonesa, como si quisieran recoger para grabarlas en su alma las notas de nobleza, valentía y patriotismo que caracterizan a la historia de Aragón; enardecidos aplaudieron las gestos y los héroes de los sitios de Zaragoza; con frenético entusiasmo aclamaron a Palafox, a Franco y al alcalde de Belchite, y era pasión religiosa y patriótica la que arrancaba besos y aplausos y oraciones que dirigían a la Virgen del Pilar, la cual en riquísimo cuadro presidía la fiesta.
>
> Aprendieron, entre otras enseñanzas musicales, el origen, la popularidad y las características de la jota aragonesa, muchas de cuyas coplas populares

aplaudieron, y muy a las claras se notaba en ellos el contento y complacencia con que oían los valientes acordes que puso Bretón en la jota de *La Dolores.*

Por la noche otra fiesta dedicada a los soldados heridos del Hospital de la Virgen de los Reyes excitó y avivó la fe y el patriotismo de aquellos bravos defensores de la Patria, que salieron del teatro dispuestos a dar otra vez su sangre por ella y su vida si era preciso para hacer la España una, grande y libre con la que sueñan.

Se aclamó a la Patria, se aclamó al Caudillo y se reverenció a Dios. ¡Viva España!

Hoy domingo habrá función continua de «cine» con películas instructivas y cómicas, desde las tres hasta las seis de la tarde. Donativo, cincuenta céntimos.

Como puede verse, y si bien el teatro cumplió un papel importante en el desarrollo de la formación, lo cierto es que la propaganda ideológica dirigida a los niños tuvo en el cine a su mejor aliado, a través de las continuas proyecciones de documentales de tema bélico, películas alemanas y alguna que otra de producción autóctona, tal el caso de *Asturias para España* y *Entrada de nuestras tropas en Málaga* ["Informaciones de música, teatros y cinematógrafos...", *ABC*, Sevilla, 15 de enero de 1939: 25]. Y esto era así por el escaso corpus de obras teatrales compuestas específicamente, y con un afán apologético o propagandístico, para un público infantil. No es extraño, en consecuencia, que se recurra a piezas convencionales –firmadas, obviamente por quienes eran las luminarias de la ideología azul: José María Pemán sobre todo el resto–, en las que, más allá de un discurso político concreto, se apelaba a valores religiosos. Sirva de ejemplo la función miscelánea celebrada en Sevilla el 27 de diciembre de 1938, con motivo de las fiestas navideñas. Se trataba de estimular la formación religiosa de los pequeños[3] a través de todos los medios audiovisuales posibles, aun cuando la propuesta teatral resultara, en todo

3. No en vano, en el breve artículo que, a modo de presentación del Teatro Juan de la Cueva, publica el *ABC* Sevilla, se insiste en que «serán frecuente las lecciones de Catecismo, para las cuales cuenta el teatro con diapositivas hermosísimas que se proyectarán y se explicarán» ["Teatro Escolar Juan de la Cueva", 9 de octubre de 1938: 15].

punto, inconveniente, compuesta por una selección de la obra pemaniana a mayor gloria de San Francisco Javier, santo, misionero y, sobre todo, emblema de la religiosidad hispana trasplantada a territorio de infieles:

> 1. Películas cómicas y documentales.
> 2. Dos cuadros de *El divino impaciente*, representado por estudiantes.
> 3. Diapositivos [*sic*] religiosos en color, con recitación de poesías.
> 4. Dos monólogos de muñecos[4].

La iniciativa más variada, en cuanto a su oferta, y más dilatada en el tiempo es la representada por la Compañía de Carmen Díaz, actriz de renombre en el teatro convencional que tentó también los acordes de las representaciones para niños durante la Guerra Civil, en un área geográfica centrada fundamentalmente en Sevilla y Granada, con alguna incursión en Extremadura.

La estancia más documentada de la compañía es la que se refiere a Granada, adonde llegó tras un prolongado periplo en Sevilla. La prensa granadina dio detallada cuenta de los distintos estrenos. Exhibía la formación un repertorio que, en la mayor parte de los casos, se surtía de adaptaciones de clásicos infantiles, en los que se inoculaban, normalmente en los números líricos, buenas dosis de lemas nacionales. Buena prueba de ello es la instantánea publicada en *Patria. Diario de Falange Española Tradicionalista y de las JONS*, en su número del 19 de junio de 1938, como soporte gráfico para el artículo que anunciaba la llegada de la compañía a la ciudad andaluza. En ella vemos a una de las niñas actrices, en concreto a Ali Garayalde, ataviada con camisa azul y brazo en alto, mientras actúa.

El domingo 26 de junio de 1938 se pusieron en escena, y siempre en el Teatro Cervantes de Granada, *Cuento de brujas*, comedia lírica en un acto original de Guillermo de Ordeñana, y *El sueño de una muñeca*, fantasía lírica infantil de José Luis Sertucha y música de Juan de Orúe. Se trataba de «un programa que se [había representado] sesenta veces

4. Es lástima no haber podido determinar cuáles eran estos dos monólogos.

consecutivas en Madrid» ["Teatros y cines. Cervantes", *Patria*, 23 de junio de 1938: 2]. El día 29 de junio se estrenaron dos fantasías infantiles, a saber: *Que viene el lobo*, «un breve cuento, muy ligerito, de un lobo sentimental que pasea por butacas persiguiendo a los que le acosan y termina llorando» [*Zaid*, 1938: 9] y *Pichi, cadete provisional*, más interesante desde el punto de vista dramatúrgico y propagandístico. En el primero de los terrenos, por la sabia conjunción entre la actuación convencional, comandada por la propia Carmen Díaz, y un guiñol, en el que se iban desarrollando las desventuras del protagonista; en el segundo de los apartados, por tomar la gallardía y el amor patriótico de este cadete como motivo temático que, en forma de canciones, acababa siendo coreado por el rendido auditorio, sobre todo el chotis "Camisa azul". Terminaba su estancia en la ciudad de La Alhambra el día 10 de julio, precisamente con la que fue su principal éxito, la fantasía lírica en dieciséis cuadros *Blanca Nieves*, que había sido estrenada tres días antes, interpretada por las niñas Begoña Miguel, «gran cantante y actriz infantil» ["Estreno de *Blanca Nieves* en el Cervantes", *Patria*..., 8 de julio de 1938: 7], María Paz Molinero, Ali Garayalde y Conchita Montijano. Era, sin más, una adaptación del famoso cuento, a cargo de José Luis Sertucha, con una música de gran efectismo que, en su mayoría, había sido creada por Víctor de Zubizarreta.

## Bibliografía

Álvarez Rey, Leandro, ed., *Andalucía y la Guerra Civil. Estudios y perspectivas*, Sevilla, Diputación de Sevilla/Universidad de Sevilla, 2006.

Anónimo, "Revolución y educación", *Aquí estamos... Órgano oficial de Falange Española de las JONS de Baleares*, 6 (29 de agosto de 1936), p. 1.

— "Palabras a los balillas", *Aquí estamos... Órgano oficial de Falange Española de las JONS de Baleares*, 7 (5 de septiembre de 1936), p. 1.

— "Balilla de uniforme", *Aquí estamos... Órgano oficial de Falange Española de las JONS de Baleares*, 13 (17 de octubre e 1936), p. 7.

— "*Flechas* de Aragón y de España", *Flechas. Semanario infantil de Falange Española de las JONS de Aragón* (Zaragoza), 1 (5 de noviembre de 1936), p. 1.
— "Los «flechas» y su simbolismo", *Aquí estamos... Órgano oficial de Falange Española de las JONS de Baleares*, 19 (28 de noviembre de 1936), p. 19.
— "Informaciones de teatros y cinematógrafos", *ABC*, Sevilla, 31 de diciembre de 1936, p. 16.
— "Informaciones y noticias varias de Sevilla. La inauguración del teatro escolar Juan de la Cueva", *ABC*, Sevilla, 15 de enero de 1937, p. 15.
— "Informaciones de teatros y cinematógrafos. Teatro Escolar Juan de la Cueva. Semana Patriótica", *ABC*, Sevilla, 28 de noviembre de 1937, p. 23.
— "Informaciones de teatros y cinematógrafos. Teatro Escolar Juan de la Cueva", *ABC*, Sevilla, 2 de diciembre de 1937, p. 22.
— "Informaciones de teatros y cinematógrafos. Teatro Escolar Juan de la Cueva", *ABC*, Sevilla, 10 de marzo de 1938, p. 16.
— "San Fernando: el teatro infantil de Carmen Díaz", *ABC*, Sevilla, 30 de abril de 1938, p. 20.
— "Informaciones de teatros y cinematógrafos. Teatro Escolar Juan de la Cueva", *ABC*, Sevilla, 26 de mayo de 1938, p. 13.
— "Carmen Díaz presentará esta tarde su Teatro Infantil", *Patria: diario de Falange Española Tradicionalista y de las JONS*, 19 de junio de 1938, p. 7.
— "El Teatro Infantil de Carmen Díaz", *Patria: diario de Falange Española Tradicionalista y de las JONS*, 21 de junio de 1938, p. 7.
— "Teatros y cines. Cervantes", *Patria: diario de Falange Española Tradicionalista y de las JONS*, 23 de junio de 1938, p. 2.
— "Begoñita Miguel la encantadora protagonista...", *Patria: diario de Falange Española Tradicionalista y de las JONS*, 26 de junio de 1938, p. 4.
— "Teatro Cervantes. Compañía de Comedia Carmen Díaz", *Patria: diario de Falange Española Tradicionalista y de las JONS*, 26 de junio de 1938, p. 8.
—"Festival Infantil de final de curso", *Patria: diario de Falange Española Tradicionalista y de las JONS*, 28 de junio de 1938, p. 3.

— "Teatro Cervantes. Compañía de Comedia Carmen Díaz", *Patria: diario de Falange Española Tradicionalista y de las JONS*, 29 de junio de 1938, p. 6.
— "Teatros y cines. Cervantes", *Patria: diario de Falange Española Tradicionalista y de las JONS*, 3 de julio de 1938, p. 11.
— "Teatro Cervantes. Compañía de Comedia. Carmen Díaz", *Patria: diario de Falange Española Tradicionalista y de las JONS*, 5 de julio de 1938, p. 4.
— "Hoy gran función en el Teatro Cervantes a beneficio de la Gota de Leche…", *Patria: diario de Falange Española Tradicionalista y de las JONS*, 5 de julio de 1938, p. 7.
— "Estreno de *Blanca Nieves* en el Cervantes", *Patria: diario de Falange Española Tradicionalista y de las JONS*, 8 de julio de 1938, p. 7.
— "Begoña Miguel y Conchita Montijano, lindas protagonistas del cuento lírico *Blanca Nieves…*", *Patria: diario de Falange Española Tradicionalista y de las JONS*, 10 de junio de 1938, p. 1.
— "Teatro Cervantes. Compañía de Comedia. Carmen Díaz", *Patria: diario de Falange Española Tradicionalista y de las JONS*, 10 de julio de 1938, p. 2.
— "Teatros y cines. Cervantes", *Patria: diario de Falange Española Tradicionalista y de las JONS*, 10 de julio de 1938, p. 7.
— "La propaganda atea en el alma de los niños", *Miróbriga*, 839 (18 de septiembre de 1938), pp.1-2; 841 (2 de octubre de 1938), pp. 1-2.
— "Informaciones de teatros y cinematógrafos. Teatro Escolar Juan de la Cueva", *ABC*, Sevilla, 9 octubre de 1938, p. 15.
— "Informaciones de teatros y cinematógrafos. Teatro Escolar Juan de la Cueva", *ABC*, Sevilla, 27 de diciembre de 1938, p. 21.
— "Informaciones de música, teatros y cinematógrafos. Teatro Escolar Juan de la Cueva", *ABC*, Sevilla, 15 de enero de 1939, p. 25.
— "Informaciones de teatros y cinematógrafos. Teatro Escolar Juan de la Cueva", *ABC Sevilla*, 19 de marzo de 1939, p. 17.
— "Informaciones de música, teatros y cinematógrafos. San Fernando: *Mari-Pepa en el país del Ko-Ko*", *ABC*, Sevilla, 14 de abril de 1939, p. 20.
— "La Inmaculada, en el Teatro Escolar Juan de la Cueva", *ABC Sevilla*, 7 de diciembre de 1939, p. 10.

*Arra*, "Un yugo y cinco flechas", *Flechas. Semanario infantil de la Falange Española de las JONS de Aragón*, 4 (29 de noviembre de 1936), p. 11.

*El pobrecito hablador*, "San Francisco Javier", *Flechas* (San Sebastián), 22 (20 de junio de 1937).

GARCÍA, Luis M., "Al alma de S.E. General Mola", *Flechas* (San Sebastián), 23 (27 de junio de 1937).

HARDISSON PIZARROSO, Julio, "La Falange Infantil", *Arriba España. Contribución a la revolución nacionalsindicalista*, 7 de noviembre de 1936, p. 6.

LAMATA, Fausto, "Los niños sienten la guerra. Una Exposición Infantil de Dibujos Antifascistas en Valencia", *Mundo Gráfico*, 1335 (2 de junio de 1937a).

— "Los pioneros de las J.S.U. de Valencia han formado el cuadro teatral *Maximo Gorki*", *Mundo gráfico*, 1348 (1 de septiembre de 1937b).

PUENTE, José V[icente], "Los niños en el teatro. Hacia un teatro infantil", *Vértice*, 2 (mayo de 1937).

*Rojo y Negro*, "Vasco Núñez de Balboa", *Flechas* (San Sebastián), 5 (21 de febrero de 1937).

— "Francisco Pizarro", *Flechas* (San Sebastián), 7 (7 de marzo de 1937).

*S.E.M.*, "El Teatro y la Escuela", *La Vanguardia Española*, 1 de marzo de 1939, p. 3.

*Zaid*, "Se estrenan en Cervantes dos ensayos de Teatro Infantil", *Patria: diario de Falange Española Tradicionalista y de las JONS*, 30 de junio de 1938, p. 9.

Begoñita Miguel la encantadora protagonista de las obras que la insigne Carmen Díaz presenta en su Teatro Infantil. De esta preciosa niña, que sorprende por su voz y su figura, dijo recientemente nuestro gran José María Pemán: «Ella vive los cuentos que los demás niños sueñan».

Ilustración 27. Actrices de la compañía de Carmen Díaz. *Patria: diario de Falange Española Tradicionalista y de las JONS*, 10 de julio de 1938. Biblioteca Virtual de Andalucía: <www.bibliotecavirtualandalucia.es>.

Ilustración 28. Actrices de la compañía de Carmen Díaz. *Patria: diario de Falange Española Tradicionalista y de las JONS*, 19 de junio de 1938. Biblioteca Virtual de Andalucía: <www.bibliotecavirtualandalucia.es>.

Ilustración 29. Actrices de la compañía de Carmen Díaz. *Patria: diario de Falange Española Tradicionalista y de las JONS*, 26 de junio de 1938. Biblioteca Virtual de Andalucía: <www.bibliotecavirtualandalucia.es>.

# Coda

Se cierra el «retablo». Cae el telón de este ya viejo y humilde teatro. El repertorio, cuando original, fruto de una inspiración mediatizada por la sangre, el llanto, la lucha y, sobre todo, la denuncia. No es lugar éste para grandes textos ni propuestas de arte y ensayo. Más bien al contrario, espacio para la palabra descarnada, para el vilipendio sin matices del enemigo, para el dibujo burdo de héroes y villanos. Y nosotros, por extensión, espectadores de un teatro que queremos arqueológico, ajeno a nuestra realidad, pero necesario como ejercicio de memoria; ésa que debe construirse, sin acritud ni afán de revancha, con un mucho de rigor y nada de sectarismo con el fin último de alzar el edificio, imprescindible en todo pueblo que se precie de serlo, de nuestro pasado. Cuando tomado de la tradición, el repertorio procede siempre del Siglo de Oro, modelo referencial para republicanos y nacionales por ser depositario de los rasgos definidores de la patria por la que se lucha, sea ésta la rebelde encarnada en *Fuenteovejuna* sea la devota de los autos sacramentales.

Los actores de la función, muchos y variados. Componen, como quisiera Agustín de Rojas en *El viaje entretenido*, una auténtica «compañía», de «trabajos excesivos» y de «gustos muy diversos». Al frente de la formación, el Partido Comunista de España y la Falange Española Tradicionalista y de las JONS, acompañados, ambos, de un buen elenco de meritorios que apenas han dejado verse tras las máscaras: el

Guiñol de las Milicias de la Cultura y el Teatro Ambulante de Campaña forman, sin duda, un buen ñaque enmascarado, siervos uno y otra de tan dignos caballero y dama.

El género, trágico y cómico a un tiempo, como quisiera Lope. Los grandes protagonistas de la historia se pasean, a sus anchas, por los espejos del callejón del Gato y nos ofrecen, así, su perfil más paródico y grotesco –cuando no el más veraz–. Pero la tragedia circunda el teatro y las tablas se resienten, muy a su pesar, de su condición sanadora.

Se apagan las luces. Estos «retablos» de hoy, apenas unas cuantos ladrillos de una armazón que empieza a concretarse, reposan en espera de otros muchos aún cobijados en archivos y bibliotecas, esos otros verdaderos teatros de la memoria.

# Relación de bibliotecas y archivos consultados

Archivo General de la Administración (AGA. Madrid)

Archivo Histórico del Partido Comunista de España (Biblioteca Histórica de la Universidad Complutense de Madrid)

Archivo Histórico Nacional (Madrid)

Archivo Histórico Provincial de Cáceres

Archivo Histórico Provincial de Córdoba

Archivo Histórico Provincial de Málaga

Archivo José Herrera Petere (Biblioteca de Investigadores de la Provincia de Guadalajara)

Archivo Municipal de Alicante

Archivo Radio Nacional de España

Biblioteca de Filología de la Universidad Complutense de Madrid

Biblioteca de la Queen Mary University of London

Biblioteca Española de Música y Teatro Contemporáneos de la Fundación Juan March

Biblioteca Nacional de España

Biblioteca Virtual Andalucía, <http://www.bibliotecavirtualdeandalucia.es> (Consejería de Cultura de la Junta de Andalucía)

Biblioteca Virtual de Prensa Histórica, <http://prensahistorica.mcu.es> (Ministerio de Educación, Cultura y Deporte)

Bibliothèque Nationale de France (París)
British Library (Londres)
Centro de Documentación Teatral (Madrid)
Centro Documental de la Memoria Histórica (Salamanca)
Filmoteca de Extremadura (Cáceres)
Fondo Joaquín Entrambasaguas (Universidad de Castilla-La Mancha)
Fundación Federico García Lorca (Residencia de Estudiantes, Madrid)
Hatcher Graduate Library (University of Michigan-Ann Arbor, Estados Unidos)
Hemeroteca Digital de la Biblioteca Nacional de España, <http://hemerotecadigital.bne.es>
Hemeroteca Municipal de Madrid

# Relación de periódicos y revistas consultados

*50 Brigada* (Madrid)
*ABC* (Madrid)
*ABC* (Sevilla)
*Actualidad. Órgano del sexto batallón de etapas* (Valencia)
*Adelante. Diario socialista de la mañana* (Valencia)
*Águilas. Diario de la Falange Española Tradicionalista y de las JONS* (Cádiz)
*Al Ataque. Órgano de la Brigada del Campesino* (Madrid/Canarias)
*Alianza. Órgano del sector oeste del Partido Comunista de España* (Madrid)
*Alicante Rojo. Órgano político-militar de la 71 Brigada Mixta* (Alicante)
*Almanaque Literario* (Madrid)
*Altavoz del Frente* (Madrid)
*Altavoz del Frente. Revista para el pueblo en armas* (Madrid)
*Amanecer. Diario de la Falange Española Tradicionalista de las JONS* (Zaragoza)
*Ametralladora, La* (Salamanca)
*Aquí estamos… Órgano oficial de Falange Española de las JONS de Baleares* (Palma de Mallorca)

*Armas y Letras. Portavoz de las Milicias de la Cultura* (Valencia y Barcelona [número 4-5])

*Arriba* (Manacor [Mallorca])

*Arriba España. Contribución a la revolución nacionalsindicalista* (La Laguna)

*Ataque* (Valencia)

*Avanzadilla. Boletín del 3^er^ Batallón de la 30 Brigada* (s. l.)

*Azul. Órgano de Falange Española de la JONS* (Córdoba)

*Bandera Roja* (Alicante)

*Blanco y Negro* (Madrid)

*Boletín de la FUE* (Madrid)

*Cauces. Revista literaria* (Jerez de la Frontera [Cádiz])

*Claridad. Diario de la noche* (Madrid)

*Combate, El. C.N.T. Cartelera de guerra. Segunda columna F.A.I.* (Caspe [Zaragoza])

*Combate. Semanario del Partido Comunista de Aranjuez* (Aranjuez [Madrid])

*Combatiente. Portavoz de la 42 Brigada Mixta, El* (Madrid)

*Combatiente, El. Órgano de la juventud en armas* (Valencia)

*Comisarios. Revista para los comisarios* (Valencia)

*Crónica* (Madrid)

*Cuadernos del Teatro Universitario* (Valencia)

*Cultura en el frente. Boletín de información semanal* (s. l.)

*Día, El* (Alicante)

*Diario de Albacete* (Albacete)

*Diario de Ávila* (Ávila)

*Diario de Cádiz* (Cádiz)

*Diario de La Rioja. Periódico católico independiente* (Logroño)

*Diario Sur* (Málaga)

*Elche Rojo. Semanario Comunista defensor de las masas obreras y campesinas* (Elche [Alicante])

*España democrática. Órgano del Comité en pro de la defensa de la República democrática española* (Montevideo [Uruguay])

*España. Órgano de la 50 División* (Valencia)

*Estampa* (Madrid)

*Estudiante en armas, El* (Valencia)

*Extremadura. Diario Católico* (Cáceres)
*Falange, La. Semanario de Falange Española Tradicionalista y de las JONS* (Cáceres)
*Federación. Órgano del Partido Democrático Federal* (s. l.)
*Flechas* (San Sebastián)
*Flechas. Semanario oficial de Falange Española de las JONS de Aragón* (Zaragoza)
*Frente Extremeño. Periódico del Frente de Extremadura en la Guerra Civil española* (Castuera [Badajoz])
*Frente Rojo. Órgano del Partido Comunista* (Valencia/Barcelona)
*Frente Sur: periódico de Altavoz del Frente Sur* (Jaén)
*Frente Universitario* (Valencia)
*Gaceta Regional, La* (Salamanca)
*Gracia y Justicia. Órgano extremista del humorismo popular* (Madrid)
*Haz* (Madrid)
*Heraldo de Aragón* (Zaragoza)
*Heraldo de Madrid, El* (Madrid)
*Hoja oficial del lunes* (La Coruña)
*Hoja oficial del lunes* (Málaga)
*Hora de España* (Valencia)
*Hora, La. Diario de la juventud* (Valencia)
*Humanité, L'. Organe central du Parti Comuniste* (París)
*Imperio. Órgano de Falange Española Tradicionalista y de las JONS* (Zamora)
*Jerarquía. La revista negra de Falange* (Pamplona)
*Julio* (Málaga)
*Juliol. Revista de la juventud. Editada per la JSU de Catalunya* (Barcelona)
*Juventud Libre. Órgano de la Federación Ibérica de Juventudes* (Madrid)
*Labor* (Soria)
*Liberal, El* (Madrid)
*Libertad, La* (Madrid)
*Lucha, La* (Madrid)
*Luchador, El* (Alicante)
*Luz* (Madrid)
*Mi Revista* (Barcelona)

*Milicia Popular. Diario del 5º Regimiento de Milicias Populares* (Madrid)
*Mirador: setmanari de literatura, art i política* (Barcelona)
*Miróbriga: semanario católico* (Ciudad Rodrigo [Salamanca])
*Mono Azul, El* (Madrid)
*Mundo Gráfico* (Madrid)
*Mundo Obrero* (Madrid)
*Obrero, El. Órgano del Partido Socialista* (Elche [Alicante])
*Occident. Le bi-mensuel franco-espagnol* (París)
*Pasaremos. Órgano de la 11ª División* (s. l.)
*Patria: diario de Falange Española Tradicionalista y de las JONS* (Granada)
*Pensamiento Alavés* (Vitoria)
*Populaire, Le. Organe Central du Parti Socialiste (S.F.I.O.)* (París)
*Prensa, La: diario republicano* (Santa Cruz de Tenerife)
*Pueblo. Diario del Partido Sindicalista, El* (Valencia)
*Sol, El* (Madrid)
*Spartacus. Revista de afirmaciones* (Alicante)
*Vanguardia, La* (Barcelona) [convertida en *La Vanguardia Española* tras la toma de Barcelona por las tropas franquistas]
*Vértice: revista nacional de la Falange* (San Sebastián)
*Voz del Combatiente. Diario de los comisarios de guerra del ejército del pueblo, La* (Madrid)
*Voz, La* (Madrid)
*Y. Revista de la mujer nacional sindicalista* (Madrid)
*Yugo y flechas: hoja de combate de F.E. de las JONS* (Ávila)

# Índice onomástico

**A**

Abella, Rafael 59, 67, 86
Acébez, Artur 119, 121, 150
Aguilar Calvo, Juan María 133
Aguilar, José 150
Aguilera, Sastre, Juan 208, 222
Aladrén, Emilio 188
Alba, Narciso 86
Albéniz, Isaac 141
Albert, Mechthild 21, 68, 191, 222
Alberti, Rafael 20, 57, 58, 60, 62, 63, 65, 66, 67, 68, 71, 168
Albiac, Luisa 236
Alegre, Carlos 222
*Alejandro* 65,86
Alix Trueba, Josefina 150
Allúe, Luis 55
Altolaguirre, Manuel 20, 66, 68, 118, 126, 150
Alvadalejo, Amalia 56
Álvarez Lopera, José 150
Álvarez Quintero, Joaquín 29
Álvarez Quintero, Serafín 29

Álvarez Rey, Leopoldo 133, 150, 255
Álvarez, José 195
Álvarez, José Antonio 235, 236
Álvarez, Santiago 123
Amo, Domingo, 63, 165, 172
Andiano, Margarita 44
Antón, Carmen 115, 117, 118, 119, 126, 127, 152
Antón, Francisco 165, 173
Aparicio, Antonio 22, 25
Araquistáin, Luis 128, 129, 131, 132, 133, 134, 138, 153
Araujo Costa, Luis 200, 206, 228
Arellano, Ignacio 229
Arias, Efrén 120
Arnold, Mario 55, 93
Aróstegui, Julio 132, 153, 158
*Arozamena* 205
Arozamena, José María de 21, 228
*Arra* 248, 258
Aub, Max 20, 130, 131, 133, 137, 147, 153
Auclair, Marcelle 116, 153
Aymany-Serra, J. 93
Azaña, Manuel 114
Aznar Soler, Manuel 20, 93, 136, 147, 150, 153

**B**

Bacarisse, Salvador 48
Bach, Felipe Manuel 67
Bach, Johann Sebastian 201
Baeza, Ricardo 57
Balbontín, José Antonio 27, 55, 59, 93
Baldrich, Gabriel 64, 65, 66
Balgañón, Manuel 121, 126, 143, 145, 153
Barbé i Oriol Dueñas, Elisenda 134, 137, 153
Bardasano, José 38
Barrera López, José María 93

Bartolozzi, Salvador 38
Basilio, Miriam 153
Bellveser, Ricardo 93
Benavente, Jacinto 249
Benito Delgado, Francisco 206
Bergamín, José 20, 128
Bilbao, Crescenciano 168
Bilbatúa, Miguel 19
Blanton Freedberg, Catherine 154
Blasco, Ricard 70, 93, 153
Bleiberg, Germán 27
Boa, Manuel 195
Boccherini, Luigi 181
Bolarque, Luis 153
Borobia, José 236, 237, 241
Borrás, Tomás 21, 191
*Brake* 147, 153
Brahms, Johannes 211
Brunner, R. 52
Buérnez, José 64, 93
Busquets, Enrique 236
Byrd, Suzanne 153

## C

*C.* 192, 195, 228, 242
Caballero, José 119, 179, 198
Cabañas Bravo, Miguel 135, 145, 153
Cabellero, Rafael 68
Cáceres, Juana 56, 57
Calder, Alexander 135, 149
Calderón de la Barca, Pedro 135, 181, 193, 194, 198, 205, 206, 208, 211, 221, 228
Camp, Jean 146, 147, 149
Candamo, Bernardo G. de 60
Cantero, Chus 154

Cantos Casenave, Marieta 230
Carnés, Luisa 34, 37, 38, 43, 49, 56, 57, 58, 68, 69, 70, 93
Carrasco, Urbano 42, 80, 93
Carvajal, Micael de 214
Casasempere, Rafael 75
Cassou, Jean de 52, 93, 130, 146, 147, 148
Castrense, Emilio 196
Castro Delgado, Enrique 47, 150, 228
Castro Marcos, Miguel de 61, 173
Castro, Álvaro de 94
Castro, Estrellita 62
Castro, Margarita de 124, 125
Cernuda, Luis 126, 127, 161
Cervantes, Miguel de 62, 63, 64, 72, 121, 122, 123, 133, 134, 135, 141, 144, 181, 184, 194, 198, 213, 255
Cervera, Concha 168
Cetina, Gutierre de 181
Chabás, Juan 112, 154
Chacel, Blanca 126, 127, 128
Charlán, R. 54, 94
*Cheché* (Juan José Moreno Llebra) 39, 52
Chércoles Vico, Adolfo 204, 209
Chopin, Frédéric 210, 211, 212
Cimorra, Clemente 69
Cimorra, Eusebio 51, 52, 53, 166, 173
Clavo, Javier 53
Clemente, G. R. 74
Cobb, Christopher 24, 35, 94, 166, 173
Coira, Pepe 115, 117, 154
Col, Antonio 42
Companys, Lluís 84
Contreras, Carlos 79
Corte, Manuel de la 179
Cortezo, Víctor 126, 205, 207
Cosme Ferrís, María Dolores 154
Cossío, Francisco 188

*Coves* 49, 94
Cózar, Elena 56
Cuartero, Nazario 116
Cuellar, Juli 154
Cuevas, Juan de las 195

**D**

*D.* 129, 229
D´Ors, Eugenio 193
Dennis, Nigel 20, 26, 35, 42, 51, 66, 68, 94
Diaghilev, Serguéi 201
Díaz Casariego, José María 39
Díaz Flecha, Joaquín 195
Díaz Ramos, José 42, 94
Díaz, Carmen 254, 255, 259, 260, 261
Díaz, Margarita 68
Dicenta, Joaquín 62
Dieste, Rafael 20, 66, 68
Domingo, Marcelino 118
Domingo, María 56
Domingo, Plácido 236, 239, 241
*Dorini de Diso* (Isidoro de Dios Panero) 49
Dualde, Joaquín 114
Durán, Gustavo 118
Duyos, Rafael 21, 182, 183, 229

**E**

Egcheistov, Georgi Alexandrovich 41
*El pobrecito hablador* 249, 258
Esclapés, Manuel 236, 239
Escobar, Luis 22, 180, 181, 185, 186, 187, 188, 189, 190, 194, 195, 197, 198, 200, 205, 207, 208, 216, 219, 229, 237, 241, 242
Escribano, Julio 99
Escudero, Juan Manuel 229
Espina, Concha 197

Espinalt, María 198
Esplá, Carlos 29, 61
Esteban, José 35, 94
Estilles, Emilio 137
Expósito Navarro, Luis 154

**F**

*F.C.* 196, 197, 198, 229
Falcón, César 20, 35, 45, 48, 52, 57, 58, 59, 94
Falcón, Irene 35, 57, 94
Falcón, Jorge 56, 94
Falla, Manuel de 141, 168, 181, 201
*Faro* 229
*Febos* 154
Fer, Juan 173
Fernández Armayor, Aniceto 115
Fernández Flórez, Wenceslao 229
Fernández Montesinos, Manuel 118
Fernández Soria, Juan Manuel 34, 94, 156, 166, 167, 172, 173
Fernández, Ildefonso 77
Fernández, Jesús 168, 169
Ferragut, Juan 26, 27
Ferris, José Luis 94
Foguet i Boreu, Francesc 20, 26, 128, 154, 196
Foxá, Agustín de 21, 188, 191, 229
Fra Angelico 201
Francés, Mercedes 236
Franco, Francisco 53, 73, 169, 196, 207, 218, 229, 239, 248, 252
Frank, Waldo 67
Fuente, Ricardo de la 20

**G**

Gabriel y Galán, José María 214
Galán, Luis 154

Gálvez Yagüe, Jesús 75, 79, 80, 81, 95
Gamonal Torres, Miguel Ángel 34, 154
Gaos, Alejandro 155
Gaos, Ángel 65,66, 67
Gaos, José 134, 136, 137, 138, 139, 140, 155
Garayalde, Ali 254, 255
García Crespo, José 215
García de Castro, Rafael G. 229
García Lasgoity, María del Carmen 116, 119, 126, 127, 128, 134, 142
García Lemos, Herminia 56
García Lorca, Federico 12, 21, 35, 64, 111, 112, 113, 114, 115, 116, 118, 119, 120, 121, 124, 125, 126, 127, 128, 133, 134, 136, 138, 139, 140, 141, 144, 146, 147, 148, 149, 155, 180, 182, 188, 197, 245, 251
García Lorca, Francisco 113
García Lorenzo, Luciano 157, 231
García Ruiz, Víctor 181, 208, 229
García Sánchez, J. 95
García Santo-Tomás, Enrique 197, 230
García Víñolas, Manuel Augusto 179, 180
García-Lara, Elisa 230
García, Agapito 22
García, Hugo 138, 155
García, Luis M. 249, 258
García, M. 95
Garfias, Pedro 27, 82
Garisa, Antonio 236
*Garrán* 38, 52
Gassol, Ventura 137
Gaya, Ramón 66, 67, 68, 127, 142, 155, 169
*Germán* 241
Gibson, Ian 118, 155
Gil de Ontañón, Juan 194
Gil Guerra, Enrique 39
Gil Robles, José María 40
Gil-Albert, Juan 66, 123, 142, 155, 169
Gil, Franciso 67

Giménez-Cacho, Daniel 119, 134
Giménez-Cacho, Luis 120, 125
Giménez, Gerónimo 169
Godefroid, Félix 210
*Gómez* 55, 95
Gómez Díaz, Luis Miguel 20, 27, 59, 95, 173
González Marín, José 183
González Pacheco, Rodolfo 120
González, Manuel 56
González, Valentín, *El Campesino* 79
Gorki, Máximo 147, 251
Gounod, Charles 201
Gozzoli, Venoso 201
Gracia Ifach, María 155, 157
Graham, Helen 134, 155
Granados, Enrique 168, 212
Granda, Alejandro 48
Grau, Jacinto 52, 57
Grieg, Edvard 210
Guasp, Ernest 115, 155
Guereña, Jacinto Luis 69
Guillén, Jorge 112
Guillén, Pascual 237, 239
Guirao Godínez, Ginés 230

**H**

Haendel, Georg Friedrich 188, 201, 205
Halffter, Ernesto 48
Hans, Jorge 23
Hardisson Pizarroso, Julio 230, 245, 258
*Hermanos Mayo* (Francisco, Cándido y Julio Souza Fernández) 39
Hernández Girbal, Florentino 42, 60, 95
Hernández Sánchez, Fernando 132, 155
Hernández, Jesús 39, 60, 61, 72, 131, 132, 134, 136, 137, 138, 139, 165, 166
Hernández, José 22

Hernández, Miguel 12, 13, 42, 60, 61, 72, 75, 78, 79, 80, 81, 82, 84, 86, 93, 94, 95, 96, 97, 98, 99, 108, 112, 121, 123, 124, 125, 135, 138, 139, 140, 142, 143, 144
Herrera Petere, José 27, 75, 78, 79, 80, 95, 108, 123
Herrera, Fernando de 12, 13, 75, 78, 79, 80, 86, 95, 96, 108, 123, 182, 265
Herrera, Francisco de 27, 99
Hierro, José del 169
Hinojosa Durán, José 80, 81, 95
Huerta Calvo, Javier 99, 155, 179, 230
Huete, Luis 168
Hugo, Victor 133
Huidobro, Vicente 49
Hurtado Álvarez, Luis 245

I

Ibáñez, Blanca 236
Ibáñez, Carlos 236
Ibáñez, Pilar 236
Iben Jalá, Mustafá 48
Iglesias Rodríguez, Gema 55, 62, 96
Ignacio Ramos, José 231
Izquierdo, Vicente 68

J

*J.G.O.* 95
Jiménez, Agustina 132
Jiménez, L. 74
Jiménez, Luis 198
*Jotagea* 96
Julián González, Inmaculada 145, 155

## K

Kheifits, Iosif 54
Koen, Willy 207

## L

Lacasa, Luis 133
Lamata, Fausto 40, 96, 251, 258
Landreta Yrago, José 156
Lang, Nadine 206
Langa Nuño, Concha 230
Largo Caballero, Francisco 60, 132, 137, 138
Larrabide, Aitor L. 13, 93, 96, 135, 143, 156
Lenormard, Henri-René 129, 130
León, María Teresa 20, 22, 49, 60, 71, 96
Lerate, Luis 211, 212
Lesieur, Henri 146
Líster, Enrique 47, 53, 87, 121, 122, 123, 156
Liszt, Franz 212
Llado Figueres, J.M. 156
Llopis, Rodolfo 173
Lluch, Felipe 181, 208, 222
Loewel, A. 135, 156
López Baltés, Blanca 208, 230
López Lebrón, Yolanda 230
López Martín, Fernando 54
López, Carmen 236
López, Josefina 83, 96
Luca de Tena, Cayetano 208
Luca de Tena, Juan Ignacio 21
Luengo, Félix 119

## M

*M.P.* 42
Machado, Antonio 144

Machado, Manuel 28
Macho, Victorio 40
Maiakovsky, Vladimir 57
Mainer, José-Carlos 21
Mancebo, Mª Fernanda 156
Manera, Mercedes 195
Manresa, Josefina 80
Marco, Vicente 144
Marqués de Lozoya 186, 189, 231
Marqués de Quintanar 187, 231
Marquina, Eduardo 27, 28, 214, 249
Marrast, Robert 19, 96, 156
Martí, Rosa 68
Martín Gijón, Mario 96
Martín Martín, Fernando 128, 156
Martín-Salso 97
Martín, Eutimio 79, 80, 96, 124, 156
Martín, Francisco 97
Martín, Lito 50
Martín, Paquita 68
Martínez Allende, Francisco 22, 68, 69, 71, 72
Martínez Cachero, José María 21, 206, 231, 242
Martínez de León, Andrés 75
Martínez López, María Isabel 193, 231, 237, 242
Martínez Montoro 24
Martínez Riaza, Ascensión 37,97
Mateos, Francisco 38, 52, 85
Mateu, Julio 40
*Mayo* 52
Mayordomo, Alejandro 156
McCarthy, Jim 19, 97
Meldenson, Jordana 34, 97, 134, 145, 149, 156
Membrives, Lola 112
Menéndez y Pelayo, Marcelino 148
Miaja, José 55, 65, 124
Miguel, Begoña 255

Miquelarena, Jacinto 21
Modesto, Juan 53
Mola, Emilio 249
Molina 146, 156
Molinero, María Paz 235, 236, 241, 255
Molnar, Ferenc 57
Monleón, José 19
Monreal, Luis 239, 241
Montero, Germana 146, 147
Montijano, Conchita 255
Moraleda, Fernando 195, 198, 205
Moreno Cantano, Antonio César 231
Morla Lunch, Carlos 112, 157
Mozart, Wolfgang Amadeus 181
Muño Ramírez, Francisco 98
Muñoz Arconada, César 20
Muñoz Suay, Ricardo 140, 157
Muñoz, Carlos 195
Muñoz, Elías 24
Mussolini, Benito 73,74, 121, 123
Mussot, Luis 22, 27

**N**

Navarro Ballesteros, Manuel 52
Navazo, Pepe 157
Negrín, Juan 134, 137, 138, 145
Nelken, Margarita 56, 57, 97, 120, 157
Neruda, Pablo 112, 157, 180
*Neska* 72, 97
Nistal, Miguel 38, 97
Novas Calvo, Lino 97
Núñez de Balboa, Vasco 249

## O

Obregón, Antonio de 27, 188
Obregón, Consuelo 201
Ontañón, Santiago 27
Ordeñana, Guillermo de 254
Orozco, José 136, 138, 139, 140
Ortega Arredondo, Enrique 27, 68, 169
Ortega, Teófilo 231
Ortigosa, Pilar 237
Ortiz, Manuel Ángeles 142
Orúe, Juan de 254
Ossorio Franco, Silvia 230
Ossorio y Gallardo, Ángel 138, 139, 145
Oteiza, Blanca 229
Otero Seco, Antonio 38, 39, 97

## P

Pacheco, Isaac 98
Padín, Francisco 202, 231
Palacios, Carlos 48
Pecellín Lancharo, Manuel 98
Pedraza Blanco, Juan José 41
Peinador, Ramón 39
Peláez, Andrés 222
Pemán, José María 21, 197, 203, 214, 253
Penagos, Rafael de 38, 52
Peral Vega, Emilio 13, 20, 26, 30, 35, 42, 51, 52, 57, 66, 68, 94, 98, 99, 134, 148, 157, 180, 197, 231
Perales Brianga, Germán 157
Pérez Galdós, Benito 60
Perla, Mariano 44
Picardo, Rafael 203
Pinillos, Carmen 229
Piscator, Erwin 26, 43, 128, 129, 130, 131, 132, 133, 138, 139

Pizarro, Francisco 249
Pla, Ángela 195
Polo de Franco, Carmen 193
Ponsá, Álvaro 168
Porredón, Luis 236
Portes, Emilio 59
Pous i Pagès, Josep 25
Prados, Emilio 49, 168
Prat, José 137
Prieto, Miguel 22, 179
Primo de Rivera, José Antonio 59, 113, 146, 152, 209
Primo de Rivera, Pilar 215, 216
Pruna, Pedro 187, 188, 198
Puig Farrán, Juan 85
Puyol, Ramón 38, 50, 51, 52, 53, 58, 98

**Q**

Queipo de Llano, Gonzalo 73, 237
Quílez Vicente, José 34, 98
Quintana, Luisa 236
Quintanilla, José Luis 190
Quintero, Antonio 237, 239

**R**

Ramírez de Arellano Oñate, Ana María 231
Ramos, Félix 75
Rangel Guerra, Ángel 137
Ravel, Maurice 67
Real, Álvaro 24, 26
Reinhart, Max 201
Renau, Josep 42, 135, 145, 149, 157
Reparaz, Federico 238
Resa, Ramón 79, 98
Resines, Carmen 120

Reyes Huerta, Antonio 214
Ribagorda, Álvaro, 157
Ridruejo, Dionisio 186, 232
Rina Simón, César 232
Ríos Carratalá, Juan Antonio 128, 157
Ríos, Fernando de los 114
Risoto, Julián 134
Risoto, Teresina 126
Rivas Cherif, Cipriano 114, 197, 213
*RMG* 37, 39, 98
Robles Tardío, Rocío 157
Roces, Wenceslao 37, 62
Rodríguez Rapún, Rafael 115, 116, 157
Rodríguez Román, Maribel 230
Rodríguez Sanjuán, José 69
Rodríguez, Carlos 98
Roja Villandrando, Agustín de 263
*Rojo y Negro* 249, 258
Román, Antonio 115, 116, 117
Romarate, Rafael M. 198
Romero Cuesta, José 50, 98
Romero Escassi, José 179
Romero Ferrer, Alberto 230
Ros, Manuel 198
Ros, Samuel 206, 207, 232
Rosales, Luis 28
Rueda, Lope de 237
Ruiz de Alarcón, Juan 193, 205
Ruiz Picasso, Pablo 130, 135, 142, 149
Ruiz, Trinidad 96

**S**

Saavedra, Ángel María de, Duque de Rivas 198
Sáenz de la Calzada, Luis 115, 116, 157, 195
Sainz Rodríguez, Pedro 232
Salado, José Luis 60

Salazar, Adolfo 48
*SAM* 58, 98, 119, 158
San Francisco Javier 249, 254
San José, Diego 60
Sánchez de Badajoz, Diego 214
Sánchez del Arco, M. 232, 236, 237, 242
Sánchez Mazas, Rafael 193, 199
Sánchez-Biosca, Vicente 232
Sánchez-Bohorques, José 67
Sánchez, Alfonso 116
Sánchez, Pilar 96
Santamaría, Antonio 29, 141
Santibáñez, Miguel 236
Santonja, Gonzalo 51, 99
Santos, Eulalia de los 212
Santos, Mateo 158
Santos, Rafael 99
Sanz Villanueva, Santos 69, 99
Sarasate, Pablo 169
Sarto, Juan del 99, 143, 158
Scarlatti, Domenico 212
Schubert, Franz 210, 211
*SEM* 232, 250, 258
Sender, Ramón J. 22, 48
Seoane, José María 195, 198, 202
Serena, Antonio de la 41, 99
Serrano Batanero, José 60
Serrano Plaja, Arturo 49
Serrano Súñer, Ramón 113, 185, 193, 208
Serrano, Antonio 230
Serrano, Manuel 236
Serrucha, José Luis 254
Sevillano, José 235, 236, 242
Shakespeare, William 133
Signo, José 195
Siguan, Miquel 136, 158
Silos, Blanca 202

*Simplicisimo* 251
Sirera, Josep Lluís 119, 158
*Siul* 192, 232
Solano, Juan 215, 216, 232
Soler, Ángel 236, 239, 141
Soler, Carmen 75, 80, 99
Somelo Fernández, Mª Ángel 242
Sorozábal, Pablo 48
Staronossow, Pyotr 41
Steinberg, Saul 119

## T

Tapia, Luis 48
Terol, Pedro 198
Teruel, Ramón G. 236
Tomás Villarroya, Joaquín 158
Tomás, Joan 158
Torre, Purificación de la 211, 212
Torrente Ballester, Gonzalo 28, 199, 207
Torres Naharro, Bartolomé de 214, 237
Tovar, Antonio 186, 199, 232
Trabal, Francesc 48
Tranche, Rafael R. 232
Trapiello, Andrés 22, 99
Trescastro, L. 205, 232
Tuñón de Lara, José 158
Tuñón de Lara, Manuel 132
Tusell, Javier 131, 158

## U

Ucelai, José María 137
Ugarte, Eduardo 112, 115, 128, 131, 134
Unamuno, Miguel de 52
Urrutia, Jorge 64, 99

Urrutia, Leopoldo 62, 63, 64, 65, 66, 75, 99
Urzáiz, Héctor 99

**V**

Valderrama, Alicia M. 195
Valdivielso, José de 187, 188, 191, 194, 202, 219, 232
Valenzuela, Cristóbal 99
Vázquez Astorga, Mónica 242
Vázquez Díaz, Daniel 120
Vázquez, M. 125, 143, 158
Vega y Carpio, Félix Lope de 117, 121, 129, 133, 134, 135, 148, 149, 181, 184, 194, 197, 223, 264
Vicente Puente, José 51, 98, 197, 231, 249, 258
Vich, Palerm 167, 173
Vidal Corella, Vicente 99
Villalta, Miguel 138, 158
Villarroel, Juan 215
Villena, A. 25
Viñez, Hernando 137
Vivó, Josep A. 158

**X**

Ximénez de Sandoval, Felipe 21
Xirgu, Margarita 112, 127

**Y**

Yepes, Juan de 230
*Yes* 84, 99

**Z**

*Zaid* 255, 258
Zarkhi, Aleksandr 54
Zavala, José María 158
Zubizarreta, Víctor de 255